日中友好会館の歩み

隣国である日本と中国の問題解決の好事例

公益財団法人日中友好会館
顧問 村上立躬 著
Tatsumi Murakami

日本僑報社

日中友好会館の歩みをふりかえり

元首相　中曽根康弘

私が国会に議席を得て間もない頃、熱海に隠棲する徳富蘇峰のもとに通っては幾度となく話を聞いた。かつて、時代に大きな影響を与えたこの思想家がこれからの日本をどう考えているのかという強い思いに駆られてその指導を仰いだが、日本の今後の歩みの中で米国と共に中国の重要性を説かれたことが、今も私の心に強く残っている。

私の政治人生は、この碩学の言葉の重みを実感しながら日中関係の未来を見つめてきた歩みでもあったといえる。その後、松村謙三、高碕達之助両先達からは、執念にも似た中国との関係改善への取組を目の当たりにし、中国という国の奥深さと可能性の大きさを幾度となく教えられた。

そうした先人の努力の積み重ねの上に、後事を託された私達政治世代が日中国交正常化の責任を担うことになるわけで、果たしてそれは昭和48年の田中内閣で実現することとなった。残念ながら松村氏は日中国交回復を見届けることなく鬼籍の人となられたが、その遺志を継いで早くから中国に携わったのが古井喜実さんであった。

古井さんは松村氏の薫陶を受けられ、松村、高碕両先達の手足となって中国を訪問しては日中関係改善の地ならしに努められた。この日中友好会館は、大平内閣で日本側の総意として提案され、日中国交正常化10周年の際、訪中した古井さんに時の趙紫陽首相が強い支持を表明して創建されるに至ったものだ。それは、日中関係に心血を注がれた古井喜実さんを初めとする関係者の思いを具体化すると同時に、中国との関係改善に政治人生を捧げた松村、高碕両先達をはじめとする諸先輩の遺徳を偲び、その精神を次代へと引き継ぐものである。

日中友好会館は日中関係の団体の中で唯一施設を保有する。日中双方の役職員が協力して運営にあたる特別な存在でもある。長きに渡り、青少年交流や文化交流に取組み、多様な活動を通じて両国の友好親善に貢献することで日中両国から高く評価されてきた。古井さんの引退後は、その志を受け継いだ後藤田正晴氏が一層の事業充実発展に努力され、林義郎、江田五月氏に引き継がれ今日に至っている。

ひと昔前の中国を考えれば、今や伸長著しくその発展は目覚ましい。シルクロードを通じて多くの文物文化が伝播した日本と中国はやはり最も重要な関係にある。これからも、互いが友好の絆を深め、アジアと世界の平和と繁栄のために協力し合いながら貢献していくことで日中両国関係のさらなる発展を願って止まない。

今回、様々な歴史と共に日中友好会館が果たしてきた役割と成果を記録として残すために一冊の本に纏められるということで、公益財団法人日中友好会館の村上立躬顧問がその実務の責任を務められた。幾世代の重なりの中で育まれてきた日中民間交流の歴史を記すことで、先人の努力とその意義を日中関係の大きな可能性とともに後世に伝える上で誠に貴重な資料となる。改めて、その労に感謝と敬意を表し日中友好会館の益々の発展繁栄をお祈りしたい。

『日中友好会館の歩み』に寄せて

中国日本友好協会　会長　唐家璇

またたく間に時間が過ぎ、日中友好会館が中日両国政府合意のもと建設された共同事業として、中日国交正常化10周年に設立されて以来、並々ならぬことがありながらも33年の年月が経ちました。

30数年来、会館は中日世代友好精神を受け継いで、多くの文化、教育、青少年交流のプロジェクトを発起、参画、組織し、数多くの中国人留学生を受け入れられ、両国人民の相互理解の増進と友好に重要な貢献をしてきました。会館は中日友好交流の推進、協力の重要な基地としてだけでなく、中日友好の目に見えるシンボルになりました。

著書を拝見し、今昔を思うと、感慨深いものがあります。当時、困難と危険を恐れず中日友好推進の志を立てた幾多の先人を思い出さずにいられません。先人たちが両国人民の根本的な利益と両国関係の長期的な大局に着目した、歴史的責任感と精神は、人々から敬慕されるもので、後代の人が手本として学びそこから前進する力を取りいれるのに値いするものです。

日中友好会館の歴代会長である、古井喜実先生、後藤田正晴先生、林義郎先生及び江田五月先生は、常に友好への信念を強く持たれて職責に真摯に向かい、積極的に取り組まれ、会館の事業と両国友好関係に貴重な貢献をされました。

時代が発展し情勢が変化する中において、日中友好会館が負った重大な使命は変わらず、会館は時と共に前進し、ますます確固たる存在となっていくでしょう。

著者の村上立躬先生は、私たちがよく知る古くからの友人です。会館の建設計画初期から、村上先生はこの計画の具体的な業務に携わり、また理事長として長期にわたって会館運営にあたり、両国民間友好交流プロジェクトの発展に多大な力を注ぎ、建設的な作用を発揮しました。

村上先生のこの著書では、分かり易く会館の設立と発展の経緯が紹介され、両国民間友好交流の多くの重要な歴史上のできごとが収録されています。これは、今後、中日友好事業に身を投じる友人たちに有益な参考となることでしょう。これまで懸命に業務に励まれた村上先生に謹んで敬意を表します。

民間の友好は中日関係の土台であり、優れた伝統です。これは中日関係の再建、発展の過程の中で、常に特有の作用を発揮しています。私は、日中友好会館が現在の両国関係の情勢の特色に着目しながら友好への信念を堅持し、友好の旗を高く掲げて、現実に立脚し、未来を視野に入れ、開拓精神と粘り強い精神を持って、中日関係の持続的な改善発展と人民の世世代代の友好促進のため、絶えず新たな貢献をされてゆくことを願っております。

上　第一期（A 棟）工事地鎮祭
（1984 年）
中　第一期（A 棟）工事地鎮祭
（1984 年）
下　善隣学生会館時代の建物

茨城県日中懇話会設立発起人会

上右　会館竣工披露宴（1988 年）
上左　会館竣工披露宴（1988 年）
下　中日友協青年代表団　右 7・呉瑞鈞秘書長（1989 年）

上右　旧後楽寮お別れパーティー　於：鳳翔（1985 年）
上左　茨城県日中懇話会設立
中右　孫平化氏会館視察　於・中日友協応接室（1987 年）
中左　中・孫平化氏、右・王效賢氏
下　竣工祝賀代表団（団長・黄世明中日友協副会長）於：紀三井寺（1988 年

江沢民総書記記念講演会
主催日中国交正常化20周年記念行事民間組織委員会

日中国交正常
祝　江沢民総書記来日
主催　日中国交正常化20周年記念行事民間

上　周恩来展　右・3 姫鵬飛元外相（1992 年）
下右　郭沫若展訪日団歓迎宴　於：八芳園　左・郁文氏、右・林林氏（1992 年）
下左　大使館スキー　中央・王毅参事官　於：西旅館（1993 年）

上右　経普椿夫人　於：小涌園（1989 年）
上左　第 1 回「現代中国の美術」展　右・楊振亜大使、左・徐源海理事（1990 年
中　江沢民総書記記念講演会　於：NHK ホール（1992 年）
下右　江沢民総書記記念講演会　於：NHK ホール　友好 7 団体出迎え（1992 年
下左　江沢民総書記祝賀会　於：ホテルニューオータニ（1992 年）

上　徐敦信夫妻送別会
於：八芳園（1993 年）
中右　後楽会敦煌旅行
左・中根千枝氏、
左 2・樊錦詩院長（1993 年）
中左　社会科学院専家委員会訪日団
（1998 年）
下　緑風公館竣工式（1994 年）

上　古井名誉会長告別式
　　　於・永平寺東京別院（1995 年
中　古井先生胸像除幕式
　　　右・陳健大使、
　　　左・後藤田会長　(2000 年
下　小林斗盦篆刻書法展（1994 年）

上　建国 50 周年
　中央・胡錦濤国家副主席
　於：人民大会堂（1999 年）

中右　歴代中国職員と
　右１・張成慶氏、
　右２・章輝夫氏

中左　日中歴史研究センター
　雲南省訪問（2001 年）

下　福田官房長官と
　日中友好 6 団体代表（2001 年）

上　中国社会科学院日本研究所主催の国交正常化30周年記念シンポジウム

中右　劉徳有夫妻と北京飯店貴賓楼での懇親会

中左　在北京元後楽寮生有志懇親会　(2010年)

下右　後藤田名誉会長　最後の訪中

下左　大使館教育処との懇親旅行　前左2・李東翔公使参事官　於：式根島（2004年）

後藤田名誉会長清華大学での講演
江田会長（中央左）と宋健中日友協会長（中央右）　於：釣魚台

目次

第四章　事業運営の安定推移（１９９５年度～２０１１年度）

会館歴代会長・副会長・理事長などの推移

年度	年次	会長	副会長			理事長	常務理事
			経団連	外務省	中国（外交部）		
1	1983（昭和58）	古井喜実	花村仁八郎		高履端	高野藤吉	高野藤吉（兼務）
2	1984（昭和59）						村上立躬
3	1985（昭和60）						
4	1986（昭和61）						
5	1987（昭和62）					↓	
6	1988（昭和63）					伴正一	
7	1989（平成元）					↓	
8	1990（平成 2）					村上立躬（代行）	
9	1991（平成 3）					野田英二郎	
10	1992（平成 4）						
11	1993（平成 5）	↓					
12	1994（平成 6）	後藤田正晴				↓	↓
13	1995（平成 7）			野田英二郎	↓	村上立躬	村上立躬（兼務）
14	1996（平成 8）		↓		文遅		
15	1997（平成 9）		三好正也				
16	1998（平成10）						
17	1999（平成11）		↓				
18	2000（平成12）		内田公三				
19	2001（平成13）	↓	↓	↓			
20	2002（平成14）	林義郎	和田龍幸	谷野作太郎			
21	2003（平成15）						
22	2004（平成16）						↓
23	2005（平成17）		↓				吉川順一
24	2006（平成18）		中村芳夫				
25	2007（平成19）						
26	2008（平成20）	↓					
27	2009（平成21）	谷野作太郎（代行）	↓				↓
28	2010（平成22）	江田五月					武田勝年
29	2011（平成23）			↓	↓	↓	↓
30	2012（平成24）			宮本雄二	劉智剛	武田勝年	武田勝年（兼務）
31	2013（平成25）	↓		↓	↓	↓	↓

まえがき

「日中友好会館の歩み」を記すに当たり、まず、その過程において終始ご理解とご支持を賜った日中両国の多くの方々に心から敬意と謝意を表し、後身となった公益財団法人日中友好会館に引き続き暖かいご支援を賜りますようお願い申し上げます。

本書は財団法人善隣学生会館が10年余の曲折を経て１９８３年８月31日寄付行為を改訂し名称を財団法人日中友好会館（以下「会館」という）と改め、２０１２年３月31日を以ってその使命を終え、その事業を新たに発足した公益財団法人日中友好会館に引き継ぐまでの足跡を記し、日中友好に携わる方々並びに今後この事業に当たる人たちのご高覧に供し参考にしていただくことを目的としている。

「会館」は日中友好団体の中で唯一保有する施設を活用して日中両国双方の役職員が協力して日中友好事業を継続して行う団体である。あくまでも民間団体として日本政府からの委託事業は受託しているが、本体事業は初代会長古井喜実先生の信念で自力更生を旨とし、政府補助金並びに経済界からの助成金に一切頼らない方針を貫いてきた。

古井先生は日本と中国は隣国であり、「争えば共に傷つき」「相補えば共に栄える」の関係にあり、日中友好は両国の将来の国益をもたらすとの信念で１９５９年から日中国交正常化に献身し、田中総理、大平外相に決断させ１９７２年に日中国交正常化を実現させた。

日中二国間関係については、状況の変化があっても常に両国共この時の初心に帰って対処することが望ましい。

「会館」も日中友好の志を第一義として、政・官・財界をはじめ我が国の各界各層の総意と中国側の支持により建設され、その理念の下で運営されてきたのである。

本書の構成は

（1）「会館」誕生に至る過程（1972年度～1983年度）

（2）日中友好会館の建設（1984年度～1987年度）

（3）全館完成と事業の展開（1988年度～1994年度）

（4）事業運営の安定推移（1995年度～2011年度）

としたが、1981年以前と以後で文調が若干異なるのは、1981年以降は筆者（村上立躬）が事業実施の実務責任者としてすべての事柄を自ら直接手掛けたからである。

具体的には理事会議事録に記録された事項を順次記すのではなく、議事録に記載されていない個々の出来事をより写実的に詳細に述べているので、本書の表題も「日中友好会館史」とせず「日中友好会館の歩み」とした所以である。

1988年以降は運営・維持・管理が主体となるので新たな事業は詳しく記述しているが事業の中で毎年定型化したものは省略したものも多くあり、これらについては「会館」の定期刊行物である〝年報〟や〝会館便り〟をご参照頂きたい（「会館」の広報グループで保管している）。

40年間に渉る長期間の記録なので、資料が散逸したものも多く、筆者の記憶に留まるものは極力採りあげたが、重要な案件で欠落したものも多いかと思われ、ご迷惑をお掛けする惧れがあるのでご関係の皆様に予めお詫びしておきたい。

ご高覧下さった方々のご指摘・ご叱正を反省の糧とすべく期待している。

第一章　日中友好会館誕生の過程

（１９７２年度～１９８３年度）

財団法人日中友好会館（以下会館と呼ぶ）が発足するまでには永い歳月と多くの曲折を経ている。この章ではその流れを追ってみる。

（1）日中友好会館の前身・財団法人善隣学生会館の発足

1935年8月、（財）満州国留日学生会館が日本の財団法人として設立申請し、同年9月に許可がおりた。10月の第1回理事会で150名の留学生を収容する寄宿寮と付属設備を備えた建物を建設することとなり、1936年に国有地の払下げを得て、満州国政府拠出の基本財産20万円のうち18万9千円をその支払いに充てた。

満州国留日学生会館正面玄関

建設案は敷地総面積6929㎡、建坪2042・66㎡、延坪6569・87㎡とし、構造は地下1階、地上4階建、鉄筋コンクリート造りとし、2～4階に各50名、総数150名の留学生寮とする計画とした。建設資金は日本民間企業の募金91万4千円のうち68万円で賄われ、1936年末に着工、1938年5月に竣工式を行った（余剰金のうち18万9千円で1939年牛込弁天町に40名収容の女子留学生寮と100名収容のホールを備えた分館を建設した）。

1941年に日米戦争が始まり、所管官庁も軍部となった。組織名称も満州国留日学生補導協会に変わり、日本への留学環境も悪化しつつあった。1944年に入り、米軍の空襲も激化し、1945年、協会も講堂の全部と本館の2階と3階の半分が罹災した。同年8月、日本がポツダム宣言を受け入れ敗戦に至ったので、協会は目的事業の遂行が不可能となった。終戦当時日本に在住していた中国人留学生は中華民国290名、満州国83名、蒙疆地区48名の計421名で、数か所の寮に寄宿していたが、1946年国際学友会が、満州国留日学生補導協会をはじめとする留学生受入諸団体を統合して対応することとなった。

同年11月、満州国留日学生補導協会は解散。残余財産は財団法人国際学友会に引き継ぎ、協会の学生寮も一旦解散し清算することになった。所管官庁も軍部から外務省に移った。1946年国際学友会の寮として「後楽寮」が開設された。同年2月には寮生数は20余名であった。当時、運営が混乱していたが多くの曲折を経て、1953年、残余財産により（財）善隣学生会館が発足し、後楽寮の名称も存続した。

(2) 日中国交正常化と財団法人善隣学生会館の対応

1971年4月中華人民共和国（以下中国と呼ぶ）は国連総会で中華民国に代わって代表権を獲得し国際社会の一員となった。中国の国連参加に伴い近いうちに日中両国の国交正常化の実現が期待され、中国人留学生来日も予測されたので財団法人善隣学生会館（以下、善隣と呼ぶ）はこれに備えて同年11月「事業開始に関する第一次草案」を策定した。

新中国建国後の1949年から1962年までの日中民間交流において、野党と民間組織の果たした役割は日本の国内親中世論を醸成し、与党親中派政治家が政治関係修復に乗り出し易い環境を創ったといえる。松村謙三先生や宇都宮徳馬先生が代表的な政治家としてあげられる。

古井喜実先生は松村先生に同行した1959年の初訪中以来、松村先生の後を引き継ぎ幾多の困難を乗り越えて日中国交正常化の途を切り開いた。台湾派の佐藤内閣の終焉を待って、田中総理・大平外相により日中国交正常化を達成した偉業は日中両国各界で高く評価され尊敬されている。

1972年9月、日中国交正常化が実現し善隣では1975年度中に中国人留学生の来日が実現すると予期し、敷地内に収容人員100名、延が3300㎡、工費4億円の事業計画を策定し、佐藤信太郎理事長ほかの担当理事が外務省文化事業部長に1974年度予算に計上方要請した。

善隣の打診に対して文化事業部長は新館建設には賛成、総工事費4億円についても異論はないが、政府資金を建前としても予算枠の関係上一部民間寄付金による自己負担となることもあると返答した。この内容を理事会に報告し政府補助金については関係諸官庁に説明し協力を求め、民間寄付金については経団連はじめ関係諸団体に協力を要請した。

この時点では日中文化交流協定も締結されておらず、教育交流について補助申請ができる環境ではなかった。善隣の熱意にも関わらず事態は進展せず善隣の新館建設計画案は事実上見送り状態となった。

更に善隣の資産（土地）について1947年中華民国がGHQにクレームを出しており、この時点ではこの問題は未解決であり日中平和友好条約締結後の日中両国政府間の交渉に委ねられるのを待つしかなかった。

（3）日中平和友好条約締結と日中文化交流会議

1972年日中国交正常化の際、日中両国政府は共同声明を発出した。その後あしかけ7年にわたり細部を調整し合意に至り、1978年8月日中平和友好条約が北京で調印され、同年10月批准・発効した。これによって日中関係は新たな段階を迎え、政治面のみならず経済、文化面を含めた幅広い交流が促進されることとなった。

中国は同年12月の「三中全会」以降、国際経済交流の活発化を図り積極的に技術者や留学生の交流・派遣を行う事となった。そして条約の締結を契機に日本にも多数の研修生・留学生を派遣することを明らかにした。

外務省は1977年6月、日中平和友好条約締結に先立って文部省や学会・文化界・財界の有識者を集めて「日中文化交流会議」を発足させた。会議の構成メンバーは次の各氏である。

〔民間〕伊関裕二郎（元大使）稲山嘉寛（経団連）江戸英雄（三井不動産）円城寺次郎（日経新聞）岡崎嘉平太（日中経済協会）茅誠司（学術振興会）小林与三次（日本テレビ）日向方斎（関経連）吉川幸次郎（京大名誉教授）三宅重光（名古屋商工会議所）

〔政府〕外務省 アジア局長・文化事業部長、文部省 学術国際局長・文化庁次長、国際交流基金専務理事

〔幹事〕外務省アジア局中国課長　白土吾夫（日中文化交流協会）松本与市（善隣学生会館）三浦英夫（東京興産）

この会議の趣旨は、「日中友好のシンボルとなるような総合的・多角的な『日中会館』構想の実現を柱として政府および民間レベルの各種交流の現状を検討するとともに、将来の両国の交流の基礎を築くために何をすべきかを審議する」というものであった。

外務省アジア局は次のような構想を描いていた。日中文化交流を盛んにするための総合的施設を建設して、それを〝日中友好の殿堂〟として活用する。計画規模は120億円（政・財界折半負担）を見込み、立地として種々の候補地の中で善隣学生会館の敷地を予定していた。

この構想は各新聞社などが注目し度々大きく取り上げていた。

外務省は中国側にこの構想について了解をたびたび求めたが、中国側は消極的であった。1978年12月に開催された第四回日中文化交流会議で、外務省は日中会館構想は悲観的と報告し、民間委員側から構想全体の見直しが提起された。

1979年4月、善隣の高野理事長ほか6名の理事と外務省アジア局長との懇談会がもたれ、善隣側から日中会館構想を進める上で財産権など幾つかの問題点を挙げ、それらについて再検討しなければ問題の解決は難しいという意見を述べた。アジア局長は日中会館構想を白紙還元すると言明した。

(4)「日中会館」構想の復活

日本と中国の間では、日中平和友好条約締結以前からすでにごく少数の留学生の交換がおこなわれていたが、1976年には東京外大・大阪外大で語学関係の政府派遣生20名を受け入れ、東京大学でも大学院に科学技術研修生数名の受け入れを開始した。1977年8月、善隣にも中国大使館から入寮の要請があり同年10月中国派遣留学生12名（うち女子2名）を受け入れた。

1979年11月、中国側から外務省に「善隣学生会館の財産権問題は棚上げする。善隣学生会館は独自の事業計画があるようだから、これを考慮に入れて外務省の考えている事業化を進めてもよい」と提起してきた。

その後、中国からの留学生は漸増し、1980年4月時点では在日の留学生・研修生・学者の数は500名をはるかに上回っていた。つまり中国人留学生を収容する宿舎が早くも不足状態となり、受け入れ側の日本にとってもその拡充が急務となったのである。そこで、日中会館構想は復活し具体化の段階に入って行くこととなった。

(5)「日中会館」建設についての日中両国政府の合意

1979年12月、大平首相が訪中して日中首脳会談が行われ、日中文化交流協定が締結された。その会談の中で大平首相は両国の交流を更に促進することを強調し、中国の四つの近代化への協力とこれに関連して中国からの留学生を積極的に受け入れることを約した。

1980年4月、外務省中国課大和滋雄課長補佐から三菱銀行に在籍していた村上立躬(以下「私」)に下記打診があった。「大平総理が日中国交正常化10周年に係る記念行事について、有識者による朝食会を企画しているが三菱銀行中村敏男会長に出席頂きたいのでご意向を伺ってほしい」。早速、秘書を介し中村会長の承諾を得てその旨大和補佐に回答しておいた。

当時、私は三菱銀行の本部業務部門で諸官庁の新規施策の情報を収集し、予算を伴う案件については大蔵省主計局・理財局から裏付情報も聴取していた。その為すべての官庁に人脈があり、外務省にも何世代かの情報源をもっていた。上記の打診についても、1977年以降の動向は把握しておいた。その上で同年5月木内昭胤アジア局長から善隣の高野藤吉理事長をご紹介頂いた。高野理事長が理事の方々に引き合わせて下さり理事会を傍聴させて頂くようになった。

同年6月、華国鋒総理が来日され首脳会談が行われ、大平首相から「日中会館」建設方針が表明され、これに対し華国鋒総理は賛意を示し早急に具体化することに合意した。大平首相は同月12日急逝され、日本は大切な指導者を失った。しかし上記合意に基づく方針は鈴木善幸首相に引き継がれ、1982年5月、趙紫陽総理来日の際鈴木首相は「日本側では日中国交正常化10周年記念事業として『日中会館』を実現したいという機運が盛り上がっている。政府としても是非促進したいと考えている」と述べ、趙総理はその提案に呼応し「成功のため促進したい」と答えた。

同じ1982年10月、訪中していた古井喜実先生は趙紫陽総理から会見をもとめられた。懇談の際「日中会館」について趙総理が、「古井先生がこの会館に非常に関心を持っておられることに感謝します。お贈りするのは5億ばかりではありますが、気持ちは支持するということです」と発言された。これで「日中会館」建設が確定した。

(6) 善隣学生会館の日中会館建設計画への取り組み

前述した1980年6月の大平・華国鋒会談の成果について、善隣は同年7月外務省の考えを質したところ、アジア局長の説明はおよそ次のようなものであった。

① 日中文化交流の柱は留学生等の受け入れだが、現在受入施設が最も立ち遅れている。

② 「日中会館」の建設は善隣が中心になって進め、資産(土地)も活用させてもらいたい。これらの事柄について善隣の賛同を得ていきたい。

③ 手順として、計画の準備を進める委員会をつくり、それを善隣にリードしてもらいたい。

④ 工事は二段構えでいく。第Ⅰ期は留学生等の収容施設と学校などの小規模、文化部門専用のもの。第Ⅱ期では比較的大きい収益目的用のビルを建て、この収益で文化部門の運営経費を支弁できるようにしたらどうか。全体の資金規模は100億円くらいのものにしないと採算がとれない。

⑤ 建設推進委員会を組織して進める。この委員会に日中関係6団体から委員をだす。

当時の善隣の理事会は中島健蔵、岡崎嘉平太、谷川徹三の三理事が連続して辞任されたので実働理事は高野藤吉理事長、松本与市常務理事のほか、穂積七郎、前田充明、藤堂明保の三理事であった。そこで上記の方針に沿って建設準備を進める為、理事を10名増員することにした。

秋岡家栄、安藤彦太郎、井上猛、小川平四郎、陳焜旺、古島和雄、森田尭丸（以上7名：1980年5月）
栗原俊夫、黄文欽、村岡久平（以上3名：1981年3月）

同年8月外務省は「日中文化交流会議」を解散し、民間委員側から構想全体の見直しを求められていた事に鑑み、新たな構想で臨まなければならなかった。

1981年3月、善隣は外務省から建設準備を促されるとともに事務経費が補助されることとなり、併せて今後の展開に備えて寄付行為を改定することとした。そして準備作業を担当する「日中会館建設推進事務局」を発足させ小川平四郎理事を準備推進の責任者に委嘱した。事務局は高野理事長、小川理事と私で編成した。同年6月、私は「善隣」の参与（非常勤）に任命されたが、三菱銀行在籍中であったので無給とさせて頂いた。

1981年～1983年は（財）善隣学生会館から（財）日中友好会館への移行までに新会館建設案のほか事前に固めておくべき事項が多く、1980年中頃から週1回のペースで永田町にある砂防会館4階の古井喜実事務所に高野理事長のお伴をして伺い、古井先生のご意見を頂いていた。何回かお会いしてから先生が「村上君は真面目で仕事は良くでき熱心だが、面白味がない。少し小唄など芸事を習って、お座敷遊びをして、女に親しんだ方が良いと思うが」とおっしゃった。私は1日が24時間でも足らない思いでいた状態だったので、とんでもないことを言う爺さんだと思った。約6ヶ月の間、私に小唄の師匠を紹介するなどと言っていたが、そのうちすすめられなくなった。

砂防会館の事務所は二部屋続きでひとつが執務室兼応接室、ひとつが秘書室兼控室となっていた。いつも千客万来で国会議員をはじめ官僚、学者、記者、先生の友人など多彩な方々が訪れていたが、私にとってこれらの人達と面識を得て対話できたことは望外の幸せであった。

事務所には砂防専属秘書の旭直美女史が常勤するほか、古井先生が経済界や中国情報について相談する小池勤氏（現日中健康センター社長）が随時出入りしていた。古井先生からお二人を紹介され、それ以来の永いお付合いが始まった。小池氏は古井先生の懐刀として訪中時の要人会見や財界首脳との会談などに同行し記録を残す秘書の役割も務めていたが、会館建設事業には終始積極的に助勢してくれた同志でもあった。

古井先生は当時日中友好議員連盟会長だったこともあり、外務省の「日中文化交流会議」が日中国交正常化10周年を記念する日中友好のシンボルにふさわしい交流拠点「日中会館」構想を指向していることに注目されていたので、外務省関係者も足繁く訪問してご意見を伺っていた。

この日中会館建設推進事務局で策定する建設計画案は、これまでに得ていた情報では、次の条件を求められていた。

①　建設資金以外の運営資金は官民とも一切協力しない。
②　従って公益部門の運営経費は全て収益部門の利益で長期的且つ安定的に賄う必要がある。
③　その為には善隣の所有する土地６８７６㎡を最大限有効利用する必要がある。
④　その場合、予定する自己資金を上回る銀行借入が必要となる。
⑤　銀行借入の元利返済を折込んだ長期収支シミュレーション（25年間程度）をしておく必要があるが、公益部門と収益部門の面積割合が極めて重要な要因となる。

このような課題に対応するには専門家の協力が必要と考えて、同年5月私から外務省池田維中国課長にお願いして三井不動産、三菱地所、住友商事不動産部の三社をアドバイザースタッフに指名して頂き、月二回ほど集まり種々の角度から検討を加え、そのつど推進事務局に諮り計画案の骨組みを固め、更に理事4名を加えた小委員会を設けて協議・研究を進め、同年11月小委員会案を作成した。その概要は次の通りであるが、本案は1982年3月の理事会で採択された。

(7)「日中会館」善隣建設推進事務局計画案

1. 建設概要

① 総延坪数　11000坪、総所要資金　110億円（概算）

② 留学生、研修生の宿舎　2100坪

宿舎部分を第I期工事として、可及的速やかに先行させる。収容人員は合計250名とし、他にゲストルーム室を含む（宿舎部分建坪　1750坪、専修学校日中学院　350坪、合計　2100坪）。

③ 日中友好事業の本館　8900坪

本館部分は第I期工事完了後工事に着手する。

内容は、日中研究センター（書籍資料室、同閲覧室、大小集会室・会議室、研究室など）、日中諸団体の希望があればその事務室、中国からの短期訪問者の宿泊室、その他会館運営のための一部収益事業、など

④建設資金について

この資金については、A. 政府補助、B. 財界並びに日中諸団体のほか全国各界・各層の寄附をもって充

てる。

2. 計画の目的と事業主体

当計画は日中国交正常化10周年を記念し日中友好のシンボルとして両国の人的並びに文化的交流を促進する為の総合的施設建設をはかるものである。事業主体としては（財）善隣学生会館を母体として仮称（財）日中会館を発足させる。

3. 計画具体化に当たっての基本的考え方

当計画地は小石川後楽園、小石川運動場に隣接する敷地６８７６㎡（２０８２坪）—文京区後楽1丁目（財）善隣学生会館所有地とする。

計画に当たっては、好立地条件に鑑み、土地の経済性を最大限に活かすことにより、同会館公益事業が長期的に安定した運営基盤を確保できるようにする。

4. 建設所要資金など並びに建物利用計画

A棟（I期工事）とB棟（II期工事）の２棟を建設する。

利用計画		面積（坪）	所要資金（百万円）
A棟	＊宿舎施設（留学生寮75室、研修生寮50室 合計２５０人収容。ゲストルーム10室） ＊専修学校（日中学院８教室各30人収容）	２１００	１５７２
B棟	＊日中研究センター ＊日中関連諸団体 ＊A棟運営支援事業	８９００	８１１４
現存建物撤去諸費用等			１０００

合　計	１１０００	１０６８６

＊付置義務相当の駐車場（１１０台）を計画する。

＊建設コスト　Ａ棟　坪＠７４９千円（うち直接建設費坪＠６５０千円）

Ｂ棟　坪＠９１２千円（うち直接建設費坪＠８００千円）

５．設計手法と建築計画

計画に当たり厳しい日影規制による高層棟の片寄せ配置のため、建物高さの制限緩和と容積の有効利用を目的とし、小石川後楽園という景観の享受、建物用途の性格等を勘案して総合設計制度を採用する。

（建築計画概要）

構　造　鉄骨造及び（鉄骨）鉄筋コンクリート造

規　模　地下２階～地上４階（Ⅰ期）

地下２階～地上14階（Ⅱ期）

延床面積　３６３６５㎡（１１０００坪）―容積率５００％

Ⅰ期……６９４０㎡（２１００坪）

Ⅱ期……２９４２５㎡（８９００坪）

建物高さ　約51ｍ

６．Ａ棟建設箇所

Ａ棟は現在空地となっている部分に建設し、現会館の宿泊施設部分並びに各種学校部分は、Ａ棟竣工と同時に同施設を利用する。

B棟は、現存建物を解体の上建設する。

7．工事期間スケジュール

A棟工事は募金、出捐等により建設所要資金並びに運営所要資金の目途を得てから着工するが、目標を昭和58年4月とし、工事期間として10ヶ月を見込む。

B棟はA棟竣工後、可及的速やかに着工し、工事期間として2ヶ年を見込む。

（8）経済団体連合会と日中友好議員連盟

日中会館建設の最重要課題は、財源を如何に調達するかであった。政府の出捐を引き出すためには民間の出捐が必須であり、27の経済団体が加盟する経済団体連合会の協力が必要であった。

さきの理事会の決定に基づき、高野理事長ほか数名の理事が経済団体連合会（会長稲山嘉寛）を訪問して花村仁八郎副会長、江戸英雄三井不動産会長に計画案を説明したところ、その経済的合理性を評価し主要メンバーにはかった上で確定する旨の回答を得た。

次に日中友好議員連盟の古井喜実会長に面会し経団連との会談要旨を報告し、政府資金の出捐に協力を求めた。古井先生は財界が賛成する計画案であれば異存はないとされ、連盟内に「日中会館建設推進委員会」が設置されることとなった。そこで経団連花村副会長付きの伊藤英士秘書を介し小山敬次郎秘書室長に説明会の開催を打診したところ、主要メンバーによる朝食会の段取りを塩梅して下さった。その経緯は次のようなものであった。

第1回は1981年12月パレスホテルで稲山会長、花村副会長他、主要団体の会長を務める勲1等クラスの方々が多数出席した。当方からは古井喜実先生と私が出席して古井先生が趣旨説明を行い、「経済界から30億円を是非協力して欲しい、日本政府には20億円の出捐を要請する」と約した。私からは計画案の概要を説明したが、出席した方々から初歩的な質問があり、花村副会長から全員初回の話なので各自検討し更に討議することとなった。

第2回以降では計画案についてより細かな質疑応答があったが、1983年3月の最終回では、現建物のテナント34社の立ち退きがほぼ同時にできなければ現建物の取壊しが出来ないので経団連出捐金30億円は死に金になる可能性があり募金説得が難しいという慎重論が何人からか出た。事務局として外務省畠中中国課長と私が出席していたが、必ず立退きを完成させるので30億円募金を是非本日決定してほしい旨お願いした。稲山会長が若い人達がやるといっているから任せて努力してもらったらどうかと発言されたので募金の実行されることが決定した。

この結果を古井先生と高野理事長に報告し、数日後、花村副会長は後藤田官房長官に報告され、古井先生、田中角栄先生の後押しもあって日本政府の出捐20億円の予算化も具体的に進み始めた。

（9）日中会館設立準備室計画案

1982年10月、私が1970年代に三菱銀行の業務目的で確保しておいたオカモトヤビル（虎の門交差点近くの文房具店）の8階を三菱銀行から無償で借り受け、「日中会館」設立準備室とした。要員として三菱銀行から松川祐二氏、三井不動産から日高光政氏、小松製作所から槇野晴彬氏に手弁当できて頂いた他、女子事務員2名（長尾紀美子さん、石田邦子さん）にお手伝い願い、彼女達の人件費は外務省からの調査費を充てた。

古井先生は「日中会館」の運営については、日中両国政府の意向は尊重するが指図は受けない考えで、自力更生の方針であった。これは中国の趙紫陽総理が「古井先生がこの会館に非常に関心を持っておられることに感謝します。お贈りするのは5億ばかりではありますが、気持ちは支持するということです」と言明したからとも思われる。

準備室では次の条件を満たす計画のシミュレーションをおこなった。

① 敷地内に公開空地を設けることにより容積率の割り増しが受けられる都市計画法に基づく総合設計制度を採用する。これを前提とした建物配置を行う。

② 上記建物の直接建設所要資金を１１２億円以内とする。

〈その資金調達の内訳〉

日本政府拠出金	20億円
中国政府拠出金	５億円
財界募金	30億円
日本開発銀行を主とする都市銀行13行による協調融資	57億円
合計	１１２億円

この他に「立退き関係費＋無収入状態での後楽寮運営費等事務局経費＝10億円」の運転資金借り入れを要した。大蔵省に6億円の非課税寄付枠を許可してもらったが、建築資金募金中であったので6千万円余にとどまった

私は計画案作成当初からその成否を決める要因のひとつとして長期・低利の安定した借り入れが必須と考えていたので、１９８０年中頃から大蔵省の知人の紹介で日本開発銀行都市開発部長他関係者に接触し下話をし、

よい感触を得ていた。具体的には、容積率の割り増しの受けられる総合設計制度に基づく借り入れ形態により長期・低利を実現すること、計画案作成段階から行員を手弁当で派遣してもらうことであった。

この案は、１９８３年２月９日の第97回理事会で承認された。この概要は次の通りである。

① 基本方針

当計画地は小石川後楽園、同運動場に隣接する敷地６８７６㎡（２０８２坪）―文京区後楽1丁目、（財）善隣学生会館所有地とする。計画に当っては好立地条件に鑑み土地の経済性を最大限に活かすことにより、同会館公益事業が長期的に安定した運営基盤を確保できるよう配慮する。その為敷地内に公開空地を設ける。

② 設計手法と土地利用計画

計画にあたり厳しい日影規制のため高層棟（B棟）の南側片寄せ配置が求められているので、建物高さの制限緩和と容積の有効利用を目的とし、且つ小石川後楽園という景観の享受、建物用途の性格も勘案して〝総合設計制度〟を採用する。A棟は現在空地となっている部分に第Ⅰ期工事（一部第Ⅱ期）として建設し、現会館の学生寮並びに専門学校部分はA棟竣工時と同時に同施設を利用する（工事期間10ヶ月）。

B棟は立退き問題を完了させた上、現存建物を解体し、その跡地に第Ⅱ期工事として建設する（工事期間24ヶ月）。着工に当たっては、その時点でB棟運営面の健全性を確認し、万全を期する。

③ 建物利用計画

単位（坪）

区分	利用計画	面積

④　建築概要

構　造

鉄骨造及び鉄骨鉄筋コンクリート造

規　模

A棟　地下2階～地上4階

B棟　地下3階～地上14階

延床面積　容積対象内

10400坪（500％）

容積対象外　880坪

合　計　11280坪

A棟	公益	（1）大学生、大学院生の学寮	1800
	〃	（2）日中学院	300
	小計		2100
B棟	公益	（3）研修生宿泊施設	2158
	〃	（4）多目的ホール	406
	〃	（5）日中センター	456
	収益	（6）貸事務所	3526
	〃	（7）貸店舗	1024
	共用	（8）駐車場（うち公益440坪）	880
	〃	（9）機械室・塔屋（うち公益280坪）	730
	小計		9180
合計			11280
公益部分5840（52％）　収益部分5440（48％）			

駐車台数　110台（880坪）付置義務台数　107台

建設コスト　A棟　坪@748千円（うち直接建設費坪@650千円）

B棟　坪@942千円（　〃　坪@800千円）

なお、この最終案は実施段階において、理事会の承認を得てI期・II期工事ともさらに手直しした。

（10）「公益部門と収益部門の割合」の重要性

20年間の長期シミュレーションでは公益3分の1、収益3分の2で何とか運営できるかという見通しであったが、中国政府から公益52％、収益48％を強く要求され、古井先生は両国政府の協議事項なので外務省に任せるしかないと判断した。日本政府は中国側の提案をうけいれたので、事務局は大変困惑した。事業開始早々赤字対策に苦慮することは必至であったが、その時は原則に反するが内外の種々協力を求めることとして、事業開始を待望する方々の期待に応えるため前に進まざるを得なかった。

収益部門の開始は１９８８年を予定していたが、１９８６年11月から１９９１年２月のバブル景気で当初予定の家賃水準が１・８倍近くにはね上がり運営収支は黒字を続け、余剰資金を基金として６億円を積み立てることができた。

しかし、１９９１年３月からのバブル崩壊と臨海地域のオフィスビル建設ラッシュで需給バランスが悪化したこともあって、家賃水準は急激に落ち込み「いざなみ景気」（２００２年２月～２００８年２月）の末期には家賃収入が約40％減少し、その後更に数％落ち込み、運営収支は赤字が続き当初危惧した状況となった。他方、設備機器が耐用年数を超えて交換を迫られ、建物自体の老朽化もあり、設備支出も漸増し積み立て基金６億円は２０１２年でゼロとなった。１９９９年に都銀の長期金利が開銀の金利を下回る状況が生じ、金利節約のため開銀に無理をいって期前返済（約10億円）をお願いし、それを都銀に振り替えた。

(11) テナント並びに居住者との立ち退き交渉

新会館建設のためには、現本館及び善隣ビル・共栄ビル内に入居中のテナント34社(延坪面積1211坪)の立退きが必要であった。善隣は建設構想が具体化した1980年、テナント各社に会館建設の概略を説明し、今後、旧建物での新規契約を結ばないこと、新会館建設時には円満に明け渡してくれるよう協力を要請した。これに対してテナント各社は概ね同意を示した。

その後も善隣はテナントに対して非公式、個別に建設概略を説明しつつ協力を要請、1982年1月には、全テナントを一堂に招致して正式に説明会を開いた。

そして、同年10月から立退き交渉を開始し、翌11月には第1回の個別金額提示を行った。さらに1983年には3つのビル(本館、善隣ビル、共栄ビル)ごとに世話人を互選してもらい、それぞれと交渉した結果、同年5月に第2回の個別金額提示に至ったが、次の二つの案件の解決に苦労した。

① 立退き交渉先3社から調停申立てが出され、それぞれ何回かの調停が裁判所で行われたのでそのつど出頭しなければならず繁多な折からはなはだ迷惑なことであった。しかも提案はいずれも零細業者であるテナントに有利で善隣に不利なものだったので極めて不満であったが、不成立にすると裁判となり時間の余裕がなかったので残念だったが提案に応じた。

② 本館4階は後楽寮生等中国人(華僑)が居住していた(1982年3月末には中国人留学生が国費39名、私費26名、華僑学生14名、華僑関係者5名合計84名が在住しており満杯であった)ので東京華僑総会にも居住者退去工作を依頼していたが、終戦時からの元後楽寮生2名が中々説得に応じてくれず苦慮していた。

本館取り壊しの時期が迫ってきたので、東京華僑総会に更に強く説得をお願いしてようやく退去に応じてもらった。

この様な経緯を経て同年末、テナント28社との明け渡し調印にこぎつけ、本館、善隣ビルともに取り壊し可能な状態となった。また、立退き交渉34社中、25社が立退き、9社はB棟に再入居することとなった。こうして本館と善隣ビルは取り壊され、1986年現在、敷地東北角の公開空地予定地に建つ共栄ビルのテナント6社を残すのみとなった。

なお、この間、A棟建設予定地にあった北側駐車場（20台収容）の明渡し交渉も同時に行われ、1983年10月末までにすべて移転を完了した。

このテナント移転交渉は森康事務局長（当時）が主として担当し、彼の不屈な努力による成果と言って過言ではない。

私は経団連稲山会長のご英断に応える事ができたので、財界募金に取り組める状況になったことを花村副会長にご報告し、大変喜んで頂いた。これで計画案を進めるお膳立ては大体できた。

(12) 準備作業事務体制の編成

これから早急に完了しなければならない作業が山積していた。建築許可申請、財界募金、政府予算申請、工事発注、銀行借り入れ交渉、これまでの3倍以上の施設で多彩な事業を実施する事務体制、新理事会・評議員会の構成、寄付行為の改編等、無数の有期限案件をクリアしなければならず、即戦力となる人材を民間企業から手弁当（給料が先方負担でないと当方では財務面で対応できない）で出向してもらう必要があった。

古井先生、外務省アジア局長、中国課長にも協力願って１９８２年から１９８４年にかけて、三菱銀行（３）、三井不動産（２）東京電力（１）小松製作所（１）、日本開発銀行（１）、共同通信社（１）博報堂（１）から出向頂いた。出向者は原則として２年で入れ替わり、建設完了後も運営が軌道に乗るまで協力してもらい、一部は会館の正職員となり定着した。

⒀ 日中友好会館建設委員会の発足

建設計画案づくりと並行して、会館建設を推進する組織づくりも進んでいた。同時に山田伸男顧問弁護士と名称変更や新たに評議員制度を設け理事選任権を付与する等、新しい寄付行為等の検討に入った。

この様な手順を踏んで１９８２年４月、建設推進事務局はまず建設委員会の組織とその構成メンバーの人選に着手し、併せて建設委員会の事務機構についても検討を行った。そして、同年4月26日、霞友会館において外務省松永次官の挨拶によりいよいよ日中友好議員連盟、経済団体連合会、善隣学生会館の三者によって構成された「日中友好会館建設委員会」が発足した。従来「日中会館」構想として進めてきたが、古井喜実、穂積七郎両先生の強い希望があり、「日中友好会館」に決定した。

委員会メンバーは次の通りである。

〈政界〉（12名）
古井喜実（自）・小林進（社）・渡部一郎（公）・永末英一（民）・田川誠一（新自）・塩谷一夫（自）・伊東正

義（自）・正示啓次郎（自）・鯨岡兵輔（自）・山下元利（自）・片岡清一（自）＝以上衆議院議員・郡祐一（自）＝参議院議員

〈財界〉（13名）

稲山嘉寛（経済団体連合会会長）・草場敏郎（全国銀行協会連合会会長）・石原俊（日本自動車工業会会長）・江戸英雄（不動産協会理事長）・安川敬二（日本電機工業会会長）・河合良一（小松製作所会長）・斎藤英四郎（日本鉄鋼連盟会長）・関本忠弘（通信機械工業会会長）・中村俊男（経済団体連合会副会長）・永山時雄（石油連盟会長）・花村仁八郎（経済団体連合会副会長）・水上達三（日本貿易会会長）・平岩外四（電気事業連合会会長）

〈善隣学生会館〉（11名）

高野藤吉（理事長）・穂積七郎・前田充明・小川平四郎・陳焜旺・栗原俊夫・藤堂明保・井上猛・森田尭丸・村岡久平・黄文欽＝以上理事

委員会発足の当日に開催された第1回会議で、会長に古井喜実、副会長に花村仁八郎および高野藤吉が、事務局長に村上立躬がそれぞれ選出された。また、会長、副会長の協議によって、政界、財界、「善隣」の委員からそれぞれ5名の常務委員が指名され、さらに、事業の推進を円滑にするため、①企画調整委員会の設置、②事務局の構成、③作業部会（総務・建築企画・募金財務）の設置などが承認された。

そして、推進事務局のメンバーは民間企業からの出向者などで構成された。日中友好会館事業推進組織は図の通りである。

基本方針決定	日中友好会館建設推進委員会36名（募金委員会兼務） 委員長1名、副委員長 若干名 常務委員20名前後 その他
具体案立案	日中友好会館建設常務委員会 常任委員20名前後 常任委員長1名 その他
作業部門	総務部会 建設、運営企画部会 募金、財務部会
事務局	日中友好会館建設推進事務局

「募金、財務部会」は、財界募金30億円の推進活動を行うもので、のちに「募金委員会」と名を改めて発足、花村仁八郎委員長をはじめ各業界団体の会長28名の委員によって構成された。

募金委員会名簿（敬称略・順不同）

昭和60年7月20日

委員長　花村 仁八郎（経済団体連合会副会長）

委　員　阿部 栄夫（日本電機工業会会長）・安西 浩（日本ガス協会会長）・石橋 幹一郎（日本ゴム工業会会長）・石原 俊（日本自動車工業会会長）・宮崎 輝（日本化学繊維協会会長）・江戸 英雄（不動産協会理事長）・河合 良一（(株) 小松製作所会長）・前田 和雄（日本造船工業会会長）・志立 託爾（信託協会会長）・

宮岡公夫（日本船主協会会長）・小西新兵衛（日本製薬団体連合会会長）・斎藤英四郎（経済団体連合会副会長）・建内保興（石油連盟会長）・田中文雄（日本製紙連合会会長）・川瀬源太郎（生命保険協会会長）・中村俊男（経済団体連合会副会長）・石川六郎（日本建設業団体連合会会長）・土方武（住友化学工業（株）社長）・小林庄一郎（電気事業連合会会長）・広瀬真一（日本通運（株）会長）・三村庸平（日本貿易会会長）・盛田昭夫（日本電子機械工業会会長）・羽倉信也（全国銀行協会連合会会長）・山本卓眞（通信機械工業会会長）・吉国二郎（全国地方銀行協会会長）・吉山博吉（（株）日立製作所会長）・渡辺省吾（日本証券業協会会長）・徳増須磨夫（日本損害保険協会会長）

また、「企画調整委員会」は、各作業部会の提言をもとに事務局で作成した案を、事務レベルでチェックして成案をつくり、常務委員会に提出する機能を持つものであった。建設推進委員会は政・官・財の各界と華僑並びに友好団体で構成されていたが、正・副会長2名の他、常任委員15名（法人改組後の役員で構成）により常務委員会が設けられた。また、企画調整委員会、事務局、作業部会が設けられた。改組（財）善隣学生会館→（財）日中友好会館（1983年7月）後は名称・体裁を改めて活動した。その足跡は以下の通りである。

①　第1回　日中友好会館建設委員会　企画調整委員会

1983年7月7日

11：00〜13：00　日中友好会館建設委員会事務局虎ノ門分室（虎ノ門オカモトヤビル5階会議室）

議題　イ．建設計画スケジュール／ロ．事務局並びに作業部会の機能、組織の検討／ハ．法人改組に伴う作業について／ニ．その他

企画調整委員会名簿（順不同）

氏名	役職	氏名	役職
関　成一	経済団体連合会参与	安部　浩平	電気事業連合会専務理事
関口　昌弘	日本開発銀行都市開発部長	青山　徳治	小松製作所海外総務部長
上村　幸生	日中友好議員連盟事務局長	中島　昌信	三菱地所建築業務部長
竹下　勅三	日本鉄鋼連盟常務理事	石津　司郎	三井不動産ビル事業部長
宇賀神　誠	三菱銀行業務本部法人第三部長	西　海巌	住友商事建設不動産開発室長

②　第1回　常任委員会
　1983年7月26日
　8：30～9：45　ホテルオークラ別館12階　銀河の間（2回）
　議題　イ．（財）善隣学生会館改組／ロ．建築計画推進スケジュール／ハ．その他連絡事項
　第2回9月8日　法人改組後　新理事会が引継ぎ

③　第1回　基本問題検討委員会（委員会委員構成別紙）（3回）
　1983年8月9日（予備会議　7月21日、7月27日）
　14：00～16：00　虎ノ門オカモトヤビル5階
　議題　イ．公益部門の在り方／ロ．作業部会の設置
　この委員会は古井会長の私的諮問機関

古井会長は基本問題検討会議を発足させ、学生寮についての考え方や賛助会員制度など多岐にわたり、

識者の意見を求められた。

第1回　日中友好会館基本構想検討会議（第1回）
　8月9日14：00〜16：00　於：虎ノ門オカモトヤビル5階
　日中友好会館建設委員会事務局　TEL508―8147

会長　　古井喜実
座長　　小川平四郎（元中国大使）
座長代理　木村正昭（技研興業（株）社長）
メンバー　清水正夫（日中建築技術交流会副会長）・西園寺一晃（日中友好協会副理事長）・浦良一（明治大学工学部教授）・白西紳一郎（日中協会事務局長）・村岡久平（日中文化交流協会常任理事）・田熊利忠（霞山会参与）・上村宰生（日中友好議員連盟事務局長）・村上立躬（日中友好会館建設委員会事務局長）
オブザーバー　畠中篤（外務省）・赤倉亮（外務省）・矢部吉実（文部省）

実働部門として作業部会を設け、様々な角度から会館の有り様について討議する。

第1回　作業部会
　1987年9月29日（1987年9月〜1990年8月　11回）
　12：00〜14：00　日中友好会館　4階ラウンジ

議題　イ．運営上の諸問題に関する検討機関の在り方／ロ．会館の現況並びに公益部門について／ハ．B棟（別館）公益部門運営について／ニ．今後のスケジュール

作業部会メンバー（案）（50音順敬称略）

秋尾暢宏（（株）博報堂PR局PR三部長）・秋月桂太郎（日中友好会館企画部長・開銀）入江孝一郎（（社）日本移動教室協会理事長）・上村幸生（日中議員連盟事務局長）・菊地昌典（東京大学教授）・久保菊雄（三井不動産ビルディング営業部長）・小池勤（日中太極拳交流協会常務理事）・坂本敏史（日中友好会館文化事業室長、（株）共同通信社）・田熊利忠（元広東総領事）・立間祥介（慶応大学教授）・椿博行（日中懇話会事務局長）・徳江佑介（三菱地所建築業務部副長）・橋山禮治郎（日本開発銀行参事役）・羽原清雅（朝日新聞社社長秘書役）・村上立躬（日中友好会館事務局長）・森岸生（読売新聞社情報調査部長）・文字正直（三菱銀行公務部部長代理）

会館運営懇談会は古井会長の私的諮問機関として設置（趣旨別添）されたものである。

会館運営懇談会（仮称）メンバー（案）（50音順敬称略）

愛川重義（元人事官）・新井明（日本経済新聞社副社長）・安藤彦太郎（日中学院長）・上村幸生（日中議員連盟事務局長）・内田健三（法政大学教授）・小川平四郎（日中協会副会長）・菊地昌典（東京大学教授）・木村正昭（技研興業会長）・小池勤（日中太極拳交流協会常務理事）・河野義克（東京市政調査会理事長）・斉藤鑑三（朝日新聞社企画部次長）・清水正夫（日中友好協会理事長）・高野藤吉（日中友好会館理事長）・田熊利忠（元広東総領事）・立間祥介（慶応大学教授）・椿博行（日中懇話会事務局長）・中江要介（駐華日本国大使）・

羽原清雅（朝日新聞社社長秘書役）・林敬三（日本赤十字社名誉社長）・古井喜実（日中友好会館会長）・村上立躬（日中友好会館事務局長）・森岸生（読売新聞社情報調査部長）

古井先生はこのほか「明日を見つめる日中懇話会」を外援支援組織として東京のほか、茨城、大阪、鳥取、岡山にも支部を誕生させた。趣意書や会員は別記の通りで古井先生の各界の友人が網羅されている。

これに並行して「明日を見つめる日中懇話会」を各地に勧奨され、茨城、大阪、岡山、鳥取等で旗揚げされ県内の日中友好人士が糾合された。

・明日を見つめる日中懇話会（傍線が引かれているのは、実働時は亡くなっていた方）

【会長】
古井 喜実

【世話人】
愛川 重義　浅沼 清太郎　新井 明　飯田 茂穂　伊東 正義　今枝 信雄　内田 健三　小川 平二
緒方 彰　金森 久雄　菊地 昌典　木村 正昭　倉成 正　桑田 弘一郎　河野 義克
後藤田 正晴　佐伯 喜一　柴田 護　清水 正夫　下河辺 淳　高野 藤吉　谷村 裕　立間 祥介
土井 たか子　永末 英一　西村 尚治　正木 良明　宮崎 勇　村上 立躬　村田 敬次郎

【監事】
村田 震一　渡辺 弥栄司

【顧問】
芦原 義重　井出 一太郎　稲山 嘉寛　井上 靖　宇都宮 徳馬　円城寺 次郎　大来 佐武郎

大島靖　大槻文平　岡崎嘉平太　貝塚茂樹　五島昇　小林与三次　西園寺公一
鈴木俊一　団伊玖磨　日向方斉　平岡敏男　平山郁夫　広岡知男　向坊隆　森永貞一郎

【基本問題研究会議】

浅野敦　石川滋　石川昌　石川明　稲垣清　入江孝一郎　伊藤一彦　岩尾一
宇野重昭　浦良一　江崎真澄　江幡清　太田勝洪　大谷幸生　大野静三　岡崎陽一
岡田臣弘　岡部達味　岡本辰義　小川平四郎（座長代理）　柏木博　片岡清一（座長代理）
鎌田要人　岸昌　君健男　久野忠治　鯨岡兵輔　河野洋平　河野義克（座長代理）
小林進　坂井時忠　佐々木喜久治　佐々木義武　坂本義和　塩谷一夫　正示啓次郎
白石春樹　関寛治　高田勇　竹内藤男　田所竹彦　多田実　田畑光永　丹藤佳紀
辻康吾　中沖豊　長野士郎　中兼和津次　並木正吉　西村尚治（座長代理）　西嶋定生
野村浩一　羽田孜　林敬三（座長）　針生誠吉　日野晃　福田三郎　福原亨一　細島泉
細田吉蔵　松尾尊兊　三上次男　三木申三　宮崎義一　三好崇一　家城啓一郎　山崎曜
山下元利　山根幸夫　山内一男　山本荘一郎　吉村午良

【参与】

雨宮忠　上村幸生　内田禎夫　菊池不二夫　小堀治子　鮫島敬治　白土吾夫　白西紳一郎
田熊利忠　西堀正司　槇田邦彦　森本清治　安井正幸

【幹事】

木村正昭　石堀光男　釜井卓三　小池勤　西園寺一晃　塩島俊雄　椿博行　中島宏
羽原清雅　藤村幸義　古川万太郎　森岸生

【事務局】

事務局長　椿　博行

これらの検討会議や諮問会議で１９８３年の新法人発足前後に事業の内容等について論議を重ねて会館業務の方向性と骨格を定め、同年７月の第１回理事会の了承を得た。

(14) 日中友好会館建設に係わる日中両国の折衝

一方、日中両国政府は会館建設に係わる諸問題について折衝を重ねていたが、１９８２年12月22日の第96回理事会において、外務省から中国側の申し入れ事項が明らかにされた。

それは次の７項目であった。

① 財産権は棚上げにする。
② 日中友好会館建設にあたって現使用者の権益を保持してほしい。
③ 善隣の土地および建物は売却しない。
④ 会館の運営に当たって華僑代表を一定の比率で出してもらいたい。
⑤ 中国側の代表を理事に参加させてもらいたい。
⑥ 日中友好会館の理事構成及び計画案について最終的に政府間で決着を計りたい。
⑦ 金の一部として中国側は５億円を拠出する。

これらについて、両国政府間でその後数回の折衝が行われたが、１９８３年６月１日の第99回理事会においいて、外務省から「一部を除いて意見が一致し、内容は文書として残す方針である」との説明があった。

これを受けて、6月22日の第100回理事会は、日中友好会館建設に関する次の決議を行った。

（善隣学生会館理事会要望事項）

日中友好会館建設に関する中国側回答の7項目について我が国政府はこれを快く歓迎し、早急に協議を妥結し、その内容を文書に残すよう要望する。
イ　そのうち中国側理事（2名）の参加についてもわが理事会はこれを歓迎する。
ロ　建設に伴い、基本財産に支障を来さぬ方策について特段の配慮を要望する。
ハ　中国側の要望を考慮し、公益部門の比率を増やすことを要望する
ニ　上記の協議が全面的に妥結することを前提として新理事会の構成について現理事会から最低9人の参加を要望する。

(15) 寄附行為の変更と新法人名「日中友好会館」へ

「会館」は理事会に日中友好議員連盟ならびに経済団体連合会の代表を理事に迎えるとともに、会長・副会長制を敷いた新体制で会館建設に臨むこととし、1983年6月29日の第101回理事会で政界5名、財界5名の委員を加えた合計18名の理事を推薦・委嘱した。

1983年7月26日、第102回理事会が開催され、新体制に対応するための寄附行為変更について審議、決定された。寄附行為変更の骨子は、
①　名称の変更

財団法人善隣学生会館とあるのを「財団法人日中友好会館」と改める。

②　役員の増員

事業の拡張に伴う役員の増強を計ることとし、理事定員の上限を18名から21名とする。そのうち会長1名、副会長2名以内、理事長1名、常務理事2名以内を置く。

③　評議員制度の新設

諮問機関である同制度の定員枠を30～45名とし、本法人事業に支援を願う人々（各界、各層の有力者）に就任を希望する。その職務は「評議員は評議員会を組織し理事及び監事を推薦するほか、事業運営に関し理事会から付議される事項を審議する」と規定する。

④　賛助会員制度の採用

運営基盤の補強及び関連施設の利用などを享受することができる。

などである。また、第3条の目的と事業の規定で「日中両国間の友好交流を促進して両国の末永い確固たる友好関係を築き上げることを目的とする」ことを明確にした。そのほか全般にわたり字句の微修正を行った（新寄附行為は資料篇に収録）。「会館」は同年8月12日、外務省ならびに文部省に寄附行為変更許可を申請し、8月31日付で両省の許可を受けた。

そして、日中両国政府は1983年11月2日、日中友好会館に係わる口上書を取り交わし、双方の協力体制を明確にした。

(16) 初訪中(外交部・教育部との交渉)

この「日中友好会館」への移行を前に、1983年6月〜7月に理事構成や寄付行為変更などを定める善隣学生会館としての理事会を開催した。5億円の拠出など、中国側要望7項目の申入れ事項を採り入れた形で運営される方向付を行った事務局案を承認決定したが、中国政府の意向を忖度して慎重論を唱える理事もいたので、私が訪中し、外交部・教育部に説明し、了承を得ることにした。古井会長にその旨ご報告すると、お餞別を下さるとのことだったが、お返しのお土産を考えると面倒なのでお断りしたところ「邪魔になるものでもないし、私の気持ちだから受取るように」とのことなので、失礼にならぬよう有難く頂戴した。

1983年8月に初訪中したところ、北京空港に日本大使館の大倉参事官が出迎えて下さった。佐藤正二大使に訪中の趣旨を説明旁々、高野理事長からの伝言を申し添えた。宿舎は新築の長城飯店だったが、朝食で小盆を何皿か頼んだが食べ切れず、中華料理は大勢で囲むのが良いと思った。

大使館の方々のお世話になるのも気が引けるので、予め三菱銀行北京駐在員事務所に連絡してアテンドをお願いしていたところ、所長代理の吉川順一氏(その後、会館常務理事)があちこち案内してくれた。そこで古井先生のお土産について相談したところ、日壇公園内の愛新覚羅の一族の経営する画廊に案内された。丁度、徐畸が東欧で賞を取った水墨画があったので、これをお土産にすることにした。外交部・教育部には日本大使館が案配したアポイントに従って、大使館の車で送ってもらい、一人で訪問した。外交部で徐敦信日本所長と程永華書記官にお会いして、これ迄の経緯と新しい寄付行為について説明し、信頼して任せて欲しいと申し上げたところ、了承された。

教育部は孫敏 外事局副局長、陳彬 中国大使館教育担当参事官、王行虎 書記官の3人と清眞料理店で外交部

同様に話し、了承を得た。その店では丁寧に調理された羊のアキレス腱を山盛りにした皿と、三不粘が印象に残っている。その後、桂林と上海に立寄った。

(17) 桂林・上海でのこと

北京の目的が完了したので、桂林観光に出かけた。桂林空港は軍用と共用で女子事務員が木製の踏み台を持って来て、木製のフライト案内板をフックにかけて取り替える仕組みになっていた。空港に日本で高名なゴルファー・杉原輝雄氏にソックリのオジサンが「村上立躬先生」と書いた紙を掲げていたが、降客が少ないせいか目敏く見付けて「村上先生」と声をかけて来た。自己紹介してからタクシーに乗り込むと2～3の外国人向けホテルをのぞいてから「村上先生、ホテルは寝るだけだから珍しい食べ物を食べた方がよいよ。私の娘が働いている宿屋に決めて少し休んでからおいしい物を食べに行くので呼びにくる」。その宿屋は大変やかましいクーラーがついていたが、中国語圏の人達が泊まる処らしかった(翌朝食堂での食事の時よくわかった)。

明るいうちにガイド氏が重そうなボストンバッグを持って迎えに来た。タクシーで飲食店街に行くと、各店の前の5階建ての鳥籠に各々異なる動物が置いてあるのを検分してから店に入る。ガイド氏はボストンバッグから何種類かの白酒を取り出し、いずれも中国の銘酒だから今晩はご馳走をサカナに呑みましょうとのこと。選んだのは果物を食べている猿、筍を食べている鼠、山に居る大きな蛙で、それも一匹1・5kg位だから二人なら十分とのことだった。それから桂林の下町を散策していると洗面器のような器を持った人たちが群がっていたので近づいてみると、大きなバスタブのような桶から生ビールを買っていたのでためしに飲んでみた。泡だらけのボウルに顔を突っ込んで飲むと出来立ての温かいビールは意外に美味だった。その後、併設された酒場に入り冷えたビールで口直しをしてからガイドの求めに応じて掛け軸を買って旅館に戻った。

翌日は市内名所巡りの後、洞窟の中に作られた店で名物料理となった。大きな土鍋に何やら黒い物が浮かんでおり箸でさわると固い。ガイドが裏返すと大きな亀が1匹姿を現した。腹側の甲羅をはがして食べるのだが食味は覚えていない。それから旅館を経由してガイドに空港まで見送って貰い桂林を後にし、上海にむかった。紅口空港では旧知の総領事館大和氏が出迎えてくれ、旧錦江飯店にチェックインして直ちに総領事公邸に行くと午後8時すぎにも拘わらず総領事他が日本料理を準備して歓迎の宴を開いてもてなして下さった。翌日は大和氏が終日豫園など市内を案内して下さった。翌朝大和氏に空港まで見送って頂いて帰国し私の初訪中が終わったが貴重な体験であった。

(18) 第1回日中友好会館理事会

日中友好会館建設推進委員会で企画・調整にあたる常任委員会に上記訪中結果等の準備状況を報告し、了承を得た。

1983年9月8日に新理事構成による第一回日中友好会館理事会を開催し、古井会長、花村副会長、高野理事長、村上事務局長を選任し、更に評議員を定員40名で選任した。その他募金計画を採択して募金活動を開始することとし、併せて発注計画も始動することとなった。

新理事構成
これにより、「会館」の理事構成は次の通りとなった。

会長　古井喜実（衆議院議員）
副会長　花村仁八郎（経済団体連合会副会長）
理事長　高野藤吉（兼常務理事）元イタリア大使
理事　伊東正義（衆議院議員）・江戸英雄（不動産協会理事長）・小林進（衆議院議員）・斉藤英四郎（経済団体連合会副会長）・塩谷一夫（衆議院議員）・栗原俊夫（日中友好協会全国本部理事長）・正宗啓次郎（衆議院議員）・陳焜旺（東京華僑総会副会長）・黄文欽（東京華僑総会副会長）・藤堂明保（早稲田大学客員教授）・中村俊男（経済団体連合会副会長）・平岩外四（経済団体連合会副会長）・穂積七郎（元衆議院議員）前田充明（文教協会会長）・森田尭丸（日本国際貿易促進協会理事長）
監事　鈴木政勝（元外務省参事官）

こうして、会館建設の事業主体としての新体制が固まった。そして、建設委員会の機能を法人理事会に移管、事務局を統合した。

評議員ご就任要請先一覧　○印は就任了承済み

政界　○古井喜実（衆議院議員・自民党）　○渡部一郎（衆議院議員・公民党）　○永末英一（衆議院議員・民社党）　○田川誠一（衆議院議員・新自由クラブ）　○鯨岡兵助（衆議院議員・自民党）　○山下元利（衆議院議員・自民党）　○片岡清一（衆議院議員・自民党）　○小川平二（衆議院議員・自民党）　○野田毅（衆議院議員・自民党）　井出一太郎（衆議院議員・自民党）

財界　○花村仁八郎（経済団体連合会副会長）　○草場敏郎（全国銀行協会連合会会長）　○石原　俊（日本自動車工業会会長）　○安川敬二（日本電機工業会会長）　○関本忠弘（通信機械工業会会長）　○永山時

雄（石油連盟会長）　○水上達三（日本貿易会会長）　○河合良一（小松製作所会長）　○植谷久三（日本証券業界会長）　○野地紀一（日本建設業団体連合会会長）

善隣・学会　○秋岡家栄（朝日学院院長）　○安藤彦太郎（早稲田大学教授）　○古島和雄（東京大学名誉教授）　○井上　猛（日中経済協会理事長）　○松本与市（著述業）　○高野藤吉（国連協会専務理事）　○小川平四郎（日中協会副会長）　○村岡久平（日本中国文化交流協会常任理事）

協力団体代表　渡辺誠毅（新聞協会）　山西由之（民放連）　川原正人（ＮＨＫ）　○平野竜一（国立大学協会）　○石川忠雄（日本私立大学連盟）　○高橋末雄（日本私立大学協会）　○佐藤正二（国際交流基金）　○河野謙三（日本体育協会）　鈴木俊一（全国知事会会長）　○中井一郎（全国市長会会長）　○榎本一彦（日本青年会議所）　○遠藤正則（文京区長）

⒆　募金活動

１９８３年４月に日中友好建設推進委員会が発足すると同時に花村仁八郎 経団連副会長を委員長とする募金委員会を立ち上げた。

当時、経団連に加盟する経済団体は27団体で、これらに所属する企業は８５０社であった。これに総額30億円の寄付を依頼するのだが、経団連には政界寄付などについて、一定の割振の基準があり、会館の30億円の場合、半分の15億円を次の５団体で３億円ずつ受持つこととなっていた。

①鉄鋼連盟　②電気事業連合会　③東京銀行協会　④日本自動車工業会　⑤日本電機工業会

古井会長は、良い事をやっているのだから金は黙っていてもついてくるものだと言われたが、私から古井会長に「古井会長が偉い政治家であり、良い仕事をしようとしていることも事実だが、タダで金を寄越せと言うことだから、やはり挨拶は必要と思う」と申し上げ、重い腰を上げてもらい、私がお伴して先ず電気事業連合会会長 平岩外四 東京電力（株）会長を訪問した。古井会長はニコニコしながら「平岩さん。私のような者が度々お邪魔するとご迷惑でしょうから、早くウンと言ったらどうですか？」と言うと、平岩会長もニコニコしながら「そうですね」とおっしゃった。他の4団体も右にならえの形で決まってしまい、先ず15億円が確定した。残り22団体15億円については、高野理事長にもご尽力いただき、村上、松川（後任 渡辺）で、訪問先毎にカードを作り、訪問記録を残し、後日訪問時に利用した。団体ベースで話が纏まるケースと、団体加盟各社に割付け、個別交渉を要するケースに大別されるが、業界団体やある程度の規模の企業には寄付申出が百件位手元にあり、その担当者が先ず出て来て「私どもは皆様からのお申出をお断りするのが仕事です」と言われることが多く、めげてしまうのだが、我々は断わられてからが仕事と心得て、引続き訪問してモノにすることが多かった。約3年かかったが、30億円には若干未達となり、残念であった。

募金活動で忘れてならないのは、日中学院の藤堂先生ご夫妻が浦和の伊勢丹で開催されたチャリティバザールである。永年にわたる訪中の際、集められた美術品等のコレクションを日中学院建設資金とするため、二回に渉り提供してくれた。また浦和を中心とする在住の文化人も多数出品して下さり、３０００万円弱の募金となり、新聞にも報道された。

また、公益事業に対する助成団体として文部省体育局の口添えを得て、日本小型自動車振興会から１８００万円、大蔵省の友人の口添えを得て千里万博会場跡地にある日本万国博覧会記念協会から１５００万円の助成を得た。

藤堂氏（下段：右）、藤堂里子氏（上段：左）、白金山氏（下段：中）

中国側にも協力を求めたいと考えていたので、中日友協に打診していたところ、中国人書画家に作品を提供してもらってチャリティセールを行い、その代金を寄付することにしたらどうかとの回答があった。それで異存ない旨連絡したところ、関係者を集めて趣旨説明会を開催したいので訪中要請があった。１９８５年12月に訪中し、中国美術家協会と中国書法家協会の関係者に事前に協力を求めて賛同を得た後、中日友協王效賢副会長のお手配で老舗料理店豊澤園飯庄で関係者全員30余名を集めて会食を主催し、改めて協力要請の趣旨説明にあわせて御礼の会を行った。

感謝宴名簿

主人　日中友好会館　３人（村上他）
対外友協　８人
　副会長　周而復
　常務理事　許甲三
　理事　葉東海
　理事　楊全水
　理事　李海娜
　理事　黄嵐庭
　幹部　姜　麗
　翻訳　李恵蓮
中日友協　２人

日本大使館　１人
　参事官　大和滋雄
国際問題研究所　１人
　秘書官　宋文
書法家協会　２人
中国美術家協会　２人
　常務書記　葛維墨
　通訳　陶勤
外交部　２人

著名画家
　呉作人
　肖淑芳
　黄苗子
　亜　明
　頼少其
　馮樹嫺
教育部　３人

理事　韓炳培（副秘書長）
幹部（兼通訳）王慶英
文化部　２人
副秘書長　邢秉勝
副処長　呉熙華

処長　趙鐘鑫
三等書記官　邢家瑞

副会長　李滔
副処長　李東翔
幹部　嚴麗

感謝宴　挨拶（日中友好会館常務理事　村上立躬）

本日は突然のご案内にも関わらず、ご多忙のところをご出席頂きありがとうございました。私どもが財団法人日中友好会館の代表として今回訪中いたしましたのは、ひとつは来年東京で開催する日中友好会館建設キャンペーンに書家、画家の先生方に作品をご提供くださるようお願い申し上げることでございます。

もうひとつは、中国側の皆様に会館建設の状況をご説明し、今後のご協力をお願い申し上げることでございます。

感謝宴反省会（右・森事務局長、右２・阿南公使、左・大和参事官）

日中友好会館は、日中国交正常化10周年を記念して東京に今後の友好交流の拠点を作ろうとする考えでスタートした日中両国の協同事業であります。

この計画の中で主要なもののひとつは、中国から勉学のため来日された方々の宿舎を運営することで、すでに２００名の留学生を受け入れており、88年３月の第Ⅱ期工事完成後は総数４００名以上の受け入れが可能となります。

もうひとつは、ホールや美術館により多面的に中国文化を紹介し、文化交流を促進することであります。

今週の月曜日から本日ご列席の関係官庁並びに諸団体の皆様と親しくご懇談させて頂く機会を与えられ心から感謝しております。

又、今回の訪中に当たり万端お手配頂いた対外友協の皆様に厚く御礼申し上げます。特に人間国宝にもあたる呉先生他作家の先生方がご出席くださいましたことは望外の喜びでございます。

本日のパーティを機に、日中友好会館が日中両国協力のもとに大きく育ち、この事業がますます大きな意義をもつよう努力を致したいと思います。

ご列席の皆様のご健康と日中友好の益々の発展を祈念して乾杯をしたいと存じます。


1986年、西武百貨店美術部は北京栄宝斎を使って大中国展の開催を企画していたので、その際中国書画チャリティセールのコーナーを設けてくれるよう依頼し応諾してもらった。5月16日の開幕日には開店早々一般客の他、プロの画商も見受けられた。当時は中国の書画は極めて安価であったが、1500万円の売り上げを得ることが出来、中国の書画家の先生方のご厚志に深く感謝した。

平山郁夫先生にもご労作1点をご寄贈頂き別途販売してしまったが、会館の所蔵にすべきであった。かえすがえすも残念なことをした。

この他、個人では和歌山の中野勝輔氏（2500万円）等個人の方々からも高額の寄付を頂いた。会館建設のため募金下さった団体、個人の皆様のお名前を銘板に刻み、玄関入口左側壁面に会館のシンボルマークを囲むように掲げて感謝の意を残した。

(20) 街宣車の嫌がらせ

1983年9月8日の第1回理事会の後、しばらくして毎週火曜日と木曜日の昼前後約1時間に10台前後の街宣車が大音量で中国に対する中傷を行うようになった。その間は電話の音声が会話不能の状態となり、日中学院の授業も出来ない状況となり、富坂警察署に騒音防止条例違反ではないかと申し立てたが、1台の音量は選挙の宣伝カーと同じレベルなので取り締れないとのことであった。しかし10台が同時にやると相当のものであった。

このイヤガラセは、会館の財界出身理事の会社や受注企業の会社にも行われた。現在、会館敷地と道路の境界に鎖のついた柵が設置されているが、これは後藤田会長の指示によるもので、柵を越えると不法侵入になり逮捕できる。

このイヤガラセは約1年続いたが、その後も台数を1～2台に減らし、不定期に来ていた。また応対を求められても応じないことを徹底した。

(21) 設計会議

設計監理は、建設業者決定に先立ち、1983年7月に日建設計(設計)三菱地所(監理)のジョイントで決め、設計担当の日建設計 加藤隆久氏(1ヶ月に1回監査担当の三菱地所 廣瀬弘氏が参加)、現場建設事務所長の光岡宏氏(第Ⅱ期は五木田通夫氏)、会館から私と平野照男氏(三井不動産から出向して建設担当)のメンバーで原則として毎週木曜日午後2時頃から2時間、進行状況と問題点、使用部材の選択等、多岐に渉り、打合わせた。

私はまったくの門外漢で、皆さんの話し合いを聞くだけであったが、約5年間「門前の小僧」で過すと、内容が大体判るようになった。また建物の配置図も頭に入った。

使用部材について、古井会長から鄧小平先生に「日本は砂が不足し、海砂を使うケースがあり、それをコンクリートに混ぜると鉄筋にサビが出て、コンクリートがもろくなる。中国には川が沢山あるので川砂をもらえないか」と話したら、鄧小平先生は「どこの川からでも好きなだけもって行ってよろしい」と言われたという話を聞いていたので、会館建設のコンクリートに中国の川砂を混ぜることの検討を日商と小野田セメントに依頼した。

両社が検討の結果、福建省閩江が候補となったが、かなり上流まで塩水であり、真水の処には小舟で採砂しに行く必要があり、大きな船に集めるのにコストがかかることがわかった。しかし、折角の砂なので日本に輸送することにし、横浜港の小野田セメントのコンクリート製造用の埠頭に運んだが、大型船は喫水の関係で接岸できず、結局沖合から艀で運ぶことになり、ここでもコストがかかることになった。

結局、古井先生の友人が紹介する千葉県の山砂が半分のコストで済むことがわかったが、閩江の砂は全体の砂の5％だけ混入することにしたので、一応古井先生のご希望は叶えることができた。

旧建物取壊しに先立ち、日建設計 加藤隆之、会館 橋山禮二郎（日本開発銀行から出向）、秋尾暢宏（博報堂から出向）の3氏に中国建築見学のため訪中してもらい、タイルの色など検討してもらった。また、本館や後楽賓館の玄関ロビーには中国産（青島など）の大理石を床面、壁面に使うようにした。

他方、旧善隣学生会館の記念として、後楽寮入口に対の石の狛犬や、後楽賓館車寄せ天井に陶製のルリ色の対の龍頭などを残すようにした

(22) 工事業者選定

1980年代前半から建設談合が新聞紙上を賑わしていたこともあり、古井先生から、会館の発注は、談合

は避けたいので工夫するよう指示があった。

そこで1984年1〜2月に建設省技監、東京都技監、住宅公園建設局長に声をかけ、古井事務所にご参集頂き、古井先生から「談合を排すると同時に、大手、中堅、中小が各々参加できるようにしたいと考えているので、これが成り立ち、且つ世間が納得する形を考えて欲しい」と言って頂いた。

数日後、三者に古井事務所に再来して頂き、意見を述べて頂いた事を集約すると以下の通りであった。

①　三者の業者評価がAランク（経営指標が良く、且つ営業活動に問題がない）であること。

②　大手5社（鹿島・大成・大林・竹中・清水）の各1社を核とし、中堅2社、中小2社の計5社でジョイントし、1グループとする。

③　5グループで競争入札を行う。

1984年4月13日、文京ホールで入札を行い大成グループ（大成・五洋・飛島・不動・大木）が落札した。旧本館の建設に大成の前身である大倉組がかかわっていたので業界のしきたりで予測できたが、この入札結果は前日の新聞で報道されていたので、結局は談合排除策は不成功で徒労に終わってしまった。

設備会社（電気、空調、衛生）は二社一組で同様に入札で決定した。設計、監理はアドバイザースタッフに加わっていた三菱地所を特命する予定であったが、業界第一位の日建設計が隣接地に所在しており、業界のしきたりもあり、日建設計を主、三菱地所を従として、二社がジョイントで受注した。

その後旧本館取り壊しの際、解体業者2社が加わった。会館関係者とこれらの業者約20社で日中会と称する会を作り、毎年忘年会か新年会を既に20年以上続けている。この会には現場事務所にいた娘さんが子供連れで参加してくれているし、現在沖縄や北海道など地方の現場にいる人達も参加している。これは工事がⅠ期Ⅱ期と長く、現場事務所の人のふれ合いも濃密だったせいもある。

この現場で働いた人達の名前は会館本館入口左側壁面に全員の名前を彫った銘板を掲げて感謝の意を表した。

(23) 会館のシンボルマーク

全国紙で会館のシンボルマークを募集した。最優秀作には中国旅行と賞金20万円、優秀作２点には賞金５万円としていたので、予想外の７７６点の応募数となった。事務局で一次選考をし、約10点を選び、審査委員会にかけることにした。

審査委員長は井上靖氏、委員は亀倉雄策氏（日本グラフィックデザイナー協会初代会長、文化功労者）、平山郁夫氏、丁民氏、白戸吾夫氏、清水正夫氏、陳焜旺氏、高野藤吉氏等の各氏にお願いした。

１９８４年7月14日、亀倉先生は事務局が選んだ2点を見たが、それではなく選考の途中で除外したものから現在会館が使用しているマークを選ばれた。それがこちらである。


理由はユニークで目立ち、記憶に残るものであり、他のプランはいかにも有りそうなもので、デザイン性は乏しいとのことであった。他の委員の方々も成程と賛同されたので決定した。

この最優秀作の作者は渕上政利氏で、１９８５年の3千人交流の会館グループの一員として参加して訪中して頂いた。

次に掲げる2点は、全国紙で公募して集まった776点から事務局が選んだ作品である。上の作品は「明日を見つめる日中懇話会」のシンボルマークとして使用された。

(24) 実現できなかった計画

私（村上）と橋山氏で日教販と日建設計（両社は道路を隔てて南側に所在し、外堀通りに面している）と会館の三社で道路の付替を含む都市計画法に沿った24～25階建の高層共同ビル（トヨタ本社と同レベル）建設案を作成した。日建設計に図面を作ってもらい、他方開発銀行に収支計画案を策定してもらい、計画の妥当性を確認した。理事会にも提案し、概ね諒承を得ることができたが、この時点になってから日教販と日建設計から日中合作の公益法人との共同ビルは遠慮したいとのことで終わってしまった。大江戸線の駅が飯田橋職安の地下に設けられると言う情報を得たので、ＪＲ飯田橋からトヨタ本社、後楽園（黄色いビル）経由の地下街について意見を交換する会合を2回やってみたが、賛同が得られず見送りとなった。

三社交渉経過報告——第2回合同検討会議を終えて——

共同開発計画の可能性について、これまで2回の三社合同検討会議を開き、各社の率直な意見が表明された。日建設計・日教販両社の主張ならびに基本的姿勢を要約すれば以下の通りである。

日建設計

1）土地の権利関係は、日教販との関係だけに留めたいとの意向が執拗なまでに強く、会館の地権者としての参加をあくまで忌避したがっている。

注1．その背景には、将来中国政府との関係いかんではC棟のビル経営事業まで干渉されかねない、との懸念がある。全くの幻想であるばかりでなく、日中友好促進という当財団法人の公共目的への理解に欠ける態度には驚きを禁じえない。

注2．区道の付替えのために換地を提供しなければならないのは、会館と日教販の2社である。換地とは無縁の日建設計があえて会館との土地交換を申し出ていることからも、日建設計側がいかに会館を地権者として入れたくないと考えているかを看取できる。

注3．上記注1および2から共通して確認されることは、当財団法人をパートナーとすることへの忌避的態度であり、いわば〝同和問題〟に対する感覚に酷似している。

2）会館の地権者としての事業参加を阻止する代案として、会館に空中権の売却ないしは貸与を繰返し提案している。

3）特定街区自体には基本的に賛成であるが、工事スケジュールとしては4～5年先の完成なら何とか受諾可能との線を打ち出している。

・会館は収益基盤の確保が主眼なら、何もC棟に入らなくてもいいのではないか、なぜこだわるのか判らない。空中権を売却しても貸してもいいでしょう（伊沢）

・売るにせよ、貸すにせよ、持分がベースにならなければ収支計画ができない。具体的にいえば、計画収益床約５０００坪にわが会館のボーナス１００％分２０８４坪の価値を2社がどうみてくれるかが問題になる（村上）

・空中権の売買・貸与についてのご提案だが、その相手は街区内の日教販・日建設計の両社しかない。売買や貸与の議論になると経済取引だから不調の場合もあるという。主張される以上その点を明確にしていただく必要がある（橋山）

・それは会館側で決めることだろう（伊沢）

・いや、借りたいという側がその段階で拒否すれば、残した空中権は浮いてしまう（橋山）

・10億円の粗利益、利回り７％で計算すれば１４３億円となる（村上）

・単なる希望価格であり、第三者に決めてもらうのが適当（橋山）

・空中権の貸与期間を50～60年とし、その間のスライド条項を条件に考慮してもよいが、その際の空中権の価値は前述の７０８４坪の想定産出価値に相当するものと考えてもらいたい（村上）

・会館の空中権を2社が賃借するやり方が望ましいと思う（小西）

・会館でも使えないものを貸してくれとはいわぬ（伊沢）

・それにしても空中権に転化する分が多すぎて、バランスを失している。空中権だけで全部を処理するのは異常だと思う（村上）

・それは主観的な判断だ（伊沢）

特定街区について

・Ａ棟は建設中だが、今なら特定街区はまだ可能である。３社で特定街区にしようという考えは一致しながら、

・C棟はどうしても2社だけでやるというのはいかがか（橋山）
・特定街区にして3社が各々ボーナスをもらえば、それでいい（伊沢）
・特定街区にするには、まとまった空地を出すことが必要である。日教販の敷地を空地にする考えはあるか。また誰が考えても賢明でないと思う（橋山）
・A棟が建設中でけしからん、更地に戻せというなら、A棟も両社の現有建物同様に建築費で評価してもらって当然ということになり、不毛の議論だと思う。伊沢氏（日教販）の考えでいけば、各社が各々自社敷地の40％を空地で提供することになりかねない。全体の中でどこに空地を出すべきかで特定街区は考えないと成立しない（村上）
・会館が空地を出してくれるから特定街区になるという点は十分理解している（伊沢）
・B棟を建築基準法でやり、最後のC棟段階で特定街区にするのは無理だろう（橋山）
・それは難しい（小菅）
・特街案が今だめなら、会館は単独着工でいくしかないのか（小菅）
・それしかない（村上）

タイミングについて

・会館側は権利調整の詰めを急ぐが、前回議論になったタイミングに会館側が合わせるという前提か（伊沢）
・そう考えてもらってよい（村上）
・タイミングは3年先着工、5年先完成ならいいのか（伊沢）
・前回の確認では昭和64年完成、64年中にはできればいいと考えている。62年秋で約3年先になる（村上）
・日教販としては昭和62年9月着工は不可能、前回3年位先といったが3～4年先と訂正してほしい（伊沢）

・権利調整とタイミングは別のものだ（伊沢）
・権利調整に時間をとればB棟は着工してしまう、その意味で実は両者はワンパッケージのものと考えていただきたい（橋山）
・そこを何とかできないかと思い、前回B棟に収益床を取込む案を提案したのだが……（小菅）
・いい案だと思うが、空地率の確保と日影規制から乗せられる収益床が少なすぎる（村上）
・われわれは会館の採算のためになぜ協力しなければならないのか（伊沢）

計画の共同性について

・2社の意向だと、共同計画を提案申し上げた会館が皮肉なことに共同計画からはみ出されることになって残念だ。3社で互譲互恵の精神でやれないか（橋山）
・経済ベースでわりきって考えればいい。特定街区には反対しないので、会館は自分の土地を使い、あとは2社に任せればいい（伊沢）
・会館が共同計画を提案してくれなければ話はここまでこなかったと思う。会館が空地を出して貢献してくれることを織込んだ空中権のスライド条項付き貸与方式は、いい案だと思うが……（小西）
・権利関係が2社なら単純、3社なら複雑とはどういうことか（橋山）
・わが社はそんなことはこれまでいったことはない（伊沢）——日建設計側答えず——
・C棟は自社使用ではもったいないので、賃貸も考えるかもしれない、また将来集約する際、日数販に買取ってもらうこともあるかもしれない（小菅・小西）

注7．現在地での大型トラックの出入りについては、周辺住民から度重なるクレームが出されているが、会館のB棟着工後は荷さばき自体が事実上困難となろう。

4）自社利益の極大化には極めて熱心であるが、社会的・都市計画的配慮は皆無に等しく、「3社共同開発計画を実現させるために自社は何を貢献しうるか」という観点からの協力的姿勢は残念ながら貧困である。

残された選択

以上から明らかなように、現段階では共同開発計画に対する2社の思惑は当然のことながら自己中心的であり、事業共同化の仕組み、権利調整のやり方等についても合意を見るに至っていない。

ただ大まかな合意点といえるものは次の二点である。

（1）特定街区計画そのものには反対しない。

（2）実際の工事スケジュールとしては4～5年先が適当であろう。

今後の交渉見通しも困難が予想されるが、上記二つの合意点を基礎に新たな展開を図るとするならば、次のような方策が考えられるであろう。

方策A：空中権貸与方式での3社合意（会館はA・B棟のみ）

方策B：3社トップ会談＋調停者依頼による早急な権利調整（C棟持分の決定）

方策C：民間デベロッパー参加による開発会社方式への切替え（地代、配当収入方式）

方策D：日教販の移転時期繰上げを前提とした、日建設計の土地、建物買収による早期着工

方策E：4～5年先のC棟共同建設を前提とした、B棟（公益棟）規模の大幅縮少又は着工延期（後者の場合、60年度政府補助金対応問題）

以上

今後の交渉について

・会館だけで3社共同計画を決定し、既成事実にしてもらってはこまる（伊沢）
・会館としては1月中旬には断念するか、もう一段の交渉を継続すべきか、道を決めるつもりである（村上）
・意志決定の時期をどのくらいまで待ってくれるか（伊沢）
・約2週間位と考えている。この話は約半年前からご相談申し上げているので、各社とも内々に検討していただいているはずだと思う（村上）
・社の意志決定には、社内や株主などの同意が必要で時間がかかる。わが社にとり移転は大問題である。そもそも正式に3社が会ったのはごく最近のことではないか（伊沢）
・3社交渉のテーブルにつくのは時期尚早であるという1社があったため、時間的に厳しくなったことは遺憾である（村上・橋山）
・わが社は役員会でこの問題は常に議論してきた。ただ不動産研究所試案については強い反対がでて拒否された（小菅）
・計画案の差替えのタイミングも迫っており、C棟をどうするか両社の意志決定がなければ進めない。進む以上は、はしごをはずさないことを約束してもらわないとこまる（村上）
・はしごをはずさないと約束することはできぬ。むしろはしごを掛けない方がいい（小菅）
・日建設計は試案による調整に反対されている。空中権の貸与と2社でのC棟建設しか道はないと受けとめていいか（橋山）
・代案は今持っていない。空中権の貸与案はひとつだが、値段をどう決めたらいいかを含め、もっと検討したい（小菅）
・最後に、村上が活発な意見交換に感謝の意を述べ、閉会。

(25) 旧本館での準備作業 (虎の門準備室の閉鎖)

1983年11月に虎ノ門オカモトヤビル8階の準備室を閉鎖して、旧善隣学生会館1階の1室で準備作業を行うことにした。この移転の2～3ヶ月前から、善隣学生会館の1階玄関ホールに縦横各々2m位のケント紙を板に貼りつけた壁新聞「大字報」が2～3枚掲示され、文面の要旨は「三菱資本帝国主義の手先の侵入を阻止しよう」というものであった。これは、日中学院の一部の人達によるもので、彼らは（財）善隣学生会館を自分達の支配下において、乗っ取りを策しているとも仄聞していた。

財団法人本体がしっかりして健全であれば、このグループの活動は自然に終息すると思ったが、会館全体が変革の時期を迎え、内部関係者も心理的に不安で動揺していた。また、この様な状況を利用してデマや中傷を流す人達もいた。

善隣会館時代の事務所

私も職員全員による職場大会に出席を求められ、自分達はどうなるか、また村上の給与は多すぎるのでないか（私は三菱銀行の年俸を40%弱カットしたのだが）などの質問があり、返答を求められた。職員の方々に対する処遇はこれまで通りであり、私の給与については私の仕事振りをしばらく見てから評価して欲しいと答えた。

当時の旧本館は外構はしっかりしている様に見えたが、内部は戦後、殆んど補修されておらず廃屋の様相を呈しており、設備は老朽化し何時漏電して火災が起こってもおかしくない状況であった。思い出深いのは1984年の春節祝賀会で、地下1階の食堂は僅かに裸電球が点り薄暗く、割れたガラス窓から、板張り机に並べられた湯気の立つ餃子の皿に雪が舞い込んでいたことである。中国大使館から参加した劉長洪一等書記官（清華大学から出向中）とビールで乾杯したが、寒かった事を覚えている。

(26) 槐の並木

1983年旧善隣学生会館内の事務室で新しい日中友好会館建設作業に取り組んでいた頃、浦和市在住の方から、新会館に植えて欲しい木の苗を育てているので話を聞いて欲しいとの電話があった。

埼玉県公園緑地協会関係者のN氏が来館され「訪中の際に入手した槐の種子を播いて育て、1.5m位の苗木に成長しているので是非会館敷地内に植えて欲しい」との申出であった。中国との縁の深い木でもあり、まして中国から持ち帰った種子を育てたとのことなので応諾したが、まだ植栽計画まで考えていなかったので、追って業者が確定したら連絡することとした。

槐（エンジュ）は、仏教伝来の頃日本に渡来した。中国では昔から尊貴の木として尊重されており、周の時代（2000年位前）の宮廷の庭には、3本のエンジュが植えられていて、朝廷の最高位にある三公はそれに向かって座ったという。また学問と権威のシンボルとされ最高の官位は「槐位」と称された。家の鬼門に植えて魔除けにしたり、安産など幸せを祈願するのにも使われてきた。

7月中旬から8月末頃まで真白な（または真黄色）小さな花が咲いて、木の下が花ビラで敷きつめられる。花が終わると数珠状の豆の実がなる。排気ガスなど公害に強く、伸びすぎないので街路樹としてよく植えられる。ニセアカシア（ハリエンジュ）と似た葉形であり同じマメ科の落葉高木であるが、ニセアカシアにはトゲがあり、エンジュにはトゲがないだけで、区別しにくい。

その後、会館の後楽寮駐輪場（東側）のトヨタとの間の道路に沿って、会館敷地の鬼門に当たる東北角に20

数本植えたが、現在は21本の並木になっている。木と木の間隔が広いのでこれを数台の駐車場として活用している。

(27) 日中友好会館の税金対策

3６０００㎡の総面積の建物に対する地方税（法人事業税、固定資産税、都市計画税等）の課税額は通常で2億円近くになることが想定された。国税（法人税）については、会館は公益部分（留学生寮や文化交流施設など）と収益部分（賃貸フロアや後楽賓館や食堂など）からなることは計画段階から判っていたので、公益法人組織と株式会社組織の二法人制もシミュレーションしてみたが、長期的にはあまり差がなく、また中国側への説明や所管官庁の理解を得るのが厄介なので、公益法人の中で区分経理することとした。

地方税について、本館完成に先立って東京都主税局長に三菱銀行岩崎寛弥氏（岩崎家本家当主で岩崎家は戦前都内で最も多く固定資産税を納付。親しい銀行の先輩）が同行してくれて陳情に行ったが、実際の公益・収益の査定は文京区の担当局課が行うので、当会館の国際的使命について良く説明し、極力非課税部分（公益部分）を多くするよう要請した。文京区議会の日中友好議員連盟の先生を招待し、後楽寮生との食事会などを通して会館に対する理解を深めて頂いた。この件について、中国大使館 楊振亜大使も東京都に陳情して下さり、大変感謝している。それでも会館が都に支払う固定資産税・都市計画税は毎年数千万円を超えており、国税と合わせると1億2～3千万円に達し、会館の支出の大きなウェイトを占めている。

これらの税制は、日本が戦後貧困時代に制定されたものが多く、国際化を積極的に進めようとする現在の国際感覚に合致しているとは言い難いと思う。

こうして、いよいよ具体的な建設準備作業に入っていったのである。

私（村上常務理事）は当初から計画・準備の実行責任者として従事してきたが、この段階が終わればどなたかにバトンタッチして三菱銀行の職務に戻る心算でいた。

しかし日中双方に多くの人的関係が生まれたこと、政界・財界・官界からこぞって望まれ、古井先生から「私のような年寄りのたっての願いをことわるようだと先々良いことにならない」とまで言われたこと、また一部の理事からこのような重要な職務を一企業からの出向者が担当するのは不芳であるとの声もあったので、三菱銀行を退職し会館に移籍することに同意した。

本人も日本の将来にとって中国の存在が日米関係に劣らず大きく重要という認識をもち、日中関係で最も重要なことは双方の国民感情であり、これを将来にむけて支えるのは教育交流（青少年交流）と文化交流であると考えていた。これらの交流が日中両国の友好関係に効果をあらわすには日々努力しても50年位はかかるものであり、日中友好会館事業はその使命にふさわしいと考えた上での決断だった。

第二章　日中友好会館の建設

（1984年度～1987年度）

（1）第Ⅰ期（A棟）建設計画案の確定と工事の着工

いよいよ新会館建設の具体的実施（着工）段階に至った。

まず、建築資金として１９８４年度政府予算7億５千万円の補助申請を行い、同時に建設募金委員会が、財界募金30億円の計画達成のため財界に積極的に働きかけた。さらに、建設基本計画具体化のための設計監理にあたる日建設計と三菱地所による共同事業体に、設計監理業務を発注した。

そして、１９８４年2月、第Ⅰ期工事A棟（留学生宿泊施設および日中学院）の基本構想案と基本設計書を策定させた。この基本構想案は、

①中庭を持つ中国伝統の建築様式とする。

②名跡小石川後楽園に隣接した立地条件のよさを建築計画に反映する。

③将来設備上の変更があっても、これに対応できるように設計する。

こうした点を重視したもので、特に特別史跡小石川後楽園は江戸初期に明の儒者・朱舜水の指導により中国の西湖を模したものであることから、これを借景とすることは、まさに日中友好のシンボルである新会館にふさわしい基本構想であった。

・牛天神北野神社と「会館」

そして、１９８４年5月14日、政財界をはじめ関係者約３００名の出席を得て館内に祭場を設け牛天神北野神社の春日徳太郎宮司を祭主とし、地鎮祭を挙行した。牛天神北野神社（文京区春日1—5—2）は、会館から徒歩10分の高台に位置し、急な石段を登る。源頼朝が腰をかけて休息した（１１８４年）岩が牛の形に似て

いるところから神社縁起とされており、会館はその氏子と言うことになる。

地鎮祭の会場に右翼が乗用車で突進して来ると言う事件が生じたが、警備にあたっていた富坂警察署の方々が素早く対処して事なきを得た。地鎮祭が終わり、いよいよ第Ⅰ期（A棟）着工の運びとなった。

その後も、春日徳太郎宮司が祭主で下記の4回、古井喜実会長はじめ多くの理事が参列して、祭事を行なった。

1985年4月5日（金）11：15～　別館（後楽寮）　竣工式
1986年1月8日（水）10：00～　本館　地鎮祭
1987年3月5日（木）10：00～　本館　上棟式
1988年1月22日（金）13：00～　本館　竣工式

これと並行して、建設資金の調達活動を引続き行い、新会館（A棟）建設に対する国庫補助金3億8827万5000円を受ける一方、第Ⅱ期工事（B棟）の建設資金7億5千万円を1985年度予算として政府に申請して満額決定を得た。さらに財界から1984年度中には、7億6841万6443円の募金を受けるに至った。そのほか、A棟建設助成費として1983年に日本小型自動車振興会から1800万円、日本万国博覧会記念協会から1500万円の助成事業補助費の交付をうけた。

また、会館はA棟完成に備えて管理運営体制の強化を図るため、民間企業からの出向者の増員を受けるとともに、従来の寮生課・総務課・管理課・企画室に加えて広報室と経理課を新設したほか、日中学院の事務局を会館の学務課に統合するなど、事務局組織の整備と職員の補充を実施した。ちなみに、民間などからの出向者の企業別内訳は、日本開発銀行2名、共同通信社1名、小松製作所2名、東京電力2名、博報堂1名、三井不動産2名、三菱銀行4名の合計延べ14名であった。

一方1984年7月に開催した第6回理事会は、白金山、宋文の中国人ならびに村上立躬の3名を新たに理事に迎え、村上事務局長に常務理事を委嘱した。

(2) A棟の完成

第I期工事の基礎工事の段階で、地下2m弱の処で陶器の破片が見つかった。東京都文化財保護課に報告したところ、この地域は水戸徳川家の家臣の居住地域だったので、よく調査する必要があるということになり、約1千坪の空地部分10数ヶ所に直径2m、深さ2mの穴を掘って埋蔵物を調査することとなった。出てくるのは日用陶磁器の破片ばかりで、とても文化財と思えないものであったが、この為1ヶ月半程、工事が遅れてしまった。

A棟完成約1年前の1984年7月19日、初代中国代表理事白金山先生(長春東北師範大学日本語科主任教授、中国日本留学生赴日準備学校校長)が約50年振りに来日され、私は成田までお迎えに行った。白先生は戦前の一高、東大の出身で満州族の大柄な方だったが、東大の教授宅に下宿されていたそうで、戦前の山の手東京弁を話され、昔の日本語の美しさを強く感じた。会館では3階東南角の部屋にお入り頂いた。そのころ会館の東側のトヨタ自動車との間の道路上には、終戦直後から日雇い労務者の集会所・組合事務所(飯田橋職安至近のため)があり、粗大ゴミ集荷場や集荷業者の住宅が立ち並び、騒音もひどく交通も困難で、新設される日中友好会館にふさわしくない劣悪な環境であった。会館では、1984年財団法人改組の時から当時の文京区長であった遠藤氏に評議員にご就任頂き、その後区長にも引続きご就任を願ってご支援をいただいている。この時も遠藤正則区長（元区議会議長）はじめ区議会の方々のご尽力で旧本館取り壊しに先立って撤去が実現し、見事な8メートル幅道路となった時は本当に嬉しかった。

こうして工事は順調に進捗し、1985年3月末にA棟が完成。4月5日、政財界、官界、中国要人など約300名が出席して、地下1階の学生食堂で盛大に竣工式と披露パーティが挙行された。今日に至る道を思うとき、関係者の感慨はひときわ深いものがあった。

・新しい建物での業務

A棟は、延べ面積6830㎡。地上4階、地下1階、高さ約11mの建物で、学生寮（5858㎡）と日中学院（972㎡）に充てられた。完成から間もなく、後楽寮・日中学院・白金山先生は一斉に新しい建物に引っ越した。中国代表理事は後楽寮生指導を担当していたので、白先生のために4階共用部分の奥に2DKのマンション風の居室を準備した。爾後、中国代表理事は歴代この居室を使用したが寮生が昼夜を問わず相談に来るのでご迷惑をおかけすることとなった。また、後楽寮で勤務する中国人職員が代わりに居住することも多くなった。

日中学院は新校舎の9教室で授業を開始し、1986年からは新たに日本語科を新設するなど教育内容の一層の充実を図り、学生数も1986年＝3162名（前年比18・6％増）、1987年＝3485名（同10・2％増）と漸増していった。

なお、1985年2月、新校舎の完成を目前にひかえながら日中学院の藤堂明保学院長が他界、その後任として安藤彦太郎先生が会館理事に選任され新学院長に就任した。

事務局は仮の場所として後楽寮地下1階食堂の裏側の倉庫部分に入った。潜水艦のように天井に配管がむき出しで、空調も大型の箱型のものを使用していたので、相当の騒音であったが、それでも旧建物よりはずっと良くなったと感じた。私以下全員を一望できる大部屋で、電話で内緒話など出来ない状況だった。後楽寮事務室は、入口受付事務室の裏側の小部屋で大変窮屈で、職員と寮生との対話も静かに行うことは困難であった。職員も残業する者が多く、食堂で夕食を寮生と一緒に食べることも多かったので、寮生達と自然に親しい人間関係が育っていた。

・高野理事長のこと

高野藤吉理事長の部屋は、地下1階への階段を降りた左側の小部屋で申し訳なく思った。

高野理事長とは1980年から週1回のペースで永田町の砂防会館1階談話室で待合せ、4階の古井先生の部屋に行ってご報告旁々ご指示をいただいていた。その頃の古井事務所は正に千客万来で、私も各界の多くの方々の知遇を得た。その中には内務省の後輩も多かったが、古井先生に異論を唱えられたのは林敬三、鈴木俊一の両先生だけだった。古井（私の30才年上）・高野（私の20才年上）対談は、中味はともかくやり取りが大変面白く、高野理事長は一歩もゆずらず対抗されたのが特に印象的だった。

高野理事長は夕刻になると必ず私を酒に誘われるのだったが、それは私が全体の流れがスムーズに進まないのでいつも腹を立てていらいらしていたからだった。高野理事長は「男は黙って茶碗酒」と言って私をなぐさめて下さった。

ご自宅は信濃町慶応病院裏手の住宅街にあったが、私がタクシーでお送りすると、いつも四谷三丁目あたりで降りていた。酔いざましに歩いて、家に着いたらもう少し呑む為だと言っておられた。時々ご自宅に誘われて囲碁をやりながら一杯やる訳だが、お好みはオールドパーだった。

また、愛煙家だったが、亡くなる3年程前、胃腸病院に入院されてお見舞に伺った時、奥様が買物でご不在だったので、「村上君タバコをくれ」とおっしゃって禁じられていたタバコを吸って「家内が戻って来たら君が吸ったと言ってくれ」とおっしゃった。間もなく奥様が戻られたが、お見通しの様だった。

・後楽寮の歴史等

1985年3月末、新後楽寮の落成と同時に旧後楽寮の取り壊しが始まった。旧後楽寮にはテニスコートとバレーボールのコートがあり、新後楽寮は殆どそのコートの跡地を利用して建てられたが、北側に後楽園庭があるため、東京都環境保護条例に基づく建築規制があり、高層化は残念ながらできなかった。

因みに旧後楽寮は1936年に着工され1939年に竣工したが、米軍の空襲で破壊された。堅牢につくられていた為、何とか居住できる部分もあり、取り壊し当時は国費留学生39名、私費留学生26名、華僑学生14名、華僑関係者5名、合計84名が居住していた。この約80名が新寮に移ると同時に会館事務局も食堂の裏の部屋（現在倉庫になっている）に移転した。

1985年4月14日、この新会館に84名の中国人留学生が旧寮などから移転。その後も入寮者が増え、1986年3月には185名に達した。

新しい後楽寮は、1、2階が男子、3階が女子専用で全204室。全館冷暖房付きで、一室の広さは9㎡。各部屋にはベッド、机、洋服ダンス。本棚、冷蔵庫が機能的に備えつけられ、また、各階には共用の便所、洗面室、シャワー室、乾燥機を備えた洗濯室、給湯室、テレビのあるサブラウンジ（来客用）が2ヵ所ずつ配置されている。地下1階には食堂のほか、ラウンジ（談話室）、読書室、診療室、さらにコピーサービスとコンピュータ、ワードプロセッサーを備えた研修室が設置されている。最上階の4階には体育室とビデオ装置やステレオセット、補食堂が設けられている多目的ラウンジがある。

・**居室が個室になった経緯**

１９８4年3月後楽寮の着工を前にして、寮運営については私なりの考え方を持っており、日中双方の関係者の意見を聞いておくことにした。１９８3年訪中の際、北京大学と語言学院の留学生寮を見学し、学校担当者の考え方を聴取しておいた。私の考えは、

・寮室は狭くても個室とする。将来高学歴化が進むと独立した生活環境が必須。

・物価にスライドして寮費を上げる。当時日本はインフレ傾向にあり、シミュレーションの結果、値上げはやむを得ない。それでも世間相場から見ると非常識と言える程安い設定である。

・10室に1室の割合で中国人以外の学生を入居させる。これは中国人学生の国際化への手助けとなるばかりでなく、文部省への助成申請への条件にできる。一国の留学生だけの受入施設は今でも文科省の助成対象にならない。

この考えを、日本側では古井会長の友人達で構成する基本問題検討会議に付議したが、旧制高校の出身者ばかりなので、質実剛健の気風を日常生活を通して体得させねばならないなど、８人部屋に対する礼讃が主流であった。

・旧制高校は3年制が多かったが、８人部屋で寝食を共にすることにより、先輩後輩による長幼の順を身につけさせる。先輩が後輩を指導する。

・多感な若い時代をスポーツ、読書、議論などを通し切磋琢磨する。

後楽寮読書室（地下１階）

後楽寮卓球室（4階）

しかし、1930年世代生まれの私一人が強く抵抗し、再び「中国からの留学生も今に大学院生、研究員、交換学者など高学歴化してくると予感される。その場合、勉学の方法も多様化するはずなので相互干渉せず集中専念できる環境が必要となる」と力説した。最終的には、諸先輩の消極的賛成を得ることができ、三点とも私に同意してくれた。

そこで1985年1月16日、中国教育部を訪問して外事局李滔局長とまず会談したが、事前に北京大学と北京外国語大学の留学生寮（どちらも4人部屋）を見学していたので予想した通り、今はその様な贅沢は許されない。時期尚早である。4人～6人部屋で十分であると、私の主張する三つの事項はすべて反対された。

その後、東来順の涮羊肉をごちそうになりながらしつこく将来のことを考えて賛同してくれる話を続けた結果は次の通り。

・　個室については贅沢だと思うが、積極的に反対しない。
・　寮費の値上げは極力避けたい。
・　良い提案だと思うが、中国人留学生の需要に応えるのが先決なので反対。

その返答から1週間後に帰国すると李滔先生から個室について賛成するとの連絡があり、基本構想検討会議にもその旨報告し、後楽寮は個室で建設された。

寮費値上げについては私が帰国したら既に大使館に反対するよう指示がされていた。しかし、1500円から1800円への値上げが1986年10月に承認された。

2001年10月17日に中国教育国際交流協会の30周年記念パーティで李滔名誉会長と再会し、遠くからお互いに認め合って抱き合って再会を喜んだ。喧嘩相手は本当になつかしく、良いものだと思った。

・**食　堂**

寮室（全２０４室）は常に満室状態で旧寮の３倍になっていたので、食堂も大忙しであったが、高橋聲チーフがいつも大声で指揮していた。日建設計が多くのデータから大型の冷蔵室、大火力のガスバーナー、広い調理台等を考えた。

当時の調理は、旧寮と同様に日本人女性三名を中心に寮生アルバイトも協力して作業し、メニューは和風家庭料理（カレーライス、コロッケ、冷やっこ、野菜サラダ等）だった。新寮に移ってからは新入寮生も加わり、昼夜とも１５０名前後が喫食した。

しかし、厨房を中華料理向きの設備にしたことや、大きく重い中華鍋を振ることは女性では体力的に無理なので、１９８5年5月に大使館教育処にお願いして現役の中国人コック２名を派遣して頂いた。１名は杭州酒家のコック長の呉国良氏（40才）、もう1名は蘇州の調理師学校の教員の張勇氏（20才）でチームワークが良く、寮生の評判は大変良かった。その後、後楽会訪中の際、杭州酒家を訪問し総経理となった呉国良氏との再会を喜び合い、心尽くしの杭州名物料理を堪能させていただいた。

また、保健所の指導により管理栄養士を職員として採用した。

後楽寮での餅つき

・**駐輪場**

近隣の大学等（東大、法政大、順天堂大ほか）に通学する寮生は自転車利用者も倍増して１５０人近くになり、路上駐輪する者も多く、富坂警察署に不法放置と見られ、自転車を持っていかれることが多くなった。そこで駐輪場に二段駐輪設備を導入することとした。無燈運転で注意されることも多発し、その中国の風習を説明した。帰寮門限に遅れた寮生が後楽園庭園側の壁をつたってかざり穴から侵入する現場を取り押さえられ警察署に引き取りに行くことも多かった。

善隣会館時代の後楽寮生は通常国民健康保険に加入していなかったが、新しい後楽寮生も同様に未加入であった。ところが、雨の日に東京大学から自転車で傘をさしたまま急坂を下った女性留学生が進行中の観光バスの前に突入して膝骨を損傷し、救急病院に二ヶ月近く入院する事件が発生し、450万円余りの請求があって大変困った。その時は関係官署の協力を得てうまく対処することができたが、この事件以来、寮生並びに中国人役職員には文京区国民健康保険の加入手続きをするようにしている。

・後楽寮生け花教室のこと

1985年5月から毎月3回、後楽寮地下1階の和室で生け花講座が故藤堂明保日中学院長夫人、里子女史のボランティアにより寮生のため開催され、毎年度、日本文化の吸収に意欲的な寮生が15名前後受講していた。里子女史は浦和から市ヶ谷の華道会館で人数分の花（教材）を受け取り後楽寮に運び講座で使用したが、すべて自己負担であった。この講座は女史が体調を崩されるまで数年間続けられたので、約100名の寮生が生け花の基本を習得した。

・「留団協」（日本留学生宿舎財団法人協議会）

1984年頃から財団法人アジア学生文化協会の田井重治事務局長に留学生寮の経営のご経験を伺っていたが、自力更生で運営する留学生宿舎団体はいずれも財政面（特に設備補修費と食材費）で苦慮していることがわかった。

1985年に始まった急激な円高で留学生も宿舎団体も深刻な困難に直面していた。当時会館の村上事務局長が上記アジア学生文化協会から会館に移籍していたH氏に「他団体はどのように対応しているか」調べるように指示し、H氏は日本力行会の島貫知事長を訪れると「それは大事なことで、宿舎団体が結集して当局に訴えなければ」とのことなので、アジア学生文化協会にも報告し、１９８７年11月、５団体（アジア学生文化協会・日本力行会・日中友好会館・日本文教協会・東南アジア文化友好協会）で留団協が発足した。現在は以下の13団体となっており、３か月毎に開催している。

日本留学生宿舎財団法人協議会　会員名簿

会員名	施設名
（株）アイデント	東京都太田記念館
（公財）アジア学生文化協会	アジア文化会館
（公財）岡本国際奨学交流財団	ＯＳＦ国際学生会館
（公財）かながわ国際交流財団	ＫＡＮＡＦＡＮ ＳＴＡＴＩＯＮ
新星学寮	新星学寮
（公財）高山国際教育財団	高山留学生会館
（公財）東亜留学生育友会	育友会館
（公財）東南アジア文化友好協会	久米川寮
（公財）日中友好会館	後楽寮
（学法）日本力行会	力行会館
（公財）横浜市国際交流協会	横浜市国際学生会館

（公財）和敬塾	和敬塾
（公財）早稲田奉仕園	早稲田奉仕園

（3）第Ⅱ期（B棟）工事の基本構想と施設計画

A棟の完成により旧本館から後楽寮・日中学院のA棟への移転と旧館入居テナントの立退きが円滑に完了し、１９８５年７月23日、第Ⅱ期工事着工に先だって、旧館の解体工事に着手する運びとなった。

一方、第Ⅱ期（B棟）工事の準備も第Ⅰ期工事と並行して着々と進行し、その基本構想案ならびに基本設計書はすでに第８回（同年５月16日）および第９回（同年７月９日）の理事会で審議、承認されていた。

B棟の計画は地上12階、地下４階、延べ面積３０９６０㎡の規模を持つもので、教育・文化・経済など多くの分野で真の日中交流に貢献する目的を達成するため、設計にあたっては特に次の諸点に留意した。

①公益性、文化性、個性をできる限り追求し、広く一般に利用される存在感のある建物とすること

②時代を超えた普遍性を有すること。

③多くの人々に親しまれる施設群にすること。

④健全かつ安定した経営を図ること。

また、施設面についても、

①日中交流センターとして公益性を十分に発揮できるよう各施設を有機的に結びつける

②「相手国から学ぶ」「相手国をよく知る」「相手国に利便を提供する」「自国を紹介する」「相互理解を図る」

という日中両国間の国際交流の基本的要請に応えられる場を提供するため、施設に多面性・複合性をもたせる。

③ 施設の直接利用者を特定対象者に限定せず、小・中学校、高校生、大学生、大学院生、研究者、文化人、経済人、政府関係者、一般人などが広く利用できる施設とする。

④ 施設の効率的運営を図るため柔軟性・補完性をもつ施設づくりを行う。

⑤ 公益部分と収益部分のバランスを考慮する。

という基本設計思想を踏まえて、B棟の建設計画を策定した。

『第Ⅱ期工事最終計画案』による主な施設とその内容は次の通りである。

〈宿泊棟〉地下3階～地上11階

※宿泊施設（6600㎡1996坪）

中国からの研究者、学者、技術研修者、文化関係者、訪日視察団などの宿泊に充てる。全197室で218名を収容。宿泊費はできるだけ低廉にし、部屋に余裕のある時は日中友好諸団体関係者、会館賛助会員のための利便を図る。後に後楽賓館と名付けられた。

〈事務棟〉地下4階～地上12階

※会館事務室（2階220㎡67坪）

会長室、理事長室、会館事務室。

※貸事務所（3階～12階9200㎡2783坪）

会館運営の一環としてテナントに賃貸する。

※店舗・貸室（地下2階～地上2階720㎡218坪）

来館者やオフィス入居者のための店舗を誘致。また、旧建物のテナントで再入居を希望する者のために一部貸室を設けた。

※ホール（地下1階５００㎡151坪）

床面はカーペットを敷きつめたフラット床で多目的ホールとして利用する。利用目的は講演会、映画の上映、芸術公演、コンサート、スポーツ、日中関係国際会議、展示会、各種セミナー、研修会など。収容人員は最大５００名。

※中国歴史美術館（1階２３０㎡70坪）

中国人の歴史・文化に対する理解を深めることを目的として、春期展（4～5月）と秋期展（10～11月）の年2回（予定）の特別展を開催する。企画テーマは歴史・人物・美術・工芸・絵画。開催にあたっては中国政府、各地の博物館・美術館、文化庁、宮内庁、神社仏閣、芸術家などの協力を仰ぐ。また、特別展の非公開期間中は貸ギャラリーとして一般市民に開放する。

※会議室（2階および地下1階に計5室１２０㎡36坪）

少人数用の会議室。専門家会議、日中友好諸団体の打合せ会、中国要人の記者会見などに利用される。

※日中クラブ談話室（2階１３０㎡39坪）

来日中国人との交歓など日中関係者の会合、情報交換の場として使われるオープンな談話室。

※読書室、中国資料情報コーナー（2階１６０㎡48坪）

現代の中国情勢に関する出版物や調査資料、研究報告書などを常備するとともに、各種相談や問合せに対して的確な情報を提供。在日中国大使館から資料の提供を受けるほか、情報検索システムを設置。

※中国健康センター（地下1階１４０㎡42坪）

中国式健康法を伝授するため、太極拳指導教室、中国はり、整体センターを開設する。

「会館」は、この工事を進めるため施工業者は第Ⅰ期と同じく、建築工事については、大成建設・飛鳥建設・五洋建設・不動建設・大木建設の5社に、また電気工事は近畿電気工事・千歳電気工事の2社に、空調・給排水衛生工事は大気社・新菱冷熱工業・高砂熱学工業・須賀工業の4社に発注することを決定した。

そして1985年12月、1988年1月完成に向けて第Ⅱ期（B棟）工事がいよいよスタートしたのである（地鎮祭は1986年1月8日に行われた）。第Ⅱ期工事の建設資金の調達も順調な経過をたどった。この建設資金として1985年度に7億5000万円、1986年度には4億8275万円の国庫補助金の交付を受け、これをもって日中友好施設建設費国庫補助金は全額の20億円に達することとなった。また、建設募金委員会も引き続き財界に積極的に協力を呼びかけ、1985年度には9億7379円、1986年度には4億4722万5273円の募金を得た。さらに中国政府からも建設資金として5億円を寄附する申出があり、1985年度中に2億円、1986年度中に3億円の寄附を受けている。

なお、建設資金とは別に、「会館」は、1986年3月から後楽寮運営費の不足分を補填するため、試験研究法人の認定を受けて日中友好会館運営募金の活動を開始した。ちなみに1987年3月末現在の実績は4052万5400円である。

第Ⅱ期工事（本館・後楽賓館）も同じ業界編成で行ったが、旧建物を取壊すので、1986年6月解体業者が加わった。更に旧建物の基礎に約4百本の松の丸太（直径30㎝、長さ10m位）が使われていたので、これを引抜く業者も加わり、7月23日取壊しを開始した。

会館関係者とこれらの業者約20社で日中会と称する会を作り、毎年忘年会か新年会を既に20年続けている。

この会には現場事務所にいた娘さんが子供連れで参加してくれているし、現在沖縄や北海道など地方の現場にいる人達も参加している。これは工事がⅠ期Ⅱ期と長く（1984〜1988）、現場事務所の人のふれ合いも濃密だったせいもある。

・会館内の飲食店

日中友好会館本館、後楽賓館には中華料理店がなければならないと考えて、1986年頃から東京華僑総会に東京・横浜の中華料理店の経営者を集めてはかって欲しいと申し入れた。集客に難点があることから、いずれも二の足を踏んで辞退して来た。

ようやく老舗のS亭が手を挙げてくれたが、華僑内部の問題でお流れとなっていたところ、陳学全先生のお骨折りで上野広小路の〝リトル香港〟を経営する繆大文氏から「私のところで良ければ協力しよう」との申し出があった。繆氏に招かれてリトル香港を見学したが、下町の人達に愛されて永年繁盛して来た雰囲気と味があり、また繆氏の侠気を好感し、会館の地下1階の2ブロックを任せることとした。繆氏に対する感謝の気持ちもあり、厨房設備・内装・家具は会館負担（食器等小物は除く）とし、家賃ではなく売上歩合（10％）とした。

繆氏は上海華僑なので店名は、陳学全先生の提案で上海の名園「豫園」とし、もう一店は後楽園の梅林と徳川光圀の〝梅里先生〟と言う別名に因んで「梅里」とした。中国語発音では美麗（メイリー）になる。梅里の方は純和風の店で、着物姿の女性がサービスし、酒類も凝ったものを揃えていたので古井会長も贔屓にしていたが、採算割れで中華に変更したものの豫園に対抗できる特徴がなく、業績不振のまま推移したので、芝大門に本店を構える「楓林」に経営をうつした。

リトル香港はバブルの時の多角経営による業容拡大が裏目に出て倒産し、繆氏は癌が悪化。夫人の悲嘆のも

豫園入口

とで亡くなられた。後は元支配人の潘顕楠氏が繆氏の出資を肩替りして社長となり、今日に至っている。

1階の中華書店は大学や研究者に対するカタログ等による注文販売で固定客向けを主力にしていたが、ネット販売が一般化してきたので、来店客に頼らざるを得ず、来店客数を増やすため、神保町に移転することに決めた。その跡が空室となったので東京華僑総会 陳焜旺先生に後釜をどうするか相談していたが、結局2年弱空室のままとなっていた。美術館の向い側なので文化的香りのある業種を探していたところ、かつて文化部に在籍していた潘洪涛氏が茶館を開くことで落着いた。潘氏は文化部の役人より飲食業が向いていると考えて転業、都内に数店、北京にも大型店を経営し、成功している。

店名をどうするかで困っていたので、茶館なら「香り」「薫り」があるが、ぴったりしないので、馥郁の馥の方が文化的なものが感じられるのではないかと私が言ったら「馥」に決まり、店名看板は中国書法家協会の劉炳森先生に書いて頂いた。

＊1階、地下1階共、昼食時は行列ができるほど繁盛していて、これで経営が成り立つので、夜の宴会料理に特色がないのが残念。

・売店のこと

売店（有限会社三福）は1971年に善隣学生会館の玄関を入った左側の15㎡弱のスペースで開業し、タバコ販売、郵便切手・葉書・印紙類の営業許可を持っていた。善隣会館取壊しの際は、後楽寮の後楽園に面した壁面に沿って間口4m、奥行2

中華書店入口

mのプレハブ（スーパーハウス）を建て、現在の位置に納まるまで営業し、日中学院の学生達の利用も多く、繁盛していた。

現在はスペースもかなり広くなり、その他自動販売機も全部で20台あり、扱い品目は160種に達している。自動販売機については日中学院と後楽寮はどれでも外部より10円安い価格となっているが、これは電気代を会館が負担しているからである。

・八千穂山荘

第Ⅱ期工事の最中の1985年中頃に、江戸英雄理事から市川幸雄氏を紹介された。同氏は陸軍航空隊で重慶爆撃に参加して負傷し、北京の清華大学に設けられた日本陸軍の病院で治療を受けた。戦後、帰国してから中国人留学生のために何か貢献したいという思いから、同氏は中国人留学生の為に山の家を作って、夏休みの勉学に使ってもらいたいと考えた。建設資金6000万円、運営基金資金6000万円、合計1億2000万円を寄付するとのことであった。場所は同氏の出身地長野県佐久市周辺と言うことで、約1年土地探しで過した。その頃、南佐久郡八千穂村の佐々木澄雄村長と市川氏が巡り合い、八千穂村村営スキー場の一角の土地が提供されることとなり、八千穂山荘の建設が始まった。

1987年の地鎮祭や竣工式（同年7月）には古井会長はもとより地元の井出一太郎先生などの名士やメディアも多数参加した。「八千穂日中青年の家」と命名された同施設は景色も抜群に良く、高度は2千m近くあり、盛夏でも清涼・快適で毎年7月下旬～8月下旬に中国人留学生の避暑旅行に共した。中国大使館・日中友好会館等でそれぞれグループ編成を分担し、約40名ずつ4回に分けて実施した。各回とも歓迎夕食会、高原ハイキング、小諸懐古園見学、民泊等を行ない地元の人たちとの交流や留学生同士の親睦をふかめた。

しかし、如何せん東京から遠く（ＪＲ新宿駅から小淵沢まで中央線、ＪＲ小淵沢駅から八千穂まで小海線、ＪＲ八千穂駅からスキー場まで登り20㎞）運賃が往復数千円かかるだけでなく、夏休みはアルバイトの稼ぎ時でもあり、中国人留学生の利用者が少なかった。そんな中、宿泊者に不慮の事故が起きてしまった。

当時、私立大学協会の都竹武年雄氏のご尽力により新疆ウイグル自治区から毎夏30名前後の学生が来日し、八千穂山荘に来てくれていた。ある年、山荘のすぐ下にある湖水でボート遊びをしていた男性がボートから落ちて、別のボートにのっていた夫人の目の前で溺死した。泳げない上に前日、皆で楽しく深酒をした様でもあったが、まことに残念な出来事であった。ウイグル族は火葬しないので遺体を損傷せぬ様、都竹先生と大使館教育処が航空会社と折衝し、ウルムチまで遺体を運んだ。この事故の後、新疆ウイグルのチームもこの山荘を使わなくなってしまい、利用者は皆無となってしまった。

やむを得ず、１９９０年1月後楽寮生にスキー体験をさせることとした。寮生からは大好評だったが、往復バス代含め、かなりの費用負担となった。八千穂村にはリフト代、スキー用具代を負担して頂いていたが、村議会で反対勢力が強くなった。１９９４年末の村議会に市川氏と村上が出席し、村としての協力が得られないとの対応を確認した。このままでは運営基金元金に手を付けざるを得なくなるので、市川氏と相談して施設を八千穂村に寄付した。

前列右・市川幸雄氏、前列左・佐々木澄雄村長、後列左・白金山理事

１９９６年運営基金を引上げて市川奨学基金とし、１９９７年から毎年、清華大学（戦時中、日本軍が接収して病院として利用。市川氏はその病院に入院し治療を受けていた）の教員1名を日本に招くこととした。既に教授助教授クラス20名近くがこの奨学基金で来日している。

・岸本奨学金

岸本倶楽部は1951年に社団法人として認可されて以来（初代会長古井喜実元法務大臣、当会館初代会長）、大学生、高校生および海外からの留学生への修学助成など堅実な公益事業を持続的に展開して今日にいたる（同倶楽部は、1830年頃（徳川時代天保2年頃）に泉屋武平衛氏が創設の打刃物商を源とする大阪の鉄鋼問屋岸本商店、泉吉（株）の役員、OB等を中心に設立）。なかでも、日中友好会館後楽寮が建設された翌年の1986年からは、古井会長の発案により、同寮に宿泊する中国からの留学生に対して、一年も中断することなく、毎年約百万円の奨学金を授与（本年度分の予定者を含めこれまで27回、奨学金被授与者は608名、金額総計2512万円に到達している（別添参照））。

後楽寮の中国人留学生は、寮の設立当初こそ本科生も含まれていたが、1990年代からは修士・博士過程以上で、中には助教授・教授クラスの若手学者およびこれに相当する国家機関の幹部もかなり混じっている。中国のこれら有能な青年への修学助成は、将来の日中関係に役立ってゆくものと確信する。

同倶楽部は、上述のとおり徳川時代以来の鉄鋼問屋岸本商店から分離・合併した幾つかの関連会社の社員、元社員をメンバーとする規模のさほど大きくない社団法人であるにもかかわらず、特に奨学金授与による中国人留学生支援活動を地道に続けておられることは、敬服に値するものと認められる。

これらの功績が称えられ、2005年度には外務大臣表彰を受賞した。

岸本倶楽部奨学金被授与者人数と金額

第1回　昭和61年度　8名　80万円　　第2回　昭和62年度　16名　80万円

第3回	昭和63年度	16名	80万円	第4回	平成元年度	16名	80万円
第5回	平成2年度	16名	80万円	第6回	平成3年度	16名	80万円
第7回	平成4年度	20名	１００万円	第8回	平成5年度	20名	１００万円
第9回	平成6年度	20名	１００万円	第10回	平成7年度	20名	１００万円
第11回	平成8年度	20名	１００万円	第12回	平成9年度	20名	１００万円
第13回	平成10年度	18名	90万円	第14回	平成11年度	17名	85万円
第15回	平成12年度	22名	86万円	第16回	平成13年度	21名	93万円
第17回	平成14年度	20名	92万円	第18回	平成15年度	21名	93万円
第19回	平成16年度	24名	92万円	第20回	平成17年度	28名	１００万円
第21回	平成18年度	28名	98万円	第22回	平成19年度	27名	98万円
第23回	平成20年度	27名	１００万円	第24回	平成21年度	30名	１０５万円
第25回	平成22年度	36名	１００万円	第26回	平成23年度	39名	１００万円
第27回	平成24年度	42名	１００万円				

合計　６０８名　２５１２万円

（注）昭和63年の第３回目は人数を示す文書が保存されていないが、前後の年度はいずれも16名

・日中友好会館の運営に関する中国側の基本的考え方

中日友好協会

会談日時　１９８７年６月23日

会談相手　　中日友好協会　王効賢 副会長兼秘書長、呉瑞鈞 理事兼副秘書長、賈恵萱 部長 他
　　　　日中友好会館　村上、秋月、坂本、大和参事官（同席）

当方が「説明事項」に沿い、概要を説明。然る後、王効賢女史により、大要、次の如き、意見開陳がなされた。

1．日中友好会館は、日中友好の拠点とする目的で両国政府の合意をみた事業であり、大平内閣から中曽根内閣までの長い交渉の結果、意見が一致し、口上書の交換を経た上で、建設に着手されたものである。

会館建設の趣旨は、

①文化の交流を深めること。

②中国人の留学生・研修生等に便宜を供与すること。

にある。要するに「日中友好のため」という点で、日中双方の意見が一致したもので、古井先生がいう『会館は日中友好のシンボル』という考え方は、大平・鈴木内閣でも変わりがなかった。

会館が口上書の精神に基づき運営され、日中友好を促進するということであれば、中日友好協会もこれを支援し、協力する。既に、留学生寮が完成し、中国人留学生約１８０名がお世話になっている由、会館の皆様の御努力に大変感謝している。

2．中日友好協会に対し、会館の中国側窓口になって貰いたい旨の要請があった。

当協会は、政治交流部、都市交流部、友好交流部の三部があるが、このうち友好交流部で、文化交流事業について会館の窓口となる様にしたい。

文化交流も、日本側の既存ルートは数多くあり、例えば、日中友好協会・日中文化交流協会などがこれに該当するが、日中友好会館が美術館・多目的ホールなどの施設を持って、文化交流事業を始めるといっても、

こうした既存のルートを一本化するという事は出来ない。他の文化交流団体とは別に、会館は会館として文化交流事業を行えばよいし、その場合、窓口は中日友好協会がなるという事である。窓口となるという事は仲立ちをする、つまり『仲介』『連絡』をするということで、交渉そのものは当事者同士でやって貰いたい。

3．皆さんが先程より「ホテル」というのは中国人研修生に対する宿泊施設のことか。（賈女史の発言）

後楽寮の土地には歴史上のいきさつがある。あの土地は、もともと中国人の留学生寮であった。ここから話が始まった。

１９８７年より交渉が始まったが、両国の意見がなかなかまとまらない。これ以上議論していては話が先に進まないので、問題は問題として残してスタートした。だから口上書にも、これのいきさつが書いてあるわけであり、財産権の問題も同様である。

なお、中国は金を出していないと言われては困る。中国は建設資金として5億円出しているし、土地も投資していると考えている。

宿泊施設は、研修生を対象にする方がふさわしい。公のホテルとは異なる。（賈女史の発言）

B棟の研修生は留学生よりは収入（滞在費）が多いので、留学生と同じ室料でとは考えていない。但し、日本の一般ホテルと同じ設備内容、室料であれば、口上書の趣旨に反する。

ビジネスホテルより安くしないと入れないし、又、稼働率も下がるであろう。

但し、これ以上の言及は中日友好協会の権限を越えることとなる。宿泊施設の件については、理事会で中国人理事を通して意見を述べることもあろうし、又、両国政府が協議する問題でもあるので、これ以上立ち入らない。

（午前中の最後に）

日中文化交流に関係のない日本人の宿泊については、当初から考えていない。

又、口上書にいう「研修生等」とは、「研修生」を主体に「考察組」などを含めて考えている。これで70％位は埋め、そのあと日中友好人士が利用する程度であれば……。

4．名称については、会館設立の趣旨にひっかかる問題なので、両国政府間の話合いで決めるべきものと考えている。

（注）外交部招宴の席上、唐家璇 外交部アジア局副局長より、「会館の名称について、中国側は日中友好会館のみでよいと考えている。若し必要なら、例えば日中友好会館1号館・2号館でもよいし、或は日中友好会館A棟・B棟でもよいではないか。これを中国側の提案として検討して貰いたい」との発言あり。

5．オープニング・セレモニーの時の中国側代表招請については、原則として喜んで受ける。人数・氏名は日本側の計画が具体化したら詰めることとする。

6．留学生寮について、節約勤倹の考え方は賛成である。留学生を使ってもかまわない。規律の乱れについては、留学生に対する教育も必要である。留学生の管理については、今後中国人（周徳林）をつけることとしたい。管理を厳格にするが、寮生の協力を求める。この考え方にも賛成で、理事会で話合って、合理的な制度を作ったらどうか？

・国家教育委員会との協議事項

1987年6月25日

出席者（中国側）于 富増・外事局 局長／李 東翔・外事局アジア処 副処長／畢 凡・日中友好会館 理事／閻 麗・外事局 通訳

呉 瑞鈞・中日友好協会 副秘書長

（日本側）日中友好会館 村上、秋月、坂本

1．于局長から会館が留学生のために快適な環境で世話していることに対する感謝の意の表示。

2．質問に答えて、人民日報に掲載された留学生政策についての説明。

・1978年から出国留学生は4万人おり、そのうち18000人が帰国。この派遣は科学技術や文化教育発展のために大きな役割を果しており、今後も引き続き、国家派遣、単位派遣問わず派遣していく。

・国内の実用に応じて派遣する。即ち留学生は勉強して、その成果を国内の実用に生かさなければならない。そのためにも質を高めなければいけない。

・公費と私費の区別があるが、公費ははっきりした任務を持っており、決った期間内に帰国し、国のために奉仕する義務がある。

現在まで公募4万人、私費はアメリカ・日本で1万人。

・高いレベルの留学生を派遣する方針。現在の中国では大学院生が増えてきており、97000人いる。さらに博士過程は7000人。

連合育成の方針で、中国の大学院で1年学び、外国の大学院で1年学び、また中国に戻って学んで博士号を取得するというコースを奨励している。

3．会館側から問題点を提示。

・入寮資格の問題＝教育委員会からの派遣は資格の面で良くわかるが、他の省や機関の派遣は良くわからない。国家的ニーズに応える社会人の再研修生と教育委員会派遣人員とのバランスをどこにとるか。明確な基準が必要ではないか。

・後楽寮の収支構造は大変厳しい状況にあり、駒場の留学生会館を基準にしても、毎年千円の値上げは必要。

（注）値上げの問題に関しての反論は、同日夜の宴席であった。〝千円値上げしたところで、寮全体の赤字幅から見ると小さいではないか。それによる留学生の負担は大きいものになり、苦しくなる〟というもので、于局長・畢理事からの発言。

・入寮資格を失った人が出ていかない問題。できるだけ友好的配慮をして、納得ずくで出てもらおうと思うが難しい。入寮期限は今年から2年と明記してある。

・風紀問題＝少数だが男女間の風紀の問題、妻子同居の問題があり、寮生からも批判がでている。

・文化部との協議事項

１９８７年６月30日

Ⅰ．文化部文物事業管理局 張冀 副局長との折衝

①文化部の基本姿勢

文化部は中国人民対外友好協会、中日友好協会ともども、日中友好会館が中日両国の文化交流を促進する立場にあることを理解しており、そのことについての協力を惜しまない。

②美術館の開館記念展覧会について

（イ）文化部が定めた文物の外国出品のルール

1. ただ1つだけの文物は外国に持ち出して展示することはできない。
2. こわれ易いものは外国に出さない。
3. 地下から発掘した時点でバラバラであったものは出さない。
4. もとがバラバラで修復したものもこわれ易いので出さない。
5. 一級文物、二級文物は全展示品の10％をこえてはならない。

（ロ）中国歴史博物館収蔵品による「隋・唐文物名宝展」について、文化部長宛の要望書は確かに届いており、部内および中国歴史博物館と協議した。（イ）のルールと照合すると、要望されたものは1つだけのものも多いし、一級文物も多い。また一部のものは展示中であったりする。従って、隋唐の文物での展覧会は難しいという結論に達した。

（ハ）中国歴史博物館の他の文物展について

中国歴史博物館の多忙で無理。

中国歴史博物館としては、今年から来年にかけて日本で「中国古代科学技術展」と「中国女性像展」を開催し、イタリアとユーゴスラヴィアでも展覧会を開催する。

国家の中央の博物館ということで、地方の博物館の指導もしなければいけない。

さらに、開館30周年記念展やシンポジウム開催の予定もあり、新しい建物に引っ越す計画も具体化している。
以上の理由から、新たな展覧会の準備は無理との結論に達した。
（二）中国歴史博物館以外の文物展に関して
他の博物館の文物展も無理。主な理由は
1．来年、日本との友好姉妹都市関連で9件の文物展がある。
2．開館まで7カ月しかなく、準備期間が足りない。
3．最大限総予算が5千万円程度では足りない。

※［経費に関して］
○総予算の中で、輸送費、保険料、関係者招へい費などが必要で、文物が破損した場合には賠償金を払わなければならないが、それは保険会社の支払い額を超えるだろう。
（注）議定書をとりかわす際に、破損した場合は評価額の5倍を支払うというような一項を入れる可能性がある。
○中国側が負担しなければならない経費も、出品文物の修復費や中国国内移送、梱包費などがかかり、中国側の主催者（受け入れ団体）が負担しきれる額ではない。
（注）別の席で、文化部対外文化連絡所アジア処 趙宝智 三等書記官は、一例として秦始皇帝陵の兵馬俑1体を借りるだけで、15万元を払わなければならないと述べた。借用料を日本側が払わない場合は、中国側の受け入れ団体が払わなければならない。
○日本での文物展の通例として、日本側は入場料収入の半分を出品謝礼（借用料）として払っている。経済発展途上にある中国の国の予算が少ないので、これを博物館の設備拡充費に充てている。

③日中友好会館の美術館の長期的プランについて
文化部全体で協議して、会館の美術館をどのように活用していけば良いのか、中国側の長期的利用案を出したい。

この中には文物の展覧会も含んでおり、将来的には1年に1度か2年に1度の文物展も開催できるようにしたい。また、その際には他の友好団体に比べての優遇措置など特別の配慮をしたい。

以上、中国側の協力の姿勢の提示があった。

Ⅱ．中国人民対外友好協会 文化宣伝部との折衝
開館記念展としての文物展は不可能との判断で、中国現代芸術の展覧会の検討に入った。実務的な窓口として対外友協の文化宣伝部を中日友協から紹介され、協議の場を持った。文化宣伝部の出席者は許甲三 常務理事、葉東海 宣伝処長、黄嵐庭 氏。
現代芸術に関して提示されたものは、書展、国画展、陶磁器展、年画展など。会館としては、第6回全国美術作品展の受賞作品の展覧会の希望を出し、その可能性について、対外友協が関係各方面に打診することになった。

○第6回全国美術作品展について
1984年に北京の中国美術館を主会場として、部門によって上海、成都、杭州で開催された。部門には中国画、洋画、彫塑、版画、壁画、工芸等があり、全国から地区予選を経て選ばれた作品が展示され、中から金賞、銀賞、銅賞、特別賞が選出される。開催は不定期だが、4～5年に1度の間隔。その都度、運営委員会が設置され、終了と同時に解散している。

当面、対外友協文化宣伝部が運営母体と連絡をとり、受賞作品の所在等早急に調査してくれることに

なった。会館の窓口は依然として中日友好協会友好交流部。

（注記）文化部文物事業管理局との折衝の中で、開館記念展の代案は現代芸術しか出なかったが、中日友協との会談の中では、①甘粛省、青海省の７０００年前の彩陶文化展覧会、②貴州省、広西チワン族自治区の文物展、③少数民族を紹介する展覧会等も困難だが可能性のある企画として出された。

当方の判断は、いずれ上記のものは開催するにしても、開館の記念にはふさわしくないとして、現代の中国の芸術の水準を最も良く知ることができ、日本でまだ紹介されていない彫刻や洋画の分野も含む、全国美術作品展の受賞作品、展示作品の展覧会を希望した。

以上

・会館のロゴ

第Ⅱ期工事の完成に先立ち、会場の案内図やガイド表示が必要となり、表示ロゴを決めることとし、博報堂から出向中の秋尾暢宏氏に業者を紹介してもらった。１９８７年６月から（株）ＴＢデザイン研究所の山口謙二郎氏に担当して頂き、多様なロゴを作成してもらい、シンボルマーク（第一章　Ｐ48参照）と共に使用して現在に至っている。

日中友好会館
JAPAN-CHINA FRIENDSHIP CENTER

後樂國際ビルディング
KORAKU INTERNATIONAL BUILDING

後樂賓館
KORAKU GARDEN HOTEL

日中健康センター
日中友好会館大ホール
日中友好会館美術館
中國ブックセンター
中國情報センター

山口氏には日中国交正常化20周年のシンボルマークも考えて頂き、優れた作品を創って頂いたが、中国側からの反対意見で実現できなかった。その後バルセロナのオリンピックで類似のイメージのものが登場し公認されたので、山口氏に大変申し訳なく思った。

(4) 日中友好交流の拠点『日中友好会館』の全館完成

第Ⅱ期工事着工以来、B棟の建設工事は急ピッチで進められ、1987年3月5日に上棟式を挙行、そして、1988年1月、ついにB棟も完成した。「会館」の多年の念願であった『日中友好会館』は、こうして文京区後楽にその全貌をあらわしたのである。

日中国交正常化10周年を記念して、両国政府合意の国家的事業として着手された新会館の建設は、はからずも(財)満州国留日学生会館が誕生して50年目に完成をみた。この間、幾多の苦難を乗越えてきた先人たちの努力を、そして、新会館建設を強力に支援・推進してきた日中両国政府、民間諸団体、日中友好諸団体など関係者の努力を決して忘れてはならないであろう。これらの人々に応えるすべは、〝日中友好のシンボル〟である新会館を両国交流の拠点として、幾久しい日中友好関係を築きあげることであろう。『日中友好会館』の完成によって、21世紀に向けた日中新時代の幕開けが告げられたのである。

定礎式に続き、1988年1月の竣工式には古井会長がご挨拶され、花村副会長、高野理事長他、理事全員が出席し、日本政府からは小沢一郎内閣官房副長官、中国大使館からは楊振亜大使が出席して下さり、盛大に行われた。

古井会長挨拶

ご紹介いただきました古井でございます。会館を代表してひとことご挨拶申し上げます。本日、日中友好会館が日中友好のシンボルとして、今後の友好交流の新しい拠点として完成し、日中両国から多数のご来賓をお迎えしてかような祝賀の宴を挙行できますことは、会館にとりましてまことに光栄であり、慶びにたえません。

会館建設に当たりましては、両国政府からの補助、財界からの募金、有志、人材提供、広く各界各層からの浄財等、多大なご支援を頂くほか、多くの方々の激励と助言を賜り、今日に至ることができました。皆様のご尽力に心から御礼を申し上げます。

日中友好の確立がアジアの安定ひいては世界平和に通ずるので、双方が積極的に努力すべきであります。中国が安定していることが条件なので、その為に現代化政策が成功するよう日本は積極的に協力すべきであります。日中友好は日々新たに明日に向かって前進をつづけねばならず、かかる見地から次代を背負う若い人達の友好事業への積極的役割が重要でもあります。

前列左2・古井会長、左・花村仁八郎副会長

会館の会長として、私はこの会館運営の根本精神が将来にわたってかくあって欲しいと念願しております。

充分とは言えませんが、多様な設備と機能を備えたこの立派な会館が、4年余の年月をかけて建てられ、日中友好条約締結10周年にあたる記念すべき年に完成いたしましたが、これは単に建物ができたということであります。

今日から、この会館に日中友好の生命を吹き込んで活動させ、大きく育てるのが私達の、また次代を背負う若い人達の責務であり日中双方の課題でありましょう。

私ども会館関係者はこの意義ある会館が真に日中友好のシンボルにふさわしく友好交流の総合拠点の使命が果たせるよう努力する所存ですので、ご列席の皆様方におかれましてもご指導ご鞭撻下さいますようお願い申し上げ、私のご挨拶といたします。

ご清聴、ありがとうございました。

会館竣工式には黄世明中日友好協会副会長を団長として外交部、教育部、文化部の祝賀代表団が来日され、竣工記念として楚図南先生の下記の書を頂戴した（この書は現在、会館会長室に展示してある）。

珠峰富士好隣邦文
化淵源一朋長晃衡
鑑眞典籍在人民友
誼永畠　楚図南
題贈日中友好会館

中国側代表団は1月20日に来日し、24日羽田から南紀白浜に飛び、和歌山県日中友協のお世話で県内見学、救世観音宗総本山「紀三井寺」を詣で、前田泰道副住職から寺の縁起など伺ってから大阪見学に向かった。岐阜県美術館で中国恐竜展を開催していたので立ち寄り、県庁の上村陽助知事を表敬してから名古屋に向かい、一同くつろいで名古屋風味を満喫してから29日東京に戻り、文化庁などを表敬し30日に帰国した。

会館では全館が完成し、美術館・大ホールが実現した際、どのように文化事業部を展開したらよいのか、具体的には何をどのような手順で進めるのか方策が定まっていなかった。例えば、美術館の開館記念展に何を選んでその為にどんな準備が必要かということであった。当時会館にはこの問題について知識のあるものはいなかったので、外部から経験豊富な人材の応援を求めるしかなかった。そこで、１９８６年5月、古井会長の友人（社）共同通信社の内田健三氏（NHK解説員：当時）の口利きを得て、（株）共同通信社事業局の坂本敏史氏を紹介され、週1回会館に来てくださることになった。そして外務省、文化庁等関係者からヒヤリングを行い、予備知識を蓄えた。１９８７年、訪中して中国文化部と話合い、「隋唐文物名品展」を打診したが、所要資金が膨大で話にならなかった。それで、中国第６回全国美術展受賞作品展を中国現代美術の権威である文化財研究所の鶴田武良氏に相談し賛同を得たので、文化部、中国美術家協会、中国美術館に提案し了解を得た。

１９８８年1月22日の会館竣工式と祝賀パーティをまって、1月26日から3月27日の会期で第６回中国美術展の受賞作をはじめとする優秀作品80点を「中国美術秀作展」と銘打って、美術館と大ホールを使用して開催した。

会館の竣工と同時に全国紙に3～4段で写真入りの広告を出すと予想外の反響があり、後楽賓館や日中学院にとっても広報効果があったようで、続けていた募金活動にも好影響を与えた。

中国でも各メディアで報道された他、１９８８年1月会館全館完成の際は人民日報に4段抜きの後楽園庭園から撮った写真入りで会館紹介の広告を出した。同時に中国関係機関の祝賀訪日団を招き、中国内での会館知名度を高めるよう計らった。

・中国での祝賀会

同年2月中日友好協会孫平化会長のご尽力を得て、北京の中国人民対外友好協会講堂で王效賢副会長他、劉徳有文化部副部長、唐家璇外交部アジア局副局長をはじめとする多数の関係部門・組織の方々による盛大な祝賀会が開催され、会館のお披露目をすることができた。私も主催者日中友好会館を代表して、中国側のご尽力

右・高野理事長

北京での祝賀会で王效賢女士と

に感謝し、この会館の使命を果すため、関係者一同努力する所存なので、引続き中国側のご理解とご支援をお願い致したい旨申し上げた。中日友協はじめ各部門から心のこもった祝辞と励ましの言葉を頂いた。賑やかで和やかな雰囲気の中で約2時間の祝宴が終り、肩の荷が降りてホッとした。メディアの報知により後楽賓館のPR効果があったと思う。日中両国のメディア共、広告代については大変協力して頂いた。

帰国翌日の2月5日(金)に高野理事長が新しい理事長室で待構えておられ、土産話を肴に一杯やらないかとお誘いがあったが、即日処理すべき案件も多かったので、月曜日にゆっくり祝杯をあげたい旨申し上げ順延した。ところが土・日の間に体調を崩され、月曜日に急逝されてしまった。新ビルの理事長室でわずか1ヶ月しか過されず、それまでのご苦労ご尽力を思うと口惜しい思いで一杯であった。私は奥様に協力して直ちに葬儀社を決めて弔事の準備(ご長男 紀元氏が外務省勤務で米国駐在中だったので至急帰国方連絡、同期の親友である阿南維茂氏に細かくご協力頂いた)に掛り、追っての会館葬を予定して、最寄りの太宗寺で密葬を行った。古井会長を葬儀委員長とする会館葬を築地本願寺で行い、各界から多くの弔問客がおいでくださった。

第三章　全館完成と事業の展開

（１９８８年度～１９９４年度）

１９８５年～１９８８年は先行して完成した後楽寮・日中学院の管理・運営体制の整備と完成を迎える本館の詳細設計の調整、関係官庁との折衝、募金活動、銀行借り入れ、落成式、事業運営内容の検討、落成時の慶事等の多岐にわたる準備作業で忙殺され、またたくまもなく１９８８年1月の定礎式・竣工式を経て、全ての事業を開始することとなった。

この章では予定していた事業の実施と展開の状況について記す。期間が長期に渉るので会長・理事長の在任期間毎に区分し暦年度順で述べることとするが、既述した文面と重複する部分もあることをお断りして置く。尚、第一章と第二章は古井会長（１９８３～１９９３年）・高野理事長（１９７７年～１９８８年）時代の期間であった。

伴理事長時代（１９８８～１９９０）（昭和63年～平成2年）

(1) １９８８年度（１９８８年4月～１９８９年3月）（昭和63年度）

急逝した高野理事長の後任理事長人事について、古井会長と花村副会長のご了承を得て外務省に人選方要請したところ、外務省で後任候補者を選定した。古井会長にお諮りした結果、伴正一氏に決定し、１９８８年4月理事長に就任した。

伴理事長は、海軍主計大尉で終戦を迎え、東大を卒業したが、公職追放となっていたので弁護士となり、追放解除後外務省に入省し、中国公使を最後に１９８０年退官した。政治家となる志をたて同年6月の参院選に民社党から出馬したが落選。１９８３年、衆院選に自民党から出馬したが、またうまくいかなかった。その後も政治活動は続けられ、勉強会の成果を「魁」という名の小冊子に纏めて出版し、配布していた。古井会長は伴氏退官後の総選挙立候補の際の所属政党が一定しないことを気にされていたので、先ず会って話をするようお奨めした。伴氏は「土佐のいごっそう」の見本のような方だったが、本当の紳士と言える方でもあったので、古井先生のお眼鏡に叶った。古井会長は会館理事長職に専念するよう指示されたが、伴理事長は高知―東京を往復し、地元支持者への政治活動を続けていた。

伴理事長は正義感の強い人柄で、これを好感する各界の著名人のファンが多数いて（井内慶次郎氏、富田岩芳氏、土田国保氏等）面会を求める方々が多く、私も同席させて頂いた。中国公使の体験からの考察により、日中友好会館が日中協力によるものである利点を活かしたいと願って種々のアイディアを示された。例えば中国に後楽寮生同窓会をつくり、元寮生による連誼活動を行ったり、日中友好活動を行う様なことである。この件は、私からも中日友協の孫平化会長に協力を依頼したところ、政治協商会議などの会合で検討課題にして下さったが、まだ対日感情も良くないので時期尚早という事になった。お願いしてから約2年後にようやく報告を受けたことを憶えている。

この年度分から会館の活動状況を記録する年報を発行することとした。その第1号は１９８９年9月１日に発行された。まだ内容は不十分であり爾後順次体裁を整えて充実させて行くこととなる。

１９８８年は日中平和友好条約締結10周年の記念すべき節目の年であり種々の記念行事が行われた。他方昭和天皇が崩御され、１９８９年2月に中国銭基琛外相はじめ世界の首脳が参列して大喪の礼が執り行われ、昭和の終結と平成の開始を迎える年となった。

故高野藤吉前理事長の壽壽子夫人から故人の遺志として寄付された寄金により「高野記念基金」を創設した。この基金の果実で、優良後楽寮生に日中辞典を贈呈している。

第21回理事会において、会館が日中国交正常化10周年記念事業という出自に因み、日中国交正常化共同声明が発出された9月29日を会館記念日と制定した。

7月3日（日）、紀朝欽理事から朝電話があり、章文晋中国人民対外友好協会会長夫妻が来館するので日中友好会館と後楽園庭園を案内して欲しいとの依頼があり、急いで出向き説明し案内して回ったがご夫妻は上品で温和なお人柄であった。その後近くのレストランで昼食をしてから見送った。紀理事帰任後、訪中した際章会長が老舎茶館に招待してくれ相声など北京の伝統芸能をたのしんだが、日本大使館の大和参事官が京劇の声色を演じ大喝采を受けたのも良い思い出となった。

7月8日、古井先生のお誘いに応じて自民党代議士夫人有志の会「心園会」6名（代表　池田満枝元総理夫人）が来館し会館を見学した。このグループは大平夫人などメンバーは変わったが後楽園花見の会など何回か来館され、豫園を使われることもあった。

会館設備面について、竣工後細部にわたり見直しを行い、会館利用者の利便に供するためサイン工事を中心に追加工事をおこなった。

財務面では金利負担を軽減するため、日本開発銀行の借入金の期前返済を実施した。また、税負担軽減のため大蔵省や国税局に陳情を重ねたが税法の壁は厚く困難であった。

・上海列車事故

1988年3月21日に高知学芸高校就学旅行団が上海近郊の列車事故で多数の死傷者（死者29名、負傷99名）

がでる惨事が発生し、高知県出身の岡村勲弁護士を団長とする賠償交渉団が組織され、これに対し中国側も上海鉄路局孔令然副局長を団長とするチームを編成して対応することになった。

伴理事長と岡村氏との関係で会館地下大ホールを交渉会場として提供し、ホールを3分割して中央を会談場、右側が日本側控室、左側を中国側控室として交渉が行われた。中国側では外国人旅行者の交通傷害についての法制度や補償制度が整備されていないので、話し合いは難行し、都合8回の交渉が行われたが結着できなかった。1988年訪中した際、趙鐘鑫日本処長から中国側が政治的判断で対処するとの報告があり、その旨伴理事長に伝えた。

最終的には中国側の政治的な判断により見舞金として実質補償額上積みが行われ、日本側遺族は依然不満ではあったが合意に至り、1989年3月高知阪急ホテルで日本側：黒河内久美外務省領事移住部長、中国側：唐家璇中国大使館公使が出席して追悼式典が行われたが、出席した遺族の凍りついた様な表情は忘れることが出来ない。レセプションの後、高知学芸高校を訪問したが、同じ雰囲気で息苦しかった。

・廖承志先生の胸像

1988年春、広東省広州市内の中山大学の校庭に廖承志先生の胸像が台座とともに設置されたとの新聞報道があり、古井先生から同じ胸像を会館に置きたいので交渉して欲しいとの指示があった。廖承志先生は周恩来総理の全幅の信頼を得て、対日関係をすべて任されていたので、日中国交正常化交渉に当たる古井喜実先生の窓口役とも言うべき人物で、労苦を共にした相方であった。その廖承志先生が1983年6月に逝去され、国葬の際、古井先生は日本政府特使として参列した。廖先生の胸像が設けられた母校である中山大学は広州市に所在しており、胸像は広州美術学院教授の曹崇恩・廖慧蘭教授夫妻により製作されたものだった。

会館から中日友好協会に古井先生のご要望を中国側理事紀朝欽先生を通して伝え、協力を依頼したところ1988年8月中日友好協会から対応して下さる旨の連絡があった。

私は丁度その頃広州訪問の機会があったので、中山大学に行って校庭の銅像を実見したが、カバーがしてないのでブロンズが酸化しているのが気になった。実物はかなり大きく、会館の置き場所を思案しながら帰国した。銅の鋳造で高さ82cm、横115cm、奥行73cm、重さ約30kgだったが、その通りに作成してもらい、中日友好協会が会館に寄贈する形とし、製作者には会館が謝礼を支払うこととした。尚、台座は高さ125cm、幅135cm、奥行き95cmで、木製で作っても良いということだった。当方からは1階ロビーに展示する予定で、強化プラスティックで胸像全体をカバーした状態で台座に乗せ、廖先生の紹介パネルと作者の略歴パネルを貼付する予定である旨連絡した。

1989年7月に胸像が完成し中日友好協会が保管する運びとなり、8月在日中国大使館を介し受領することができた。この件については中日友好協会の陳永昌副会長・鄧暁峰両先生にご担当いただき、大変お世話になった。古井先生のご要望により会館創立記念日の9月29日に贈呈式、除幕式を行うこととし、廖先生の令夫人経普椿女士・御次男夫妻・製作者夫妻他の方々のご出席を頂くため訪日団を招聘することにした。除幕式には中国側から楊振亜大使他、日本側から海部総理、伊東日中議連会長他多数の著名人士が出席された。

作者の曹先生は砂防会館の古井先生を表敬し、古井先生の胸像を製作したい旨懇請したが、古井先生は「死後を含めて古井を顕彰するようなものは断固拒絶する」と言われ、曹先生もあきらめざるを得なかったが、後日この時の対面は役立つことになった。

銅像前右・経普椿女史　左・古井会長

経夫人が廖先生と一緒に泊まったことのある箱根の小湧園に行きたいと要望されたので、村上夫婦がお伴した。経夫人はチェーンスモーカーで、ゲルデゾルデやネービーカットの他、中華や雪態など多種の煙草を用意してデラックスバスで箱根に向かったが、小湧園に着くと日本と中国の小旗を持った藤田社長はじめ従業員20名以上が両側に並んでお迎えしてくれた。昔とった写真と同じ浴衣姿の写真をとって見比べたり、館内のあちこちを懐かしそうに見廻っていたが、特に昔廖先生と一緒に泊まった部屋と同じ部屋に通されて大変喜んでおられた。朝食では納豆や目刺しのリクエストもあり、ご満悦の様子であった。朝食後、彫刻の森美術館にご案内したが、経夫人は景色の良い休憩スペースの灰皿のそばに陣取り、一行が巡回してくるまで煙草を楽しんでいた。その後、芦ノ湖を海賊船で一周してから芦ノ湖を一望できる湖畔亭でゆっくり昼食をすませ帰途に就いた。後日、経夫人と人民大会堂で再会した時は先方から寄って来られ、お元気だったがこれが最後の出会いとなった。

・日中代表書法家展と全日本書道連盟

１９８７年、翌年完成する日中友好会館１階に開設される美術館の柿落しに日中文化交流の拠点にふさわしい催事を模索していたが、同じ漢字文化圏で書道を共有する間柄を考え、日中両国の書道界を代表する書家の交流展を実現したいと考えた。

１９７３年に日本全国の流派が大同団結して創設された全日本書道連盟（このときまでに在京の書道団体が結集した日本書道連盟が１９５１年に発足していた）の賛同と協力が必須であり、事務局の実務責任者だった山本良子女史を当時会館に出向していた共同通信社事業局の坂本敏史氏と訪問し、同連盟の事務局長田中凍雲先生に理事会に諮って下さるようお願いして欲しい旨要請した。山本女史のご尽力で田中先生の同意が得られ、

日中代表書法家展

１９８７年11月6日の理事会で会館村上常務理事と坂本氏が理事の皆様方に趣旨を説明し、質問に応え、理事会の決定を得ることができた。また田中事務局長から中国書法家協会に全日本書道連盟から正式に共同主催の要請をするが、会館からも中国書法家協会に協力依頼をするよう指示があった。当時、中国書法家協会は周而復会長、劉芸事務局長だったが、さっそく訪中の上、協力をお願いし、他方文化部劉徳有副部長にお口添えをお願いした。

このような過程を経て、１９８８年5月、日中代表書法家展が実現した。唐建文中国対外友協理事、佟葦、夏湘平中国書法家協会の両理事をはじめとする代表団を招聘、日本の代表的書家である青山杉雨、飯島春敬、村上三島、金子鷗亭などの先生方との交流を深めた。中国側は中国書法家協会役員全員の作品64点の出品があり、展覧会後すべての作品を会館美術館開館祝賀記念として寄贈してくださることとなった。現在も会館の宝物として収蔵しており、その内の啓功先生の一点を会長室に展示している。

この展覧会には青山杉雨、村上三島、金子鷗亭はじめ日本の著名書家はすべて出品するだけでなく、開幕式に参列して下さった。日中書道交流に際しては、全日本書道連盟事務局との密接な関係が必須であり、今後共種々ご助言ご協力をお願いしたいと考えている。

２０１１年8月28日、帝国ホテル孔雀の間で田中凍雲先生白寿の祝賀会が開催された。開幕の前に田中先生と昔話をして、往時を偲び更めて厚く御礼申し上げた。田中先生は心身共に健康で私も大変うれしく思い、更なるご長寿を心から祈念した。

・1988年度の文化催事

美術館では「日中代表書法家展」の他、会館主催3件、その他10件計14件の催事を行なった。

1「中国の民居　客家のすまい展」（6月21日～26日）

東京芸大の茂木計一郎教授を中心とする中国住居研究グループとの共催によるもので、中国民居の中でも特異な形態を持つ客家土楼を写真・模型・ビデオで紹介し、連日大盛況であった。

2「特別展・中国新興版画60年の歩み展」（10月19日～11月6日）

中国美術館で版画を担当する劉見先生のご尽力で、中国美術館との共催により中国新興版画の変遷を中国美術館収蔵品の中から厳選した作品から辿ったもの。

また、同展と並行して劉峴中国美術館研究部主任、明治大学講師の尾崎文昭、国立文化財研究所の鶴田武良の3先生による「魯迅と木版運動」と題する講演会を大ホールで開催した。

3「漢詩と書」展（1月11日～22日）

芸術新聞社と共催。これはトップクラスの書家の書き下ろしを展示したもので、李白・杜甫などの名詩の世界を書作品の中で楽しめるよう、風景写真や漢詩解説のパネルなど掲示して構成・展示された。また、1月14日大ホールで石川忠久先生（桜美林大学教授）と平山郁夫画伯による講演会も開催された。

・中国情報センター

文化事業の一環として設置した「中国情報センター」では中国大使館の科学技術処・文化処のほか中国報道機関、中国各出先機関と緊密な連携を持って運営した。当センターにはAVコーナーをはじめ閲覧コーナー、紹介・相談コーナー、会館案内コーナーなどを設け対応している。

中国情報センター

１９８８年12月、中国国家教育委員会より図書約１０００冊の寄贈を受けた（千冊文庫と称され、欧米著名大学にも寄贈されている）。

内訳は、①社会科学関係―１１５冊②歴史関係―３１８冊③文化教育関係―１０５冊④文学関係―３１４冊⑤芸術関係―85冊⑥自然科学・技術関係―43冊　計９７７冊

会館では「日中友好文庫」と命名し書棚に収納している。

その後、中国情報が各分野で豊富になり、このセンターの果たす役割も少なくなったので１９９６年5月に閉鎖した。

・日中健康センター

「日中健康センター」は会館の委託事業として１９８８年4月、日中医学交流委員会（日野原重明会長）を母体にオープンした。この事業目的は、日中の医学交流に重点を置き、日中漢方医療の普及活動と国民の健康増進のための健身法の実践を展開している。この活動の場として、会館地下1階に健身法のための「学習場」を設置、また会館２階に医療部門「日中友好会館クリニック」及び「友好ファーマシイ」を開設し、相互で連携して総合的な運営をおこなっている。

その後、設備の整った大学病院等で漢方医療を積極的に取り入れ始めたのでクリニックとファーマシイは２００７年3月に閉鎖した。

・日中を結ぶ蘭

毎年2月末が近づくと日中友好会館玄関ロビーに清々しい中国蘭の香りが漂う。ロビーに面した会館美術館で「中国奥地の蘭展」が開催され、厳選された百余鉢が展示されているからである。

中国奥地（雲南省、貴州省、四川省とその周辺地域）の蘭は優美な棊形と花茎の姿と上品な香りが特色で、良く似合った鉢と一体化して人々を魅了している。その愛好者の集まりが「中国奥地の蘭協会」である。第1回中国奥地の蘭展が開催されたのは1989年2月、その経緯は次の通りである。

中国奥地の蘭協会は、1988年に松村正直（1909～2007）（松村謙三先生のご子息で三菱倉庫（株）元社長）を初代会長として発足。松村謙三先生は1959年に古井喜実（当会館初代会長1903～1995）、田川誠一等の諸氏を伴って訪中し、日中国交正常化の途を開いた方であるが、中国蘭の愛好家でもあり、周総理の手配で中国各地を歴訪し、その際「中国奥地の蘭」数種類を招来され、これを契機に日本での愛培が始まった。（周総理、朱徳元師からも寄贈された）。松村謙三先生は度々中国奥地を訪問して新種の蒐集に努められ、お手許で500余の鉢を愛培されていた。

1963年、松村謙三先生の呼びかけで中国から孫平化先生を団長格とする蘭花代表団が来日し、蘭花での交流の一方で日中総合貿易覚書（LT貿易）実効化が進められた。蘭花は当時、外交関係のない日本と中国の架橋の役割も果たしたのである。

例年2月、東京ドームで「世界らん展」が開催され、同協会は第一回から参加していたが、中国蘭の適温18度よりかなり高温で不向きなので、中国蘭に好ましく、また日中友好を希求する同協会にふさわしい会場を探していたところ、旧知の古井先生が会長を務める日中友好会館の美術館が最適ということになり、古井先生・松

日中健康センター学習場

村初代会長の懇談の結果、展示会場として会館の美術館が使われるようになった。

蘭の展覧会では、初回から難波清邱先生とご関係の方々の書が展示されているが、古くから日中においては書画と蘭との関係が深く、一体となって鑑賞されてきた歴史があり、この展覧会の雅趣を高めている。

松村初代会長の後、中村彌豫二、加藤昌孝、杉澤達也の歴代会長のご尽力で、今では会館の有力な年中行事のひとつとなり、愛好者をはじめ一般の方々にも楽しんで頂いている。
※なお、同協会展示会は従前タキイ種苗（株）東京支店、第18回は東京中国文化センターで開催

（2）１９８９年度（１９８９年4月~１９９０年3月）（平成元年度）

１９８９年6月4日、北京天安門事件が発生し後楽寮生にも多大な影響を与えた。中国人留学生が中国大使館に抗議デモを行っていたので、後楽寮生にもマスコミが多数押しかけてきた。しかし、当時の中国代表理事の紀朝欽先生が、寮生委員長井頓泉氏（現在宋慶齢基金会常務副会長）と力をあわせて、後楽寮生の動きを鎮静化させ、見事に事態を円満に終息させた。

・中国からの文化事業部長の派遣

会館文化事業は、私（村上）、坂本氏、後藤麻木さん（立教大学の新卒で学芸員資格者）の三人で実施していたが、如何にも力不足で増強が必須であったので中国から応援を求めることにし、中日友好協会王效賢副会長のご尽力を得て１９８９年、章輝夫氏を文化事業部長として受け入れることとした。章氏は日本から帰国した華僑で、北京週報の日本語版の編監からの異動であった。文化事業は初体験でなれぬ仕事で苦労の連続であった

が、「清朝宮廷文化展」や「中国チベット文化展」を成功させて下さった。

１９８９年９月に北京で開催された第７回中国全国美術展に中国美術家協会、中国美術館の了承を得て、日本から唯一の賞として「日中友好会館大賞」を設け、今日まで引き継がれている。また、１９９０年９月に会館記念日２周年催事として「第７回中国全国美術展」の金、銀、銅賞をはじめ優秀入選作を展示する「現代中国の美術展」を会館の他、福岡、静岡に巡回することができた。１９９０年に始まった都道府県教育長訪中視察団のメンバーがその展覧会の巡回展開催に協力してくれることが多くなった。

・敦煌研究院からの寄贈絵画

１９８９年５月会館竣工記念として、中国側から敦煌壁画の精髄を描き出した模写「菩薩行図」「飛天頌図」が寄贈された。

敦煌と当会館の関係は１９８５年に新後楽寮に敦煌研究院の李最雄、段修業両先生が平山郁夫先生（当時東京芸大日本画科科長）の依頼により入寮してからはじまる。今日までに研究院のすべての部門から延べ約50余名の研究員が入寮し、主として東京芸大で研究生活をしてきた。

１９８７年に入り、日中友好会館全館竣工（88年1月末予定）を目前に控え、日中友好交流の拠点にふさわしいシンボリックな壁面作りを願って思いを巡らせていた。

当時東京芸大日本画科の卒業作品が敦煌壁画描写を対象としており、その作品群（台東区所蔵）が大変素晴らしいものであったことから、日本への佛教伝来の源流点であり、芸術性の高さから敦煌研究院の専門家による壁画模写で会館の壁面を飾りたいと考えた（＊敦煌莫高窟は、１９８７年世界文化遺産に登録された）。

古井喜実会長、高野藤吉理事長の賛同を得て段文傑敦煌研究院院長宛に１９８７年12月11日付書簡で、下記を寄贈くださるようお願いした。

1　寸法　横3・5m　縦1・5m

2　図柄　飛天　1点（158窟の飛天）

　　　菩薩　1点（57窟の菩薩）

この勝手な懇請に対し、1987年12月24日付で段院長から当方の希望イメージとサイズを満足させるよう工夫して「菩薩行」と「飛天頌」として制作する旨お便りを頂いたので、1988年3月3日付の書簡で、段先生のご提案通りでお願いしたいこと、模写絵を当方で額装する旨ご連絡した（＊後楽寮在寮生の劉永増先生から使用する顔料が日本でないと調達できないので入手して欲しい旨の依頼が来た。88年7月に航空便で敦煌に送った）。段院長からは当時後楽寮に在寮した李永寧先生を介して制作進展状況を伺ったので、制作に当たった先生2名に作品持参の上、ご来日いただきたい旨連絡し、1989年春に段院長ご来日の上で、贈呈式並びに除幕式を行いたい旨連絡した。

88年12月1日、待ち望んでいた絵画2点（菩薩行図、飛天頌図）を作者である李其琼、李振甫両先生（両先生とも敦煌研究院美術研究所副所長）、事務局員1名計3名（3人とも李さん）が持参されたので、3人を伴って東京芸大に平山先生を訪問し、作品を見て頂いたところ「良いでしょう」とおっしゃってくださった。その旨、段院長に御礼旁ご報告して下さるようお願いした。会館では絵の大きさに合わせて額装すべく準備にかかったが、敦煌研究院の院長署名と公印押印はなく、段院長が来日の際、会館の了承のもと対処し完成させるとの伝言があった。早速古井会長をはじめ、平山郁夫先生、清水正夫先生にもお見せして当会館が素晴らしい作品を頂戴できたことを共に喜んでいただいた。段院長には御礼旁々来年3～5月にご来日くださるようお願いした。

敦煌菩薩行図

1989年5月4日、段院長一行が来日され「本当にあれで良ければ、村上さんの目の前で敦煌研究院の印を押印し、敦煌研究院院長　段文傑と署名します」と言われるので、平山先生他への挨拶旁々、作品の評価を伺った上で、地下の会議室に机を並べ絵を拡げて署名してから押印して頂いて作品を完成させた。5月8日、重くならぬ様にガラスではなく、特製のプラスティックでカバーして額装し地下大ホールのロビー壁面に掲げて、古井会長はじめ会館関係者や文化関係者が多数参加して贈呈式と除幕式を執り行った。除幕式には、敦煌研究院院長段文傑先生、平山郁夫先生ほか多数のご来賓を迎えて盛大に行われた。

中国からの会館建設を記念するこの贈物は、日中友好交流の歴史を美しい画像を通して想起させてくれる絆として何よりのものと感謝している。

・**後楽会活動開始**

古井先生が希望して会館の寄付行為に定めた賛助会員制度を、どのように方向付け機能させるか日本開発銀行ＯＢの上田吉辰氏（1985年10月～1989年9月）と木村昌一氏（1989年4月～1995年11月）のお二人に担当して頂いた。1989年7月に「日中友好後楽会」と名付けて会員の募集を開始したところ、直ちに90名の入会を得て具体的に活動を始めた。

4月3日、「明日を見つめる日中懇話会」主催後楽園花見の会を開き、多くの会員の方々が参加した。

1990年1月～3月、中国人留学生の長野県八千穂村スキー旅行を3回に分けて実施した。

・**功労者顕彰**

会館記念日の9月29日にこれまで会館の建設・運営に功労のあった次の5名の方々の顕彰をおこなった。
市川　幸雄氏　長野県八千穂村に中国人留学生向けの保養所「八千穂日中青年の家」を寄付。
高野壽壽子氏　故高野理事長未亡人「高野藤吉記念基金」を寄付。
藤堂　里子氏　故藤堂明保日中学院長未亡人　1985年から後楽寮生のための「生け花講座」を指導。
中野　勝輔氏　会館建設資金を寄付。
（社）岸本倶楽部　1986年から後楽寮生に奨学金を支給。

1990年1月、ご自宅に伺い何かとアドバイスを頂いていた会館名誉顧問井上靖先生が逝去された。

1990年3月、決裁権限上の不都合があったので、古井喜実会長のお求めに応じて村上事務局長兼常務理事が理事長代行も兼ねることになった。


9月、講演会「対中国経済交流の今後の方向について」畠中前中国公使（日中懇話会との共催・会館会議室）。

10月、講演会「中国の京劇を語る」虞啓龍外交学院教授（会館大ホール）。

11月、後楽賓館－成田空港間リムジンバス運行開始。

12月、中国人留学生の長野県八千穂村スキー旅行。

・1989年度の文化催事

美術館では会館主催3件、その他14件計17件の催事を行なった。

1「私たちの秘蔵品展」（4月14日～23日）

日中国交回復前の１９６０年代に北京に駐在していた人たちの会「北京会」との共催。北京会の会員が在任当時、現地で入手した秘蔵の作品66点を公開、隠れた名品の再発見は大きな話題を呼んだ。

２「壁画の流れ展」（5月8日〜18日）

中国の敦煌研究院との共催。後援は外務省、文化庁、中国大使館、東京芸大、台東区、毎日新聞社。これは東京芸大日本画科第三講座によって模写された敦煌・法隆寺金堂・高松塚古墳の壁画を一堂に展示して遠く敦煌から日本に脈々と伝えられた壁画の流れを系列的に鑑賞できるようにしたもので、画期的な企画として高く評価された。

３「清朝宮廷文化展」（9月29日〜10月29日）

北京故宮博物院との共催。後援は外務省、文化庁、全日本書道連盟、日中友好6団体、共同通信社、NHKサービスセンター、中国文化部、中国大使館、東京華僑総会で開催。清朝三帝と皇妃の画像及び書作品を背景に、乾隆帝がこよなく愛した書斎「三希堂」を展示場に再現し、さらに宮廷で日常愛用された文房四宝や清玩３００点余りを展示した。本邦初公開の逸品が２００点に及ぶという本格的な清朝宮廷文化の紹介展であり、開催期間中終始盛会であった。この展覧会開催に当たっては中華書店陳文貴社長のひとかたならぬご尽力を頂いた。

（３）１９９０年度（１９９０年4月〜１９９１年3月）（平成2年度）

5月、古井会館会長一行訪中、李鵬総理ほか要人と会見（5月18日まで）。

6月、日中友好会館代表団7名訪中（中日友好協会の招待）。

6月、紀朝欽理事が辞任し、後任に徐源海氏が7月1日付就任。

・後楽寮に植えられた鳥取県・市の木

後楽寮の中庭に1990年頃、古井喜実先生を敬慕する鳥取県日中友好協会の藤井省三会長をはじめ、県と4市の方々がわざわざ持参して植えられた苗木が各々大きく育っている。

・鳥取県日中友好協会会長藤井省三（古井先生不老長寿の木として。特に大きくのびている）／栃の木

・鳥取県／大山キャラボク　・鳥取市／さざんか　・倉吉市／椿　・米子市／つつじ　・境港市／黒松

各々の木にはL形金属製の立札に白のペンキで防錆し、赤と黒のペンキで贈主名と樹木名を記してあり、下草も刈ってあるので一目で判るようになっている。植えられた方々は時々様子を見に来られていたが、ご高齢になられた為か最近はあまり来られなくなった。私達会館の役職員は有難く思いながら木々の成長を見守っている。

財務面では家賃水準が高止まりのため収支状況は順調であったので、長期借入1億円を繰り上げ返済し、公益部門にもある程度予算を配布することが出来た。

日本の各大学で構成する日中学生会議の幹部からかねて相談されていた「日中学生セミナー」を日中学生会議と後楽寮寮生委員会の共催で会館大ホール外で開催した。（第1回4月27日、第2回6月9日）

7月3日、李鉄映国務委員来館、後楽寮生と懇談。

後楽寮では、9月初旬東京地区学友会・東大学友会・後楽寮寮生委員会と共催でAコース富士登山、Bコース南房総海浜公園の旅行を実施した。

また、11月には75名の寮生が参加して、日光コースと箱根コースのバス旅行を行い、1991年1月には「八千穂日中青年の家」に2泊3日のスキーツアーも実施した。

9月3日夜、中国大使館教育処主催で楊振亜大使も出席して「中秋晩会」を東京学友会等の協力を得て盛大に挙行したが、宴たけなわに至り、豪快に爆竹を鳴らしたところ、消防車が多数駆けつけてお叱りを受けた。その後この会は行っていない。

左・楊振亜大使、左2・陳焜旺氏

・「第1回中国文化之日展」

この年の特筆すべきは「中国文化之日」をはじめたことである。1989年11月から章輝夫文化事業部長が企画し、実行委員会に平山郁夫先生、団伊玖磨先生、清水正夫先生、陳焜旺先生他有識者にご参加頂き、約8ヵ月の準備の後、1990年7月に第1回を開催することができた。この企画はあらゆる中国文化分野を対象とする画期的な文化催事として毎年開催し、現在に引き継がれている。

第1回中国文化之日は、日本に滞在している中国の美術家・芸術家の優れた美術作品や舞台芸術を紹介することによって、日中文化交流を促進するために6月30日~7月8日に開催。楊振亜大使、章金樹文化参事官はじめ中国大使館の多大な協力を得て多彩な催しとなり、会期中5600名が来館した。

同年6月、中日友好協会の招聘で初めて会館役職員7名（藤堂里子女史ほか）が訪中し、北京・西安・宝鶏・

杭州・上海等を歴訪した。

・後楽会談話会

後楽会担当木村昌一参与がかねてから全員の要望のあった後楽寮生との交流の機会を設けるため、後楽寮生を講師とする講演会とその後豫園で行う交流会を開き、毎回後楽寮生20名に参加してもらったこの会は隔月(年6回)開催し、現在に至っている。大変好評で毎回盛会である。

・第1回　後楽会旅行

1989年発足した後楽会の会員から要望の多かった訪中団の派遣を90年10月に実施した。コースは北京―杭州―上海7泊8日の日程であった。この年より、毎年訪中団を派遣し中国各地の外事弁公室を介して各界各層の方々との交流をふかめていった。そしてその機会にその地域に在住する元後楽寮生(2012年には4千名超となっていた)に声をかけて中心都市での交歓会に招待した。我々と同時に元寮生同士も旧交を温め大変喜ばれ、一般の中国団体旅行とは一味違った旅行となった(このパターンは今日まで引き継がれている)。当時は後楽会の平均年齢も現在より20歳位若く、種々の催事を自ら企画し主催することもあった。

この様な活動の結果、中国全土の各界各層の訪日団が多数会館を訪問するようになったが、この方々が日中友好増進の架け橋になることを願ってどの団も大切に応対した。私は後楽会訪中には殆んど参加している他、その他の公務もあり2012年までに全ての省・特別市・自治区を訪問した(チベットからの後楽寮生はまだいない)。

今日に至るまで毎年後楽会の中国旅行は以下の通り行われている。

1. 1990年10月13日〜10月20日（8日間）　14名
北京、杭州、上海　【1990年10月6日〜10月9日　北京アジア大会】

2. 1991年10月18日〜10月27日（10日間）　14名
上海、成都、重慶（豊都、小三峡）、宜昌（当陽）、岳陽、武漢

3. 1992年10月24日〜10月31日（8日間）　21名
上海、蘇州、湖州、紹興、杭州

4. 1993年　第1組　8月20日〜8月29日（10日間）
第2組　8月27日〜9月5日（10日間）　35名
北京、西安、敦煌、トルファン、ウルムチ

5. 1994年9月16日〜9月25日（10日間）　28名
上海、桂林（漓江下り）、昆明、石林、西双版納【桂林・雲南の旅】

6. 1995年9月8日〜9月17日（10日間）　34名
成都（都江堰）、重慶（豊都、小三峡）、宜昌（三遊洞）、武漢、上海【成都・三峡下りの旅】

7. 1996年9月14日〜9月23日（10日間）　38名
北京、大同（雲崗）、太原（玄中寺、晋祠）、天水（麦積山）、洛陽（龍門）、少林寺、鄭州
【山西・甘粛・河南　石窟探訪の旅】

8. 1997年9月14日〜9月23日（10日間）　34名
上海、泉州、アモイ（鼓浪嶼）、広州、花山（左川下り）、南寧【上海・華南の旅】

9. 1998年10月2日〜10月11日（10日間）　26名

10. 上海、黄山、景徳鎮、南昌【黄山・景徳鎮と古街を巡る旅】
1999年7月23日~8月1日（10日間） 39名
11. 北京、フフホト、ハルピン、大連【モンゴルとハルピン・大連を巡る旅】
2000年9月22日~10月1日（10日間） 22名
12. 泰山、青島、済南、仁川、ソウル【山東省を巡り韓国への黄海クルーズを楽しむ旅】
2001年8月27日~9月7日（12日間） 36名
13. ウルムチ、ホータン、カシュガル、クチャ、コルラ、北京【シルクロードのオアシス都市を巡る旅】
2002年9月16日~9月25日（10日間） 21名
14. 重慶、張家界、長沙、岳陽、成都【湖南省周遊の旅】
2004年9月4日~9月12日（9日間） 23名
15. 西安、敦煌、北京、天津【西安・敦煌・北京巡遊】
2005年10月21日~10月30日（10日間） 20名
16. 貴陽、安順、凱里・遵義、深圳、香港・マカオ【貴州省に少数民族を訪ねる旅】
2006年
青蔵鉄道手配困難のため、2007年に延期
17. 2007年6月26日~7月4日（9日間） 27名
成都、林芝、ラサ（青蔵鉄道）、西寧【チベットを訪ねる旅】
18. 2008年7月19日~7月27日（9日間） 16名
瀋陽、撫順、集安、長白山、図們、延吉、長春【中朝国境の遺跡と大自然を訪ねる旅】

19．２００９年6月30日〜7月6日（7日間）　24名
アモイ、武夷山、金門島（台湾）、福建土楼【福建省と金門島7日間】

20．２０１０年10月28日〜11月4日（8日間）　18名
ハノイ、サパ、ラオカイ（ベトナム）、元陽、建水、昆明（雲南省）【中越国境と棚田の旅8日間】

21．２０１１年11月11日〜11月17日（7日間）　21名
海南島海口・三亜、広州、開平【海南島・広州・開平8日間】

22．２０１２年6月5日〜6月11日（7日間）　19名
上海・寧波・舟山群島（普陀山）・紹興【浙江省7日間】

23．２０１３年11月18日〜11月25日（8日間）　16名
麗江・大理・昆明【茶馬古道を訪ねる旅7日間】

24．２０１４年7月8日〜7月14日（7日間）　13名
甘粛省蘭州（炳霊寺石窟）・張掖・酒泉・嘉峪関・北京【河西回廊を行く7日間】

同年10月24日、後楽会談話会で程農化氏（程波氏の弟）による二胡の講演があり、その後会員の要望で二胡の講習会が約2年行われた。

・１９９０年度の文化催事

左・程農化氏、右・程波氏

古井会長

今年度は、会館主催5件その他16件合計21件の催事を行った。
1「日中友好自詠詩書交流展」（5月8日〜13日）
2「斎白石絵画書法展」（6月16日〜24日）
3「日中合同美術展」（9月11日〜16日）
4「現代中国の美術展」（9月29日〜10月28日）
1989年9月に北京中国美術館で開催された「第7回中国全国美術展」の金・銀・銅をはじめ優秀入選作品112点を展示した。開幕の日、中国美術家代表団8名と日本の美術家7名との座談会を開き、有意義な交流が行われた。なお、展示作品の中から日中友好会館大賞として中国画「河原の嫁入り行列」と油画「沂蒙の子供」が選ばれ受賞した。
1989年9月会館で開催した「清朝宮廷文化展」を次の通り巡回し、いずれも大変好調を博した。
○新潟（新潟三越）　4月6日〜18日、来場者7千8百名
○大阪（阪急百貨店）　5月16日〜30日、来場者1万8千名
○名古屋（名古屋城）　9月22日〜11月25日、来場者1万2千名

・伴理事長の辞任と野田理事長の就任

伴理事長は、1990年の総選挙に無所属で立候補することにされた。古井会長は何度もやめるように厳しく言われ、伊東正義先生も何度も立場を変えるのは無節操だと立腹されていたので、私はご夫妻に断念するよう繰り返し申し上げたが、奥様が「主人の望むようにさせてあげて下さい」と話されたのであきらめた。案の定、落選したので伴理事長に古井先生に詫びを入れるようお願いしたが、「土佐のいごっそう」の言うことだと思っ

て欲しいと頼まれ断念した。

１９９１年２月25日、伴正一理事長が辞任したがその後任として同日、野田英二郎氏を推していた。当時外務省アジア局長谷野作太郎氏に古井先生の意を汲んだ小池勤氏が相談し、外務省の了解を得たので野田英二郎氏に理事長就任を依頼することにした。古井会長は野田英二郎氏と浅草「菊家」という料亭で会見された上で承知され、１９９１年３月、野田英二郎氏が理事長に就任した。

野田理事長は敬虔なクリスチャンで日曜の礼拝を欠かさぬ人柄で、会館業務が幅広く奥行きを増す状況の中でご尽力された。

同年３月15日、徐源海中国代表理事が就任８ヶ月で急逝された。涂宝琨夫人はじめご長男徐明氏、ご長女徐英女士も来日され、信濃町千日谷会堂で葬儀を執り行った。告別式には会館役職員のほか、中国大使館から楊振亜大使はじめ多くの館員や後楽寮生等多数の弔問客が訪れ、徐先生のご冥福を祈った。

徐源海中国代表理事（前列：右）とご家族

野田理事長時代（１９９１年～１９９４年）（平成３年～平成６年）

（１）１９９１年度（１９９１年４月～１９９２年３月）（平成３年度）

７月３日～10日、野田理事長新任挨拶のため訪中、三由総務部長随行。

・**日中国交正常化20周年記念行事民間組織委員会**

来たる1992年度が日中国交正常化20周年に当たるので、関係団体により伊東正義先生を会長とする「日中国交正常化20周年記念行事民間組織委員会」が結成され、会館村上常務理事が事務局長に指名された。会館では岩淵総務部長を中心に作業チームを編成し、準備作業に万全を期して対応した。財務面ではそのために「記念事業会計」を設定した。

92年7月14日
日中国交正常化20周年記念行事
民間組織委員会（50音順）
顧　問：伊東正義、宇都宮徳馬、大来佐武郎、河合良一、桜内義雄、千田是也、平岩外四、平山郁夫、古井喜実、向坊　隆
会　長：伊東正義
委　員：青木薪次、浅尾新一郎、伊藤憲一、鹿取泰衛、斉藤十朗、白土吾夫、楢崎冨男、野田英二郎、野田　毅、林　義郎、藤田高敏、三好正也、森田堯丸、諸口昭一、米沢　隆、渡部一郎
幹　事：上村幸生、岡　照、岡崎雄児、黒川祐次、佐藤純子、酒井　誠、白西紳一郎、中沢光男、房野夏明、村上立躬
事務局：村上立躬、李鉄民、野上千波
（財団法人日中友好会館内）

以　上

日中国交正常化20周年記念行事　民間組織委員会　92.7.14

団体名	顧問		委員		幹事	
日中友好協会	会長	平山郁夫	理事長	楢崎冨男	事務局長	酒井　誠
日中文化交流協会	代表理事	千田是也	専務理事	白土吾夫	常任理事 事務局長	佐藤純子
日本国際貿易促進協会	会長	桜内義雄	理事長	森田堯丸	理事 事務局長	岡崎雄児
(財)日中経済協会	会長	河合良一	理事長	諸口昭一	庶務課長	中沢光男
(社)日中協会	会長	向坊　隆	理事長	野田　毅	事務局長	白西紳一郎
(財)日中友好会館	会長	古井喜実	理事長	野田英二郎	常務理事 事務局長	村上立躬
(社)経済団体連合会	会長	平岩外四	事務総長	三好正也	専務理事	房野夏明
(財)日本国際フォーラム	会長	大来佐武郎	理事長	伊藤憲一	理事 事務局長	岡　照
国際交流基金	顧問	鹿取泰衛	理事長	浅尾新一郎	総務部長	黒川祐次

日中友好議員連盟

会　長　伊東正義……会長　　副会長　渡部一郎……委員

副会長　青木薪次……委員　副会長　米沢　隆……委員
〃　斉藤十朗……委員　幹事長　林　義郎……委員
〃　藤田高敏……委員　事務局長　上村幸生……幹事

日中国交正常化20周年記念行事　活動報告

1．中国要人来日記念行事

①日中国交正常化20周年記念　江沢民総書記記念講演会
②江沢民総書記来日歓迎　日中国交正常化20周年記念祝賀会
③万　里全国人民代表大会常務委員会委員長来日歓迎会
④「周恩来展」開幕並びに日中国交正常化20周年祝賀
　姫鵬飛先生ご一行歓迎レセプション

2．記念行事に対する後援

1．中国要人来日記念行事
①日中国交正常化20周年記念　江沢民総書記記念講演会
日　時：4月7日（火）9：30～10：30
場　所：NHKホール
来場者：2500名
主　催：日中国交正常化20周年記念行事民間組織委員会
後　援：外務省
次　第：民間組織委員会伊東正義会長の歓迎挨拶を林義郎委員が代読

江沢民総書記が「国際情勢及び中日関係」と題して講演
中国の開放政策は１００年間揺らぐことはないと強調
一　行：銭基琛　国務委員兼外交部長
公式随員　温家宝　党中央弁公庁主任
李嵐清　対外経済貿易部長
楊徳中　特別助理
滕文生　〃
徐敦信　外交部副部長
楊振亜　駐日大使

②
江沢民総書記来日歓迎　日中国交正常化20周年記念祝賀会
日　時：4月7日(火) 18：00～19：30
場　所：ホテルニューオータニ『鶴の間』
来場者：２０００名
主　催：日中国交正常化20周年記念行事民間組織委員会
後　援：外務省
次　第：櫻内義雄衆議院議長　歓迎挨拶
江沢民総書記　挨拶
宮澤喜一総理　祝辞
河合良一日中経済協会会長　乾杯

宮澤総理は祝辞の中で、日中関係は日本にとって日米関係と並ぶ最も重要な二国間関係だと述べられた

③

万里全国人民代表大会常務委員会委員長来日歓迎会
日　時：5月27日（水）12：00～13：30
場　所：赤坂プリンスホテル『クリスタルパレス』
来場者：１０００名
主　催：日中国交正常化20周年記念行事民間組織委員会
次　第：大来佐武郎日本国際フォーラム会長　歓迎挨拶
　　　　万里委員長　挨拶
　　　古井喜実日中友好会館会長　乾杯
一　行：曹志　全人代常務委員会委員、常務副秘書長
公式随員　符　浩　全人代常務委員会委員、外事委員会副主任委員
　　　　徐敦信　外交部副部長
　　　楊振亜　駐日大使

④

「周恩来展」開幕並びに日中国交正常化20周年祝賀
姫鵬飛先生ご一行歓迎レセプション
日　時：9月22日（火）18：00～19：30
場　所：ホテルニューオータニ『芙蓉の間』
来場者：７５０名
主　催：周恩来展実行委員会、日中国交正常化20周年記念行事
　　　民間組織委員会

次 第：古井喜実周恩来展実行委員会会長 挨拶
姫鵬飛先生 挨拶
中曽根康弘元総理 祝辞
櫻内義雄衆議院議長 乾杯
一 行：姫鵬飛先生他11名

2．記念行事に対する民間組織委員会の後援名義付与件数

行事	
1．展覧会	26件
2．音 楽	15件
3．演劇・映画	10件
4．スポーツ	9件
5．講演会・シンポジウム	11件
6．記念集会・パーティ	5件
7．その他	15件
小計	91件
8．都道府県日中友好協会 実施行事	44件
合計	135件

1991年7月に揚子江の氾濫で大きな被害が出たので会館でも大使館に支援金を寄贈したが、後楽寮生も

別途寮内で募金しＮＨＫの募金窓口に届けたところ、テレビで大きく取り上げられた。

９月29日、楊振亜中国大使をはじめ１５０名の来賓を迎えて「第４回会館記念日」祝賀会を開催、次の６名の方に感謝状を贈呈した。

遠藤正則文京区長／梱康雄小石川後楽園管理所長／第一整備株式会社／株式会社デイスホテルサービス／株式会社日本総合メインテナンス／綜合警備保障株式会社

６月、村上常務理事・陳参与、国交正常化20周年記念行事打ち会わせのため訪中（７月６日まで）。

７月、中国大使館に水害義捐金３百万円を寄贈。


この年10月の後楽会の中国旅行は上海―成都―重慶―宜昌―岳陽―武漢―上海のコースで９泊10日の長旅となったが、重慶で有名な火鍋を囲みながら元後楽寮生多数との交歓会を行い翌日から三峡下りや岳陽楼見物・淡水イルカ見学などを楽しんだ。

秋の寮生バス旅行は去年同様「箱根コース」（10月29日）、「日光コース」（10月31日）で実施した。

11月、中国側の関係機関に会館の運営現況について理解を深めてもらうために、中日友好協会、外交部、国家教育委員会、文化部、国家文物局の実務担当者８名をメンバーとする官民合同の代表団「日中友好会館視察団」（団長　王效賢中日友協副会長）を招聘し、相互に率直な意見交換を行った。その後、名古屋経由で鳥羽・勝浦・神戸・大阪・有馬を周遊して帰国した。

12月、国家教育委員会が「在日留学生慰問団」を派遣し、会館大ホールで歌唱・舞踊・雑技等の公演をおこなった。この慰問団（団長中国国家教育委員会外事局副局長李東翔氏）と上海空港で一緒になった。生憎の大雪で出発が数時間遅れ、成田着は夜中になり幼少年の編成で皆相当疲れていたので、翌日の会館公演が心配だったが全員元気に演じ、その後全国を巡回公演した。

１９９２年３月「第３回中国日本留学者の集い」を会館小ホールで開催し、日本留学ＯＢ生と後楽寮生との熱心な討論と質疑応答が行われた。

これまで行っていた「八千穂村スキーツアー」は地元民との交流が少ないので、長野県日中友好協会と県内地区友好協会の協力を得てホームステイを実施した。日程は「八千穂日中青年の家」に２泊、ホームステイ１泊の３泊４日。

後楽寮生81名が７月～８月に３回に分けて参加したが、ホスト・寮生ともに好評で、地元紙「信濃毎日」では８月22日の朝刊で紹介された。

中央・古井会長、左・花村副会長

・古井先生と後楽園

古井先生は新しく会館ができたら、屋上から後楽園球場の野球の試合が見えるかも知れないと楽しみにしておられたが、ドームとなりあきらめられた。その後、会館敷地から後楽園に通ずる地下道を作り、中国人留学生がいつでも後楽園で憩えるようにしたいので、東京都の関係局部に交渉するようご指示があった。後楽園庭園は国の特別史蹟法に基づく庭園であり、都は管理運営を委託されているだけで無理だと申し上げたが、度々催促されるので、東京都の関係局長と公園緑地部長に古井先生の希望をお伝えした。２ヶ月経てから公園緑地部から来部方要請があり、行って見ると都内のすべての公園の無料入場パス５枚（１枚で３名入場可）が後楽寮生用に交付され毎年交換してくれたので、多くの後楽寮生が明の遺臣朱舜水設計の庭園を散策することができるようになった。このパスは石原都知事になり、交付されなくなった。

後楽会の花見の会や紅葉の会も古井先生の発案で後楽園内の涵徳亭で開催され、伊東正義先生、後藤田正晴先生、花村仁八郎副会長、江戸英雄先生など古井事務所に出入りされる方々が多数参加して下さった。

古井会長が米寿を迎えた1991年の桜の時期には、その祝賀も兼ねて旧友、知人を招いて眺望のよいところで野立ての茶会を開くよう都の公園緑地部に交渉するようご指示があったので、また都に話しに行った。後楽園公園事務所から、次の二条件を守れば許可するとの連絡があった。

・園内の植栽に触れぬこと

・来園者すべてに茶菓を振る舞うこと

私はある茶道グループ約20名の協力を得て、桜に囲まれた場所に大きな傘をたて、野立ての準備を整えた。好天に恵まれ、緋毛せんを敷いた床机を10台程並べて古井先生の旧友知人達に桜と茶菓を楽しんで頂いた。中国大使館から楊振亜大使、唐家璇公使も立ち寄って下さり、総勢2百人の方々（一般の来園者を含む）が茶菓の振舞を受けた。当日は素晴らしい花日和で華やかな茶会となり、古井先生も大満足でご機嫌だった。

しかし、古井先生の目の具合が悪くなって後楽園内の池に置いてある飛び石が渡り難くなり、後楽寮地下への階段が降り難くなってから、後楽園と後

古井会長米寿の会
小石川後楽園での野点　中央・古井会長、左・岸本倶楽部 岸本昌子会長

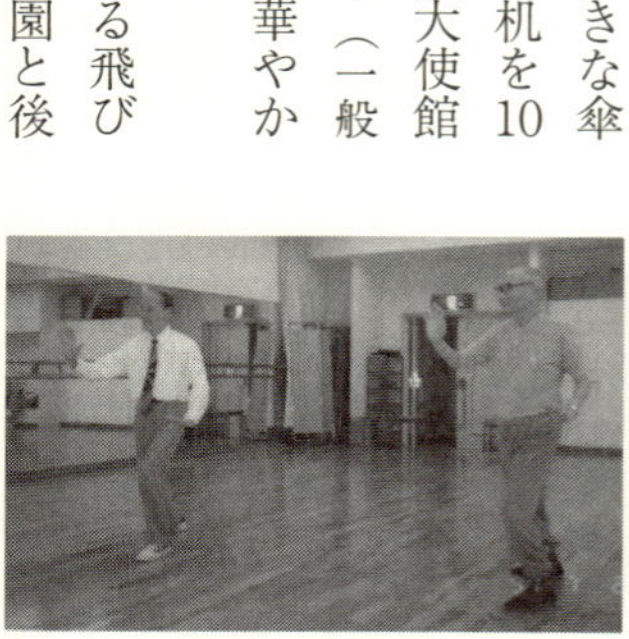

右・古井先生、左・李天騏氏

楽寮には足遠くなった。しかし、太極拳の道場はあいかわらず89才頃まで通って来られた。

古井先生は日中太極拳協会の会長を引き受けておられたが、１９７０年覚書貿易交渉が暗礁に乗り上げて高碕達之助、岡崎嘉平太両先生が帰国された後、古井先生が一人で北京飯店で交渉再開を期して滞在していた。その間に周恩来総理から紹介された中国武術界の名師で、簡化24式太極拳編纂者の李天騏先生より約1ヶ月北京飯店の屋上で個人指導を受けた。古井先生は議員会館体育館で体力づくり国民運動と並行して太極拳の普及にも取り組んだ。

そこで日中友好会館建設にあたり、日中健康センターを日野原重明先生を座長とする発起人会で検討のうえ、津村順天堂の津村重舎社長の協力を得て予防医学として太極拳道場を設けたのであった。ご本人も毎週火曜日午前10時から12時前まで李徳芳先生（李天騏先生の愛娘）の指導のもとで稽古されたが、基本問題検討会議のメンバーもかわるがわる参加され、その後、豫園で昼食を楽しく共にされた。古井先生はお銚子を２本頼まれるのが常で、楽しい昼食会であった。

この集まりには岸関子女史（安藤日中学院長の義母）も、古井先生よりご高齢にも拘わらず参加し楽しまれていた。散会の後２階の会長室に移り、私から近況を報告しご指示を頂いたり雑談で1時間程過ごしてから、古井先生は砂防会館の事務所に移動された。

・１９９１年度の文化催事

今年度は会館主催７件、その他11件合計18件開催。
１「中国チベット文化展」（４月26日～５月19日）
本展は「秘宝」と「伝統工芸」からなり、「秘宝」の部では明・清時代の仏像・法器・マンダラ・タンカなどチベット仏教を彷彿させる秘宝の数々を展示。「伝統工芸」の部では、６００～７００年の歴史を持つ遊牧民特有の織物類やチベット族の衣装・服飾品・楽器などを一堂に集めて紹介した。また、本展開催を記念して講演会「中国チベットの伝統文化と文化保護政策」を開催した。

２「現代中国漆画展」（5月29日～6月30日）

近年、中国美術界で活発な展開を見せており、漆特有の色調に金銀・錫粉・卵殻などを組み合わせて独特な工芸世界を醸し出す漆画。その代表作を展示して、日本の工芸界・美術界に紹介した。また、東京芸大漆芸科の大西長利教授の指導の下、シンポジウム「日中漆文化21世紀の展望」を開催して広く漆画への理解を深め、同時に日中両国の漆芸家の交流の場を提供した。

３「第２回中国文化之日展」（９月28日～10月６日）

昨年と同様に在日の中国人美術家・芸術家の優秀な美術作品や舞台芸術を紹介した。

４「北京中央工芸美術学院校友会絵画展」

後楽寮生・張夫也氏をはじめとする校友会メンバーの作品の展示で、いずれも高水準であった。

５「日中合同美術展」

６「中国明清名画展」

天津市芸術博物館所蔵の選りすぐった名画88点の海外初の秘蔵展。世界的にも有名な八大山人の「河上花図」をはじめ、明清代の名品の揃い踏みは大変好評を博した。

また、前年度に会館美術館で展示した「現代中国の美術展」と本年度に開催された「現代中国漆絵展」を関係先の協力を得て、福岡市美術館、富士美術館、金沢名鉄丸越に巡回した。

翌年の周恩来展・郭沫若展の準備のため村上常務理事と陳学全参与で訪中し、上海・天津・南京・重慶等の史跡を歴訪し資料を集めた。

（2）1992年度（1992年4月〜1993年3月）（平成4年度）

・日中国交正常化20周年

1992年は国交正常化20周年であり天皇皇后両陛下が訪中された年であり、会館にも多くの出来事があった。この年、伊東正義先生を委員長とする日中国交正常化20周年記念行事民間組織委員会が友好団体や経済界などがまとまって組織され、伊東委員長や外務省から会館に事務局を務めるよう要請があり、会館の役職員全員が諸行事を成功させるため村上常務理事、岩渕秋雄総務部長を中心に総力を挙げて取り組んだ。

開催行事のなかで特に大変だったのは、4月に来日した江沢民総書記のNHKホールでの記念講演会（午前）とニューオータニでの歓迎祝賀会（夕刻）が同日に開催されることになったので諸準備作業が大変で泊り込みの対応となった。連日警備当局（代々木警察署、NHK、麹町警察署、ニューオータニと各々10回以上）と打合せが続いたことを思い出す。また、NHKの関係者多数と打ち上げパーティを開き無事終了したことを祝ったのも良い思い出となった。

ニューオータニの歓迎祝賀会で、宮澤喜一総理が「日中関係は日米関係と並ぶ最も重要な二国間関係である」と言われたことを鮮明に覚えている。歓迎祝賀会の壇上には宮澤総理、古井喜実、花村仁八郎、日向方斉、鈴木俊一など友好団体の代表の先生方が登壇・着席して盛大な歓迎式典であった。また5月には万里全人代常務委員長が来日し、赤坂プリンスホテルで盛大な歓迎会を開催した。

9月、中日国交正常化20周年祝賀会出席のための古井会長、村上常務理事が訪中。古井先生最後の訪中となった（於・北京人民大会堂。古井会長、村上常務理事出席）。

・経済調査室の発足

5月に外務省から高橋迪氏が会館の常勤参与に就任し、経済調査室を発足させ「中華人民共和国経済略史」の編集（1949年〜2000年　4巻5分冊）を開始した。同時に中国関係有識者10名前後（大久保任晴、森田尭丸、高原明生、吉川順一等）による経済懇談会を随時開催し活発な討論を行った。

なお、経済調査室は2003年3月末をもって閉鎖した。

・会館の広報誌

会館発足前から広報誌として発行してきた「インフォメイション」に替えて1992年4月以降、会館の活動・催事を案内する「行事案内」（月刊）と会館の活動記録などを掲載する「会館だより」（季刊）の二本立てで発行した。今年度の「年報」は〝日中国交正常化20周年記念号〟として「写真で見る日中友好の歩み」などを掲載して内容を充実させた。

後楽寮生の長野県ホームステイと秋季バス旅行は昨年と同様に実施した。

財務面では湾岸地区を主としてオフィスビルが増加し需給バランスが悪化したことと、バブル崩壊（91年2

月）により、空室率の増加と家賃水準の低下が予測される状況となった。今年度は会館も空室が30％に達し家賃収入は2年連続して前年度比減少に転じた。

しかし１９８８年全館竣工時、８億９６００万円あった繰越欠損金（法人税申告ベース）を１９９３年３月末決算で全額解消し、３４００万円の黒字を計上することが出来た。

・楊振亜元大使とのゴルフ

１９９３年３月、楊振亜大使は帰任したがその後、１９９４年第８回全人代外務委員会副主任委員、１９９９年21世紀委員会中国側首席などを歴任した。また、ゴルフを愛好する楊先生は乞われて北京ゴルフクラブの名誉会員となりゴルフを楽しまれた。同クラブは１９８７年にオープンし、フラットでゆったり幅広い各ホールをセパレートするポプラも巨木となり、風格ある林間コースに育っている。１９９０年にアジア大会のゴルフ競技会場に選ばれた（丸山茂樹が優勝）。このクラブのオーナーの原幸男氏は私（村上立躬）の大学時代のクラスメートで私のロッカー（キャディバッグとシューズを常備）を楊大使のロッカーの近くに設けてくれた。純日本風に作られており、風呂もシャワーだけでなく浴槽に湯が溢れ、食堂も日本人調理師が常駐し和食を提供していたので、これらも楊先生のお気に入りのようだった。

楊先生は大使時代から何かとご支援下さり親しくさせて頂いたので、訪中のスケジュールを調整して年２回位10年余りご一緒に毎回楽しくラウンドした。楊先生は研究熱心なゴルファーなので、いつも最新のゴルフ雑誌を差し上げ喜んで頂いた。

楊先生とのゴルフは、都心を6時30分出発、7時30分スタート、10時30分にスルーで18ホールを終わり、風呂に入り四方山話をしながらゆっくり昼食をとる。そして12時30分頃、私に午後仕事があるときは都心へ、帰国する時は空港に向かった。ゴルフが出来ない時などでも楊先生のご夫妻との食事会が時々あったので奥様の韓秋芳女史とも親しくなり、上品なカシミヤのマフラーなどを頂くこともあり大変恐縮したが、今も愛用している。

・1992年度の文化催事

今年度は会館主催9件その他13件合計22件の催事を実施した。

①「中国現代画家六人展」（6月2日〜14日）
②「宣興芸術陶瓷展」（6月16日〜27日）
③「第3回中国文化之日」（7月21日〜26日）
「京劇」を中心テーマとして公演、衣装の展示をおこなった。
④「在日中国留学生絵画・書法・撮影展」（8月8日〜16日）
⑤「北京中央工芸美術学院校友会絵画展」（8月25日〜30日）
⑥「日中友好自詠詩書交流展」（9月6日〜10日）
⑦「日中代表書法家展」（9月13日〜18日）

・周恩来展（9月23日〜10月18日）

1992年の国交正常化20周年が近づいてきた頃、古井会長に周恩来展や郭沫若展を記念催事とすることをご相談したところ、ご賛同して下さった。

早速、中日友協の王效賢副会長に打診したところ、周恩来展については既に日本の有力友好団体から申出があり、国務院の了承を得ているとのことであったが、古井先生からたっての希望であることを伝え、まげて受け入れてくれるようお願いし、何とか実現の見通しとなった。

理事会に報告してから、花村副会長に経団連の募金委員会を復活させ、6000万円の募金に協力してくれるようお願いした。花村副会長は主要経済団体の方々を招集し、趣旨説明と共に協力要請をして下さった。

当時の文化事業部長は中日友協から出向中の李鉄民氏で、同氏の骨折りで中国革命歴史博物館の黄高謙副館長、李仁才美術工作部主任等と出品物の交渉に入った。周総理が使われた机・椅子・本箱・電話器・筆立て・湯呑・雑巾に至るまで凡て執務状況を再現できるようにした。また生涯を回顧できる資料も極力そろえ、通学された神保町東亜学校周辺の古老からの聞取りも行い、成果を展示した。また、この展覧会の資料を収集するため東京華僑総会の陳学全先生に同行願って上海、南京、重慶等を視察した。

この展覧会は政・財・官界の他、多くの方々が観覧し、田中角栄元首相もお忍びで来館された。中国側からは国交正常化の時の外相姫鵬飛氏を団長とする代表団が9月19日に来日されて要人会見を済ませ、9月23日古井会長出席のもと中曽根元総理はじめ多数のご来賓を迎え盛大な開幕式となった。姫先生はテープカットの後、会場（会館の美術館・大ホール）をご覧になり、ご満足頂いた。野田理事長、三由事務局長が随行して鹿児島（指宿）を遊覧してから大阪に入り関西の方々による、歓迎パーティに出席されて翌朝帰国された。

一行には黄高謙副館長も随行された。東京展の後、大阪日中懇話会の浅沼清太会長や関経連の日向方斎氏、ま

郭沫若展開幕式

郭沫若展代表団　於：八芳園（右・林林氏、右2・郁文氏）

た創価学会の関西（大阪、京都）の方々のご尽力で、大阪展・京都展では2万9千名が参観する盛況に終り、古井先生にも喜んで頂けた。

・郭沫若展（11月7日～29日）

周恩来展に続き、1992年11月7日に郭沫若展を開幕した。この訪日代表団も豪華メンバーで、団長の社会科学院郁文副院長はじめ劉徳有文化部副部長、林林中国郭沫若研究会会長、林甘泉郭沫若故居館長など総勢9名が11月5日に来日（成田）され、市川市の管理する郭沫若故居を見学した。

開幕式の後岡山に向かい、かつて在学した岡山の旧制六高で「在りし日の郭先生」を偲んだ。後楽園庭園では郭先生の賜られた丹頂鶴を見物してから、その後京都に向う新幹線車内で劉徳有、林林両先生がずっと漢俳のやりとりをされていたのが印象的であった。京都では京都国貿促の中重常務理事から12名が一度にすわれる掘りコタツのある美味しい和食の店を紹介してもらって案内したが夜道を迷ってしまい、皆様をアチコチ歩かせてしまったが、全員大満足の夕食会となった。帰国する朝、大阪ロイヤルホテルで郁文団長が私と二人での朝食会を希望されたので、何故かと思ったら、心からの感謝の意を伝えるためとのことであった。

巡回展覧は10月17日から25日まで富山県福光町福祉会館、12月9日から20日まで岡山県総合文化センターで各々地元の多くの方々のご協力のおかげで盛会であった。

・文化催事の巡回展

会館の開催する文化催事は、会館だけで終ることがほとんどで、手間と費用を考えると勿体ないと思うことが多く、できるだけ巡回展ができるよう心掛けて来た。

ひとつは他力本願のケースで、「故宮展」を新潟で開催したのは中華書店の新潟華僑総会に協力要請したことによるものである。又は地方新聞社が、自社あるいは自治体の周年記念行事の目玉にするため協力を求めてくることもある。

二つ目は会館が自力で巡回先を開拓するケースで、シリーズ化している「現代中国の美術展」や「周恩来展」「郭沫若展」「西漢南越王墓展」などがこれに当る。また、都道府県教育関係者訪中団参加者に協力して頂き実現することも多い。「中国文化之日」に行う展示は求められて巡回するケースも出て来ている。中国文化之日については章輝夫氏が述べられていると思うが、最近は極力中国の世界無形文化遺産を取り上げるようにしている。

三つ目は共同通信社の坂本敏史氏の尽力で（株）共同通信社傘下の地方新聞社がグループとなって各県を巡回する大型催事であり、「秦兵馬俑展」や「四川三星堆展」などで成果を挙げ、各社事業局長で社長賞をもらった人も多いと聞いている。

大型文化巡回展には、県知事・県教育長・共催報道機関代表・地元名士が出席するのが通例で、今後の会館事業への協力を円滑に運ぶため開幕式には理事長（又は常務理事）が出席し、主催者の一員として挨拶をするようにした。

どのケースにしろ、極力多くの日本人に新旧にかかわらず、中国の文化に接して欲しいと願っている。文化交流はすべての友好交流の基礎となるものであり、中国文化部が優れた人材を会館の文化事業部長として派遣してくれることと、各人が熱心に職務に取り組んでくれていることに常に感謝している。

・留日学人活動站

日中国交正常化20周年の1992年10月23日～29日の天皇皇后両陛下のご訪中が本決まりとなり、中国一般大衆の対日感情も良い方向にむかっていた。

国交正常化20周年祝賀会に出席するため、古井会長（最後の訪中となった）にはじめて随行して訪中し北京飯店に滞在し、要人会見等の日程をこなしていたところ、旧知の後楽寮生李建保氏（元全日本中国人留学生学友会会長）から面会要請の電話があり、９月29日14時頃私の部屋をたずねて来られた。李建保（東京工大博士、清華大学教授）、王昌恩（富山薬科大学博士、中国協和医科大学教授）、李賛東（九州大学博士、中国農業大学生物学院教授）の三氏で次の要旨の話があった。

「中国人の国民感情が天皇のご訪中を機に良くなっているので、これ迄控えて来た日本留学経験者の連誼組織を発足させたい。この企画について日中友好会館の支持と資金協力をお願いしたい。この件については日本大使館にもお話して内諾を得ている」

これらに対し、次の様に回答。

「かねて期待していた活動なので積極的に支持し、出来る範囲で資金協力もする。在日の留学生の連誼活動も中国大使館教育処と連携して支援しているので、バランスを考えて対応する。また本件について在北京日本大使館とも連携して進める」

具体的には創立総会が年末に行われ、「留日学人活動站」と命名されたが、定例的に行われているのは毎年12月に行う年次総会（会館から必ず資金協力と出席をすることにしてきたが、経理状況が不明なこと、また、会館が公益財団法人となったため中断している）と有志によるピクニック等である。

中国で正式に社団法人的組織となって活動するには国務院民政部と党統一戦線部の承認が必要であり、外国留学組の連誼組織として公認されているの

前・江沢民主席、後・王林旭夫妻

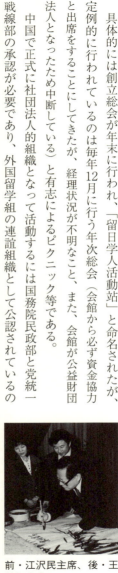

は欧米同学会ただひとつである。

中国における日本で言うところの公益法人はすべて政治団体であり、留日学人活動站と目指す方向が異なる。欧米同学会は下部組織に日本同学会を設けた。欧米同学会会長呉階平先生（当時全人代常務委副委員長）が来日された際、後藤田正晴会長に面会して、欧米同学会傘下の日本同学会について意見を求められた。後藤田会長は「名は体を表わす」ものだから日本留学組にはなじまないのではないかと答えられた。私は留日学人活動站が本来の設立趣旨のもとで存続し、隆盛になることを日中両国友好増進の見地から祈念している。

・会長室の竹の絵

1992年7月、文京区議会日中友好議員連盟の紹介で、竹の水墨画で著名な王林旭画伯が来館し、会館のために大変立派な画を制作してくれた。この絵は会長室に掲げられ、現在に至っている。1993年6月4日には、北京滞在中に王画伯から釣魚台の国賓館清露堂に隣接する彼の画室兼住居を見せてもらった。王画伯の話によると、彼の竹の絵を江沢民主席が高く評価し、外国からの国賓を招待した際に画室で彼が竹の絵を描き、江沢民主席が書と署名を添えて完成させ、中国からの贈物にしたとのことであった。

(3) 1993年度（1993年4月～1994年3月）（平成5年度）

5月15日に当会館小ホールで徐敦信大使をお迎えし、在日中国人留学生等による「在日中国科学技術者連盟」が活動を開始した。会館はこれを支援し、在日中国人の種々の団体や研究会にも便宜を供与した。

4月、古井会長主催孫平化・中国日本友好協会会長御一行歓迎会（於：八芳園）。

プレスセンターホール　中央・土井たか子女史

5月、古井会長主催徐敦信中国大使夫妻歓迎会（於：八芳園）。

6月、古井会長主催廖承志文集日本語版出版記念訪日団代表団歓迎宴（於：八芳園）。

8月、ＮＨＫ報道局訪問。北海道南西沖地震災害に対する後楽寮寮生委員会主催の募金寄付。これはＮＨＫテレビで報道された。

10月1日、東京都制創設に貢献した古井先生が名誉都民の称号を授与され、同月29日内幸町プレスセンターで祝賀会が開催された。国会議員など古井先生旧知の方々が多数参列する盛大な会となり、古井先生の功績を称えた。

11月、「留日学人活動站」の成立1周年を記念し会館と共催で「日本留学帰国者科学技術成果展覧会」（会館大ホール　11月9日~22日）を開催した。展覧会では、中国各地の大学、研究機関において、自然科学、工学技術、医学、農学、社会科学、人文科学及び行政管理などの分野で活躍している元日本留学生40人の帰国後の研究成果をパネルで発表した。そして札幌、福岡、大阪にも巡回展覧した。

財務面では先に予測した通り、空室の発生とその長期化、新規テナントの成約条件及び既存テナントの継続賃貸料の大幅値下げが不可避の状況となり、次第に厳しさを増してきた。１９９１年度から経費節減に努めてきたが、今後さらに強化することにした。

後楽寮の長野県ホームステイと秋季バス旅行は例年通り実施した。

・第4回後楽会中国旅行　敦煌・ウルムチ訪問の思い出

後楽会の7月・8月の二回の第4回中国旅行は、次の通り大変楽しく思い出深いものであった。
まず北京・西安経由で甘粛省嘉峪関に飛び、そこからバスで敦煌に向かったが、使い古した日野製のバスが波打つ道路を時速80キロで飛ばすので体がいつも宙にういている感じであった。敦煌まで8時間を要したが何時までも日が沈まず敦煌到着近くなってようやく、大きく真っ赤な夕日が地平線に消えるのが見えた。途中2回トイレ休憩があったが、あまりの汚さに誰も入れず、畑の目隠しが出来そうな所でバスを止めて貰い、男女左右に分かれ用を足した。

宿舎の敦煌賓館で敦煌研究院の樊錦詩副院長はじめ元寮生の方々をお招きしてかなり遅めの夕食会となったが、名物の子豚の丸焼きも供され、旧交を温めることが出来た。翌朝バスで敦煌莫高窟に向かい、日本語の堪能な元留学生（ただし関西弁）が要所の窟を選んで懇切にガイドしてくれた。

ホテルで休憩して夕食後（まだ日は高い）バスで鳴砂山に向かい、駱駝に分乗して頂上近くまで行った所で二人人数が足りないことが判り、迷子の消息が心配で駱駝乗り場に引き返した。発見できたので、一同で月牙泉（当時はまだ大きかった）を見物してから帰路についた。

セリック氏ご家族

翌朝飛行機でトルファンに向かい、午前中にトルファン賓館に到着した。東京に電話したい人がいたが、4〜5時間待たなければならないとのことで僻地であることを実感した。夕食後ホテルの前の大きな葡萄棚の下で、ウイグル歌舞団の実演があり皆で楽しんだ。翌日は天山山脈からの地下水路やその豊かな水で潤う市内を見物し、葡萄農家のひとつの棚の下で昼食を楽しみ、色々な種類の葡萄を食味した。午後バスでウルムチに向かい、夜ホテルに到着した。

翌朝バスでボゴタの天池見物に出かけたが、途中ウイグル族のパオや放牧中の羊・山羊を散見することが出来た。天池では観光船に乗ったが、静寂な湖面と前にそびえるボゴタ峰のコントラストが素晴らしい絶景だった。

ウルムチでは元後楽寮生・セリック氏宅に招かれ、一族総出の心尽くしの歓待を受けた。当時、彼の父君は全国政治協商会議の常務委員であったので住居は広大な敷地のなかにあり、入り口には衛兵が二人立っていて、そこからかなり奥まった所に建っていた。玄関の近くでイリアル氏が羊肉串（シシカバブー）を焼いていて良い匂いがしていた。

一行10数名が招じ入れられ、大きなリビングルームに通され二つのテーブルに分かれて着席した。元寮生の夫人方4～5名（いずれも大変美人）が美しいウイグルナイフと皿などをセットしてくれ、ビールで焼き立ての羊肉串などを賞味していると、それぞれのテーブルの中央に大きな焦げた物体が置かれた。烤全羊（羊の丸焼き）でウイグルの最高のもてなしを示すものとセリック氏が説明し、ウイグルナイフを使って食べ方を示してくれた。皮にナイフを入れると3センチ程脂身があり、その下から湯気の立つ淡いピンク色の肉が現れ、これをナイフで切り取って食べる。頭はとってあったが、ゲストの女性方は敬遠気味であった。しかし大変贅沢な肉を味わう面では最高といえるもので、ワイン・白酒にもよく合った（この羊はこの用途のため飼育されているとのこと）。

宴たけなわの頃合いで、ホストの夫妻たちがウイグル音楽に乗って旋舞を始め、そのうちゲストも加わり盛り上がっていった。その間にウイグル風炒飯とデザートが供されたが、どちらも大変美味であった。8時から始めたこの宴も11時を過ぎたのでお開きにしたいと思っていたが、セリック氏がウルムチの宴会は2時に終わることになっていると力説するので12時半にようやく辞去することができた。

翌朝、北京へのフライトが一方的にキャンセルされた。理由は政府要人が急務で北京に行くので一般客は翌日に変更するとのことで、いかにも中国らしい出来事であった。その日は北京でアポイントがあったがお詫びしてキャンセルした。北京への機内は乗客のお土産のハミ瓜の甘い香りに包まれた2時間を過ごした。

・中国大使館とのスキー交流

同年12月（18、19日）中国大使館（団長王毅参事官）と会館（団長村上常務理事）のスキー交流を開始した。場所は交通の便の良い上越高原スキー場（JR上越高原駅隣接）とし、宿舎は駅から至近の民宿「西旅館」とした。総勢10数名のために主人林義久氏が全館貸切にしてくれ、また男女別の部屋割りを塩梅してくれたからである。日程は朝6時前の上越新幹線で越後湯沢に行き、在来線で上越高原駅で降りて西旅館に10時頃到着、レンタルで身支度してリフトでゲレンデに上がり、昼食をはさんで午後4時まですべり西旅館に戻る。翌日は朝食後、ゲレンデまでのぼり昼食をはさんで午後3時に宿に戻り、皆で日帰り温泉に行って汗を流し、宿に帰って支度をして帰路につき、午後6時頃東京駅で解散する。このパターンは最後となった17回目の２００９年（1月29、

早朝の東京駅新幹線ホーム

新幹線車中

西旅館カラオケ大会

30日）まで続いた。但し王毅氏が大使となってからは、新潟県警の警備が厳重でゲレンデの頂上まで県警のスキー上手が警備に当った。西旅館の周辺道路は雪かきが綺麗にできていて宿の人たちは喜んでいた。西旅館では、一家総出で接待してくれ、夕食では酒は地元の銘酒〝八海山〟、刺身は富山の寒ブリなど心尽くしのもてなしで、話は自ずから弾み盛り上がった。それからカラオケ大会となり全員が1、2曲歌うと夜も更けてきたので中締めで終わらせ、希望者で二次会とした。なお、この交流会の段どり等は全て会館の鈴木繁の按配によるものである。

・1993年度の文化催事

今年度は会館主催8件その他14件合計22件の催事を行なった。

・「現代中国の絵画三人展」（3月30日～4月20日）

1989年開催された「第7回中国全国美術展」で日中友好会館大賞を受賞した孫本長、劉徳潤、李燕の3氏の受賞作を含む80点を一堂に展示した。受賞後3年間の作品は各々労作で見応えのあるものであった。

・「第4回中国文化之日」（7月20日～25日）

中国各地の少数民族の生活・風習・風景を紹介する写真展を開催。会期中「北海道南西沖地震」災害に対する義捐金を募り、来場者、後楽寮などから40万円が集まったので、8月4日NHKを訪問し義捐金を贈り、その様子は同日12時20分に放映された

・「中国現代漫画展」（8月17日～29日）

・「現代中国画の動向」（9月21日～10月17日）

中国画界で重鎮といわれる李可染、呉作人、李苦禅などの大家の作品、中国画研究院の中で今後の活躍が期待される壮年、青年画家の作品の中から77点を集め展覧した。

・「毛沢東生誕百周年記念写真展」（12月16日～28日）

毛沢東（１８９３～１９７６）の一生を紹介する写真約１００点、毛沢東の書、著作物、並びに毛沢東記念バッジを展示した。

・「中国の春節展―剪紙―饒と悠久への祈り」（1月18日～2月20日）

・「後楽会中国画同好会画展」（3月15日～20日）

・「北京故宮博物院展―中国五千年の秘宝」

会館と地方新聞社（北国新聞社、富山新聞社、秋田魁新聞社、佐賀新聞社、岐阜新聞社）との共催で地方五都市で開催した。

石川県立美術館	8月28日～9月26日
（財）富山美術館	10月2日～24日
秋田アトリオン	10月30日～11月24日
佐賀県立博物館	12月1日～26日
岐阜県美術館	1月2日～2月3日

・古井名誉会長、後藤田会長就任

１９９２年の終わり頃から古井会長が風邪を抉らせ体調を崩し、会館や砂防の事務所に出るのが困難になったので、後任者の選定を急がねばならない状況となった。

古井先生は中国要人来日時の会食に伊東正義・後藤田正晴両先生の出席を求められ、いつも私にお二人にその旨伝えるよう命じられた。この経緯から古井先生の意中の方はこのお二人だと思っていた。

しかし、その頃伊東先生は病床にあって（1994年5月にご他界）叶わぬことであり、後藤田先生に引き受けて頂くしかないと考え、たびたびお願いに参上した。しかし、応諾してくださらず困って花村副会長にご相談したところ、古井先生ご本人の意思である確証が必要といわれた。

1994年1月、吉祥寺の古井先生のご自宅にご長男徳郎氏、秘書の方々にお集まりいただき私から古井先生に「古井喜実名誉会長、後藤田正晴会長の体制が日中双方に対し今後の会館にとって望ましいと思います」と申し上げた。同席の方々も私の考えに沿った発言をされた。古井先生はこの提案を了承されたので、後藤田先生にその旨報告した。後藤田先生は「名前だけだよ」と言って会長職を引き受けてくださった。後藤田先生には1994年3月1日会館理事に就任頂き、同月30日理事会の推挙を得て第2代会長に就任され、古井先生は同年6月1日名誉会長に就任された。

その後、古井先生は高井戸の済生会病院に入院された。孫平化先生をはじめ日中両国の古い友人のお見舞いは数多く、村上常務理事が案内役を務めた。

・日中比較文化講座

1993年（財）かながわ学術研究交流財団（理事長長州一二、現かながわ国際交流財団理事長福原義春）から神奈川県民を対象とする「日中文化講座」を日中友好会館の協力を得て、年1回共催したいとの提案があったので、日中相互理解増進に資すると考え、具体化に向けて作業を開始した。

この研究財団は神奈川県葉山町の東端に建設される湘南国際村に本拠を置くこととしていたが、同村の開村が1994年5月となるので第1回（1994年2月6日）だけ日中友好会館大ホール、第2回以降は湘南国際村内のホールを使用し、各回100名前後の日中友好県民が参加した。

講座のテーマは両者で協議して決め、講師は会館が交渉に当たり、広報・会場の設営はかながわ学術研究交流財団が担当した。

1994年から2009年迄に17回（他に番外1回）開催したが、各回のテーマと講師は別表の通り。東京から国際村の会場までは2時間余りかかることもあり、参加者はほとんど県内最寄りの方々にとどまったのは内容が充実していただけに残念に思う。

この事業は2007年4月に（財）かながわ学術研究交流財団が（財）神奈川国際交流協会と統合し、（財）かながわ国際交流財団に改組され、本部を横浜市神奈川区内に移転したこともあり、2009年11月の第17回をもって終了した。

第1回　1994年2月6日　企業の国際化と中国人雇用について
講師：中国アジア太平洋経済研究所馬成三副所長
第2回　1995年3月4日　日中法体系の違い―法意識と契約意識
講師：高知地検次席検事太田茂氏／大阪市立大学法学部王晨助教授
第3回　1996年3月16日　中国における日本語教育の現状と課題
講師：北京外国語大学厳安生教授、神田外国語大学大学院奥津敬一郎教授
北京大学東語系徐昌華教授
第4回　1997年3月1日　日中関係の現状と将来―中国人の視点

講師：中国国際放送局夏文達東京支局長／中国日本友好協会呉瑞鈞秘書長
「人民中国」雑誌社干明新東京支局長
日中友好会館殷蓮玉経済交流部長

第5回　1998年3月7日　文化面から見た日中関係の在り方
日中文化交流と食文化
講師：京都大学法学部周季華教授／北京大学賈恵萱教授

第6回　1999年3月13日　日中の文化交流を雅楽から探る
唐代古典音楽と雅楽　　日中雅楽考
講師：天津音楽大学孟仲芳助教授／宮内庁楽部岩波滋楽長補

第7回　2000年3月11日　敦煌莫高窟伝統芸術の美と神秘を探る
講師：東京芸術大学福井爽人教授／敦煌研究院趙俊栄研究員

第8回　2001年3月10日　東アジアにおける歴史教育に関する対話
講師：東京大学西川正雄名誉教授

第9回　2002年3月21日　漢方医学と生活習慣病
講師：中国同済大学中西医総合研究所汪先恩副教授／順天堂大学荻原達雄助教授

第10回　2003年2月8日　雲南料理の魅力と医食同源
講師：中国雲南料理「御膳房」徐耀華社長／聖徳大学木村春子講師

第11回　2004年2月7日　中国茶の多様な世界

第12回　２００５年２月５日
講師：横浜華僑総会曽徳深会長／中国茶コーディネーター佐野由美子女史
中国酒の楽しみと効能
講師：中医薬膳アドバイザー稲田恵子氏
第13回　２００６年３月４日
遣唐使井真成の実像
講師：国学院大学鈴木靖民教授
第14回　２００７年２月17日
徐福伝説をめぐる日中の動向
講師：徐福研究者逵志保女史
第15回　２００８年３月２日
世界が認めた中国シネマ
講師：中央大学文学部飯塚容教授／㈱オフィス北野市山尚三プロデューサー
第16回　２００９年３月22日
文化の万華鏡（中国若者のファッション意識とライフスタイル）
講師：㈱東レ経営研究所浜口昌幸客員研究員／明治大学経済学部宋立水教授
第17回　２００９年11月28日
中国、変わる食文化
講師：横浜華僑総会曽徳深名誉会長
番外　２００８年12月13日
見て、聞いて、食べて感じる中国
講師：横浜華僑総会曽徳深名誉会長

（4）１９９４年度（１９９４年４月～１９９５年３月）（平成６年度）

・中華全国工商業連合会との業務提携

１９９０年代に入り日中経済交流が増進する中で、中小企業にも中国進出熱が高まったが、計画通りに事業が展開できず泣く泣く撤退を余議なくされる企業が多発し出した。その理由が事前情報不足による相互理解不足が主因であり、これを何とか好い方向にむけたいという声が強くなり、中国の中小企業の団体とも言える中華全国工商業連合会に当たってみることとした。

１９９４年４月三由幹雄事務局長にお願いして張緒武常務副主席（最後の状元〈科挙の主席合格者〉である張謇の孫）と会見し、会館の考えを説明して協力の可否を打診し、内諾を得ることができた。

５月、長い間会館理事を務められた伊東正義理事逝去。

10月、後藤田会長訪中、村上常務理事同行。北京で要人会見の後、各地を歴訪した。

10月、野田理事長訪中（11月２日まで）。

岸本倶楽部専務理事　岸本貞二郎氏

日光山荘

・日光山荘

１９９４年、利用者が少ないため八千穂山荘を八千穂村に寄付すること（第２章80頁参照）を古井喜実会長にも報告したところ、折角の中国人留学生保養施設がなくなることを大変残念がっておられた。当時古井先生は１９８６年以来、後楽寮生に奨学金を寄付してくれている（社）岸本倶楽部の会長でもあったので、岸本倶楽部の方々も八千穂村の件は承知されていた様子だった。その岸本倶楽部から在京中国大使館員、在京中国報道機関関係者および在京中国留学生などの利用に供する目的で、日光中禅寺湖畔の山荘を寄付したいとの申出があった。倶楽部会員の高齢化で利用者が減少したこと、常駐管理人と調理師の人件費コストなど維持費がかかることが、手放す主因とのことであった。

現地を視察したところ、東照宮や華厳の滝も至近で国道をへだてて中禅寺湖に面しており、竜頭の滝や戦場ヶ原も近い景勝の地であった。何より八千穂村に比較すると交通費（電車賃・バス代）が3分の1で済むことが大きかった。

後楽寮生、日中学院生、大使館各部の方々、在京の中国諸機関の方々など今日迄毎年400人近い人達が楽しんでいる。特に後楽寮生にとってはまたとない交歓の場となり、懇親を深める得難い憩いの場となっている。管理人を置かない自炊システムなので拘束されず、中国語のカラオケなどで伸び伸び過ごしている様だが、これ迄十数年間警察や消防にご迷惑をかけていない。年間100万～150万円の維持費が掛かっているが、存在の意義は極めて大きい。

・緑風公館

1985年の後楽寮発足以来、中国代表理事（後楽寮担当）を補佐する中国人スタッフが必須であると思っていたので高野理事長名で駐日大使館宋之光大使宛書簡で女子学生寮管理のベテランの中国人職員（夫妻用の部屋がないので単身条件）の派遣を要請したが2年間音沙汰がなかったので、この話は消滅したとおもっていた。

日本国駐在中華人民共和国大使館　昭和60年4月

宋　之光大使閣

財団邦人　日中友好会館
理事長　高　野　藤　吉

中国人理事助手派遣ご依頼の件

平素は当会館の運営につきまして、格別のご高配をいただき、まことに有難く厚く御礼申し上げます。

大使閣下のご来臨を賜り、お蔭をもちまして、第一期工事竣工式も盛会裡に済ませることが出来ましたが、これも偏に平素のご支援、ご指導の賜物と深く感謝申し上げる次第でございます。

さて、昨年7月に白理事が就在されてから、寮生の指導体制は着々と整備されてまいりましたが、新寮では寮生が80名から１９０名に増加しますので、白理事を補佐する助手が必要と考えられます。

つきましては、別記により中国人助手をご派遣くださいますよう格別のご高配をお願い申し上げます。

以上

助手資格要件等

記

人数　２名（男性、女性各1名）（昭和60年度1名、昭和61年度以降1名）（昭和60年度は出来れば女性が望ましい）

年齢　30歳以上50歳未満（40歳前後が最適）

資格要件　日本語に堪能であること（出来れば日本留学経験者が望ましい）

身分　財団法人日中友好会館嘱託職員

給与　財団法人日中友好会館給与支給規定に基づき決定

2年後の1987年、突然、周徳林先生を派遣する旨の連絡があり、まもなく着任された。夫人を同行されたのでやむを得ず後楽賓館のツインルームに入っていただいたが、いかにも手狭で夫妻の長期生活の場としては不向きで人道的問題と感じていた。周徳林氏は外交部出身の温和な人柄で、寮生との関係も良かった。しかし奥様は日本語ができないので、終日部屋で過されていたため気の毒であった。

その後、文化事業部に章輝夫氏が来日され、同じ後楽賓館ツインルームに入って頂いた。後日奥様も来られたが、短期間で帰国されてしまった。その後、李鉄民夫妻、張成慶夫妻が同様に住まわれたが、もともと中国人職員は単身赴任を条件にお願いしていたので、居住スペースを準備していなかった。しかし、奥様方はそのような事情を知らずに来日されているので、気持ち良く過せない状況であることは自明のことであり、結果的には中国人職員の勤務意欲を減退させると思った。

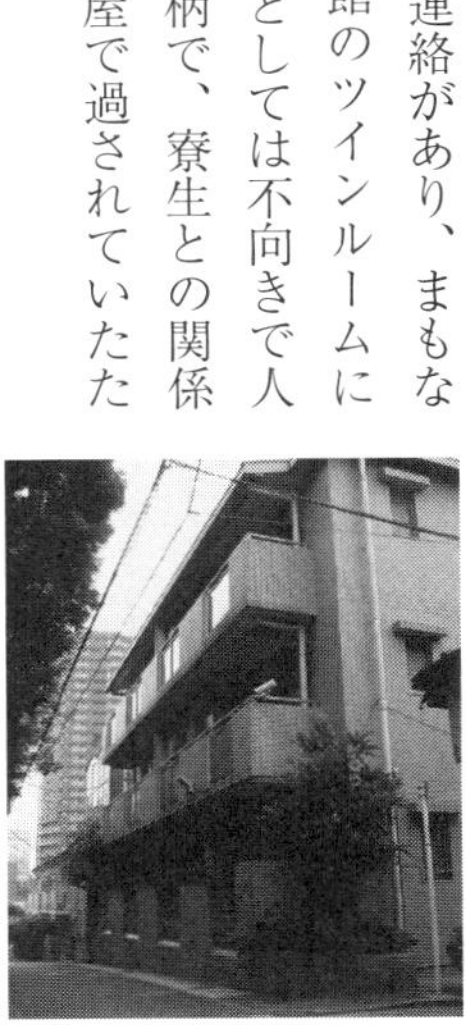
緑風公館

そこで三由総務部長と相談し、財政状態は徐々に厳しくなるが、中国人の住環境を改善し安心して職務に専心できる環境を作ることは緊急事であるため、長期的視点で決定し、1993年着手に至った。

会館から自転車で5分、徒歩で10分の場所で駅に近く、買物がし易く、環境も先ず先ずと言うところを探し、新宿区白金公園に面した高台の土地を入手し、家族用4室、単身室4室の建物を建設して1994年10月竣工、「緑風公館」と命名した。家賃は世間相場の3分の1程度に抑え、日中双方が平等に利用できることを原則としたが、競合する場合は中国政府派遣の中国人役職員優先とした。

ガスの火力と排気性能を日本家庭並としたのは失敗だった。不充分ではあるが利便性が高いので、後楽賓館のツインルームと比較すれば雲泥の差で、奥様方も多少居心地が良くなったと思う。土地建物代金は借入金

3億円でまかなったが、既に返済済となった。ただし、バブルの最中に建てたので実勢価格はかなり値下りしていると思う。

しかし、何代かの中国人職員が2～3年過すことができ、近隣の日本人達と付合って良い思い出ができたのではないかと思っている。

・1994年度の文化催事

今年度は会館主催3件その他14件計17件の催事を行なった。

①「中国民間玩具の世界展」（4月6日～5月29日）

中国美術館民間美術編集委員会が全国45都市の数万点の玩具から1000点選んだものを展示した。中国民間玩具の歴史は7000年を経て、その素朴な美しさ、その表現に内包される中国人民の思いが伝わってくる展覧会であった。

②「第5回中国文化之日」（11月11日～6日）

中国トップクラスの国家一級、二級演奏家による中国民族楽器コンサートを開催した。その他に中国の団体、個人から日本の団体、個人に寄贈された書画の名作による「中国名家書画展―日中友好の懸け橋となった書画」展も開催した。また、平山郁夫東京芸大学長による「日中文化交流の歴史」並びに中国音楽学院教授劉明源氏、東京芸大柘植元一教授による「日本と中国―その伝統音楽に寄せて」の二つの講演会を開催した。

③「中国代表書法家展」（1月12日～2月18日）

会館収蔵品に新作を加えて展覧した。

・汪蕪生を囲む日中懇話会

北京・上海における「汪蕪生山水写真芸術―黄山神韻」展、北京における「日本篆刻連盟篆刻芸術展（併催―小林斗盦篆刻書法展）」の開催を会館が特別協力の形で支援した。元後楽寮生の汪蕪生氏の写真展のため、村上常務理事と耿墨学文化事業部長とでキヤノンをはじめ、カメラ会社や大手画廊、出版社などで募金協力をお願いして歩いた。その資金で展覧会は大成功を収め、その後のニューヨークやウィーンでの展開に結実し、世界的名声を博した。東京でも「汪蕪生を囲む日中懇話会」が発足し、各界の著名人が会員となり年数回、中国大使も出席して昼食会が開催されていたが、汪氏が帰国して約10年で終了した。

汪蕪生先生を囲む　日中協力会役員

名誉理事長　小山　五郎（株式会社三井住友銀行名誉顧問）
専務理事　牧厚（ＡＭＡＮＡＳＵ ＧＲＯＵＰ Ｐｒｅｓｉｄｅｎｔ ａｎｄ ＣＥＯ）
常務理事　藤田史郎（株式会社ＮＴＴデータ相談役）　山口隆（株式会社第一ビルディング相談役）　雷麗娜（国際マーケティング・コーディネイター）
特別理事　坂井隆憲（衆議院議員、自民党政務調査会副会長）
（敬称略／五十音順）
理事　安藤宏基（日清食品株式会社代表取締役社長）　池松正克（株式会社電通テック代表取締役会長）　出井伸之（ソニー株式会社代表取締役会長）　宇野郁夫（日本生命保険相互会社代表取締役社長）　大塚陸毅（東日本旅客鉄道株式会社代表取締役社長）　酒井治盛（株式会社ＮＨＫエンタープライズ21代表取締役社長）　大林芳郎（株式会社大林組代表取締役会長）　河村喜典（三共株式会社取締役）　樋口公啓（東京海上火災

保険株式会社代表取締役社長） 北島義俊（大日本印刷株式会社代表取締役社長） 小池唯夫（株式会社毎日新聞社相談役） 小林陽太郎（富士ゼロックス株式会社代表取締役会長） 小長啓一（アラビア石油株式会社代表取締役社長） 近藤晃（日本航空株式会社常任顧問） 佐治信忠（サントリー株式会社代表取締役社長） 清水正夫（日本中国友好協会全国本部副会長） 白西紳一郎（社団法人日中協会理事長） 瀬戸雄三（アサヒビール株式会社代表取締役会長） 鶴田卓彦（株式会社日本経済新聞社代表取締役社長） 豊田章一郎（トヨタ自動車株式会社取締役名誉会長） 中内功（株式会社ダイエーファウンダー） 成田豊（株式会社電通代表取締役社長） 野間佐和子（株式会社講談社代表取締役社長） 箱島信一（株式会社朝日新聞社代表取締役社長） 船山龍二（株式会社ジェイティービー代表取締役社長） 星崎治男（三井物産株式会社顧問） 増田英樹（オムロン株式会社取締役執行役員副社長） 松井幹雄（株式会社ホテルオークラ代表取締役社長） 丸森隆吾（株式会社ＳＲＡ代表取締役社長） 水野勝（日本たばこ産業株式会社代表取締役会長） 御手洗冨士夫（キヤノン株式会社代表取締役社長） 宮津純一郎（日本電信電話株式会社代表取締役社長） 村上立躬（財団法人日中友好会館理事長） 森稔（森ビル株式会社代表取締役社長） 山崎光雄（株式会社ベネッセコーポレーション取締役会長） 和田一夫（元ヤオハングループ代表） 渡辺恒雄（株式会社読売新聞社代表取締役社長）

最高顧問　後藤田正晴（日中友好会館会長／元副総理）

顧問　白井永二（宗教法人鶴岡八幡宮名誉宮司） 隅谷三喜男（学士院会員／元東京女子大学学長） 土井たか子（衆議院議員／元衆議院議長） 中山太郎（衆議院議員／元外務大臣） 檜垣正巳（財団法人東京都歴史文化財団理事長） 藤井富雄（東京都議会議員／公明党常任顧問） 向坊隆（日中協会名誉会長／元東京大学学長） 茂木計一郎（東京芸術大学名誉教授／建築家） 森本哲郎（元東京女子大学教授／評論家）

国際顧問　ウィルフリード・サイペル（ウィーン美術史博物館館長）

参与　江尻宏一郎（三井物産株式会社特別顧問） 瀬島龍三（亜細亜大学理事長） 中山素平（株式会社日本興業

銀行名誉顧問）　平岩外四（経団連名誉会長／東京電力相談役）
事務局統括　淀野隆（社団法人日本ペンクラブ企画委員）
事務局長　中島典人（株式会社博報堂元常務取締役）
事務局　山下潤子　藤川京子
事務局：〒104―0031東京都中央区京橋2丁目5番18号

・日中歴史研究評議員会の設置（村山談話と平和友好交流計画）

1994年8月、村山富市首相が戦後50周年に村山談話と同時に歴史研究を主とする「平和友好交流計画」を発表し、8月15日朝のテレビで日中関係については（財）日中友好会館に担当させると放送された。この計画については全く寝耳に水の突然の事であった。外務省中国課も予告されていなかったようだったが、すぐ来年度予算で3億円の助成金がつくので主となる日中歴史研究と交流事業の準備をするよう求められた。

そして、会館では外務省の委託により1995年度から2004年度までの10年間で拠出金30億円余を受け、歴史研究助成を行うかたわら文献図書・映像の蒐集に努め、多くの研究者が自由に閲覧できる図書室を設けることになったが、これは最終的には4万点の規模となった。

1995年の事業開始に向け、これらの作業を適確に行うため、会館は理事の方々に参集願い、歴史研究の作業部会のメンバーとして次の10名の先生方を選定した。（順不同）

隅谷三喜男（東京大学名誉教授）中根千枝（東京大学名誉教授）西川正雄（法政大学教授）山田辰雄（慶応大学教授）山本有造（京都大学教授）饗庭孝典（NHK解説委員）安藤彦太郎（日中学院長）衞藤瀋吉（東京大学名誉教授）鹿取泰衛（国際交流基金理事長）鮫島敬治（日本経済研究センター理事長）

このリストを後藤田会長に示し、座長は隅谷先生ということで了承され「日中歴史研究評議員会」を組織し、原則月1回定例会議を開催した。

当時、隅谷先生は成田空港立退き問題解決に関わっていたこともあり、神谷町に事務所を構えていたので私はそちらに伺って準備について細かく相談した。この仕事は日中歴史研究センターの発足のため採用した研究員尾形洋一氏（早稲田大学講師）に引き継いだ。

・古井名誉会長葬儀

1995年2月、古井喜実初代会長が亡くなられた。ご遺族と相談の上、鈴木俊一氏に葬儀委員長をお願いし、麻布永平寺東京別院長谷寺で歴代総理や関係者多数のご出席のもと会館葬が厳粛に執り行われた。

古井先生は奥多摩町氷川所在の周慶院住職佐藤黙童老師と老人ホーム問題を通して親交があり、生前から多摩川と氷川の合流点を見下ろす丘に墓地を設ける約束を佐藤老師と交わしていたので、没後これを実現させた。古井先生とごく親しかった方々と、墓前でご冥福をお祈りした。

3月、故古井喜實名誉会長を偲ぶ会。観桜会を開催。

この前後から中国側が再三にわたり後藤田会長に副会長ポストを中国人理事に与えるよう要請が続き、1995年6月非常勤を条件に受け入れることにした。これにあわせて野田理事長も副会長に就任され、後任の理事長に村上常務理事を昇格させる人事が行われた。

古井先生葬儀

第四章

事業の安定推移

（１９９５年～２０１１年）

村上理事長時代（1995年度～2011年度）

1995年4月、本館完成から7年を経て規定の事業は当初計画通りに巡航状態に入り、これを安定的に維持することを最重要とし、関連する諸事業を豊富、多彩に展開する段階にいたっていた。

1995年6月12日開催の第36回理事会で後藤田会長の推挙により、村上立躬が第4代理事長に就任した。私は、1983年の（財）日中友好会館発足以来、古井会長並びに三代の理事長（高野藤吉、伴正一、野田英二郎の三氏）のご指導のもと事務局長・常務理事として12年間実務執行の責任者となり業務全般を担当した。1935年（財）日中友好会館の母体となった（財）満州国留日学生会館が発足して以来、本法人の理事長は60年間歴代外務省出身者が務めてきたが、古井会長の「自力更生」の運営体制方針と「官から民へ」の流れに沿って初の民間人の登用となった。

3人の前任理事長はいずれも素晴らしい人柄で優れた品性と識見を備えておられ、啓発されるところ多大であり深く感謝している。野田理事長はその後初代の外務省出身副会長、そしてその後は顧問として2008年まで在籍されたので、ひき続きご指導いただいた。職務に当たっては初代会長古井先生の日中友好にかける志に沿った運営方針を堅持し、ぶれることがないのが最も重要と心得ていたので、3人の前任理事長にもその方針で対応して下さるようお願いし、私も不変の立場で理事長職をつとめた。

後藤田会長の会館業務の基本的な考え方は、日中両国相互により良い国民感情の醸成に資することにより、今後の日中両国の友好関係を良好且つ安定させることである。そのため未来の両国関係を担う青少年層の交流を中心に相互理解を深める事業に重点を置いた。

具体的には中国人大学院生寮（後楽寮２０４室・後楽賓館2・3階38室）、日本語・中国語の語学研修施設（日中学院）、日中文化交流施設（美術館・多目的大ホール）、中国人優遇の宿泊施設（後楽賓館２３０名収容）等の運営を年間３６５日継続しておこなうことである。

日中友好団体で唯一自己施設を所有し、中国人役職員と協力して運営する利点を最大限活かして日中友好交流の拠点の役割を今後とも継続して果たして行かねばならぬと考えていた。

（1）１９９５年度（１９９５年4月～１９９６年3月）（平成7年度）

・日中歴史研究センター

１９９４年の村山談話を受け、日本政府は戦後50周年に当たり１９９５年から向こう10年間で１０００億円規模で平和友好交流計画を実施することを決定した。その計画の中で中国との間の「歴史研究」と「交流事業（相互理解増進事業）」については、外務省の委託を受けて会館が担当して実施することとなり、諸準備作業を整えて日中歴史研究センターの開設式及び開設記念講演会を開催した。

式典は後藤田会長の挨拶に始まり、続いて中国大使館武大偉公使の祝辞、更に外務省加藤アジア局長の祝辞により行われ、続いて安藤彦太郎評議員による記念講演会が小ホールで開催され記念すべき日となった。会館は図書室と事務局を設けるため、隣接する日教販ビルの８階３００㎡を２００４年まで賃借した。

センター事務局の構成は次の通り。

日中歴史研究センター開所式

センター長　安藤彦太郎（日中歴史研究評議員会副座長）
常勤参与　赤倉亮（外務省ＯＢ）
研究員　尾形洋一（早稲田大学講師）
事務局長　石尾喜代子
事務局員　又賀利栄子（後任　丸山宗子）

当年度は歴史研究評議員会を4月6日の第1回から1996年3月26日の第8回まで開催し、助成対象、公募方法、選定方法、助成金額などについて議論を尽くした上でルールを定めた。また、副座長として安藤彦太郎、衞藤審吉の両氏を互選した。他方、一般研究者等が自由に利用できる図書室の文献・資料の蒐集は会館1階で営業していた中華書店（東京華僑総会と中国国際書店の協力事業）に希少資料（中国各地の档案館からの処分物件等）の購入を依頼した。

他方、日中歴史研究にあっては中国側の協力が必須であり、評議員会でも日中の共同作業が望ましいと考えていたので、7月24日隅谷先生が徐敦信中国大使を訪問し協力を求め、併せて散逸消失の恐れのある満鉄資料等の蒐集に協力を求めたが、いずれも協力には否定的な見解で賛意は得られなかった。さらに7月27日野田副会長に対し中国側の要望について述べた上で、中国が協力できる基礎を築いてくれるよう求められた。

日中歴史研究という以上、日本側だけで事を済ませるのは片手落ちになるので、評議員の方々の関係で社会科学院要路の方々との会談を何回か試みた。いずれも外交部の職員が同席していた。社会科学院の担当部局（外事局、科研局）にはあくまでも学術目的であるから、日本側と同様の仕組みで対応してくれれば良いと交渉したが、期待する回答は得られなかった。

・「歴史研究支援事業」について（徐大使・隅谷座長会談）

1995年8月1日／野田

1．7月24日、隅谷座長は、徐敦信中国大使を表敬し、歴史研究の趣旨・目的等を説明し、懇談した。趙鍾鑫理事のほか、野田、村上、三由も同席した。

（1）冒頭、隅谷座長より、歴史研究が始められることになった経緯、趣旨を説明の上、次の通り述べた。

歴史上の史実を明らかにして、学術的研究を行いたい。そうしないと雑音が入る。歴史的資料の保存、整理のお手伝いをすることを考えている。先ず満鉄の資料の整理から手をつけたい。この仕事は派手にやらず、着実に地味に慎重に進める。自分（隅谷）が先般中国で話をした中国人の学者は、熱心に協力してくれるとの反応であった。

歴史研究は、何れにせよ、村山首相の談話を契機とし、日中共同声明と日中友好条約に基礎をおいて行う。自分は鞍山市の名誉市民であり、また北京大学、東北師範大学、遼寧大学という三大学の名誉教授でもある。自分を信頼して、見守って頂きたい。

（2）以上に対し、徐大使より次の通りの発言があった。

（イ）今年は、日清戦争百年、抗日戦争勝利五十年にあたるので、8月から9月にかけていろいろな記念行事が行われる。これは、もちろん歴史を直視し、経験・教訓から学び、そして末永い日中両国間の友好関係を確立していくためである。

（ロ）先般の村山総理訪中は成功であった。特に村山首相が日本の総理として（閣僚として）始めて戦争記念館を訪問し、「歴史を直視し、日中友好と永久の平和を祈る」と自筆自署したことは、高く評価されている。

（ハ）しかし、被害者であった中国の立場から、日本の戦後をふりかえって全般的に感想をいわせて貰えば、経済建設と科学技術では優等生だが、歴史認識では合格点があげられない。

これから、日中友好会館で歴史研究を実施されることになった由であるが、是非、この歴史研究によって合格点がついたとコメントして差し上げられるような結果を期待したいものである。

（ニ）中国側だけの立場でいえば、中国に対する日本の侵略戦争の史実はいわば調査ずみ、研究ずみと言っても過言ではない。

（ホ）隅谷先生が北京で中国側に述べられたことについては、既に詳細に通報をうけている。友好会館での歴史研究を満鉄の資料の調査からはじめられるということだが、それでは中国としては受け入れ難い。

2．その後、7月27日、徐大使は人民解放軍創立記念パーティの席上、野田に対し次のように述べた（趙理事より野田に敷衍説明された点を含む）。

（1）中日間には、過去100年間に多くの歴史的事件が連続して起こった。従って歴史研究をするというのであれば、どのようなテーマ（複数）で研究するのかを知りたい。当然、柳条溝事件等、複数のテーマがあろう。それを知らせて貰えず、いきなり満鉄という日本の「満州」経営の企業の残した資料の整理から始めるといわれても、中国側としては受け入れがたい。更に協議したい。

（2）

（イ）この問題については率直に言って北京でも東京でも日本側からはっきりした説明がなく、従って両国政府間で合意が成立しておらぬまま推移してきた。歴史研究の目的が何であるのかについてはっきりしないために、中国側としては疑心暗鬼にならざるをえない。これが一日も早くはっきりと示され、両国政府間で合意が一日も早く成立することが中国側による「歴史研究」への協力の前提になる。

（ロ）隅谷氏は、中国人の学者が個人的に協力してくれるとの心証を得たといわれたが、それは個人の問題であって、中国政府としての協力にはならない。この状況のままでは、中国政府としては公式には、この「歴史研究」について態度表明を保留せざるを得ない。公式には検討すら始められないということである。

（ハ）この問題は、隅谷先生や評議委員会の方々を個人的に信用するとかしないという問題でない。是非とも早急に政府間で合意ができ、中国側として協力できるような基礎を築いて、そこから「歴史研究」が始められることを期待したい。

・交流事業（相互理解増進事業）

後藤田会長は二国間の友好関係の基礎は両国相互の国民感情であり、これをどの様にして良くするかが肝要と考えておられた。この問題に影響力のある事項は（1）指導者の考え方、（2）メディアの正しい報道、（3）教育の在り方と見ておられ、特に未来を担う若い世代の相互理解を深めなければならないと考えておられた。若年層自体の交流が望ましいが、この時はまだ青少年交流は日中双方とも制度的に困難であり、またある程度人数が纏まらないと影響力がないので、まず若年層を指導する教育者に相手国のことを知ってもらうこととし、先生方の交流をはじめた（特に入試対策で近現代史教育が明治維新前で終わり、入試問題にも出題されない傾向にあった）。

日中両国の地方治自体教育関係者代表団の相互交流を予定し、会館でかつて理事を務めて下さった井内慶二郎元文部事務次官に教育者交流についてご相談申し上げたところ、都道府県教育長連絡会（虎ノ門教育会館内）にご紹介下さったので早速訪問し、教育関係者相互交流の実現のため、日本側代表団の組成と派遣への協力を依頼した。中国側については中国大使館教育処を介して中国教育部に協力を求め、併せて中国側からの派遣の手配をお願いした。

・経済交流部

１９９６年1月に会館では経済交流部を新設し、会員制中国経済情報提供業務（システムを三菱総研と共同開発）を開始した。初代部長に殷蓮玉女史（中日対外友好交流公司総経理）をお迎えしたところ精力的に中国情報センターの会員募集に取り組み、一年足らずで約80人の会員を獲得するなど精力的に尽力された。１９９９年から王雲濤、２００２年から王慶英の両女史がいずれも中日友好協会の派遣で部長を務めた。

会館では中国の経済情報をＦＡＸを利用してだれでも簡単に索引できるようどのような手法でセットできるか、三菱総研と協力して検討を重ねて業務提携協定を結び、他方中国側の情報センターの整備にも協力した。

日中経済交流には既に、日本国際貿易促進協会と日中経済協会が永年に渉る実績を有しており、この事業を開始するに当たっては上記2団体に構想を説明し、事前に了承を得ておいた。中国の民間団体は実体は国家予算で運営されており、中華全国工商連もその範疇に属するもので、日本商工会議所や経団連との交流の仲介を試みたが、日本側が純粋の民間団体であるところから敬遠されて顔合わせに止まり進展しなかった。

会館が提供する地域情報、法規情報、業界情報などは中小企業にとって対応力不足であり、実質的なユーザーは通産省や海外経済協力基金や銀行の経営相談室など中小企業から相談される立場の組織となった。

また中華全国工商連の提供するデータが中国の計画委員会が管理する情報をベー

徐敦信大使

スにするものであり、実際の経済活動に直結するものでないものであったことから、経済交流部で個別案件について相談されることが多くなった。

この様なニーズにこたえる一助になると考え、中国民間企業の経営者の生の声を聞きたいと思っていたので、中華全国工商連に打診したところ、了承を得たので２００３年10月24日に経団連会館のホールで「急成長する中国の民間企業」と言う標題のシンポジウムを開催した。寧波・奥克斯無団鄭堅江総裁と北京・暁光集団張春来董事長のお二人のスピーカーを招き、創業から今日までの体験談を鮫島敬治氏の司会進行で行ったが、マスコミも含め満席の盛況で、話題も中国共産党との付き合い方など多岐に渉った。

この様に種々の事業を展開したが、情報の利用者が増えず費用効率を考え、２００４年９月で提携契約を終結した。

・１９９５年度の文化催事

今年度は会館主催６件その他17件計23件の催事を行なった。

①「現代中国油画展」（４月26日～６月11日）

１９９４年４月、北京・中国美術館で開催された「第２回中国油画展」に出品された３６４点から選ばれた63点を展示した。

②「灼熱の砂漠を行く―タクラマカン写真展」（８月１日～18日）

③「第６回中国文化之日―中国著名書家六人展」（10月４日～31日）

④「第６回中国文化之日―平山郁夫展」（11月６日～12日）

『第６回中国文化之日特別講演会』（講師：徐敦信中華人民共和国駐日本国特命全権大使、後藤田会長　於：

日中友好会館大ホール）

⑤「第7回日中合同美術展」（11月14日〜19日）

⑥「中国当代著名書法家展」（1月16日〜2月10日）

（2）1996年度（1996年4月〜1997年3月）（平成8年度）

1996年4月16日、同年1月に新設した経済交流部業務開始に当たり、大ホールにおいて開業記念式典と投資懇談会を開催した。大勢の出席者を迎え、大変盛会であった。

日中歴史研究センターは開設1周年を記念して鮫島敬治評議員による「日中関係に思う―日中国交正常化25周年を前にして」と題する講演会を開催した。

1996年、隅谷座長と村上理事長が外交部副部長と別個に会談したが、中国側としては日中歴史問題はすべて結論を出しているので、改めて共同研究の必要はないとの回答しか得られなかった。外交部は純粋な学術目的ではなく、日本側に政治的意図を推測して誤解していたように感じた。

・交流事業（相互理解増進事業）

村山総理の主導による平和友好交流計画の二本柱のうちもうひとつの柱である「交流事業」として都道府県教育委員会の訪中団と、中国全省の教育庁の教育関係者の訪日団による教育交流をスタートさせた。

1996年11月北京市教育委員会と北京市中学校歴史担当教師による訪日団11名が来日、東京、広島、京都、大阪を歴訪して日本の政治、教育、文化、社会の全般に亘って理解を深めて頂いた。

・張香山先生・唐外交部副部長との会談

村上理事長が6月訪中し、懸案の問題について中国側と意見交換を行った。

（1）張香山21世紀委員会中国側座長

①日中民間人会議の再開について

②日中歴史研究について

③留日学人活動站の一級法人化について

（2）唐家璇外交部副部長

①日中民間人会議再開について

②日中歴史研究について

③中国側副会長と理事増員について

④中国側出向職員の受入について

張香山21世紀委員会座長

6月13日午後6：00～9：00／於　北京飯店

同席者　劉遅、文徳盛、岸陽子

1．日中民間人会議の再開について

村上：新構想に基づいて民間人会議の再開を検討中であるが、21世紀委員会中国側座長としてどの様に考えられるか。

張：新構想の主旨は、21世紀委員会とほぼ同様。21世紀委の事務局は双方外務省、外交部が務めており、両国政府への提言は公表されている点が異なる。

村上：21世紀委の表に出ない部分では相当激論が行われていると聞くが、具体的影響力はどの様なものか。発足してから10年間、10回開催されているが日中関係とそれを取り巻く世界情勢も変化している。対応にスピードが求められているのではないか。

張：自分もそれなりに影響力はあると思っている。胡・中曽根の発議で始められた委員会であり、変革の必要もあろうが、役割は果たしていると思っている。

後藤田先生の賢人会議の展開には関心がある。

2. 歴史研究について

村上：村山総理の〝平和友好交流計画〟の一環として日中歴史研究事業が日中友好会館に委託されることになったが、日中双方で意見の相違（外交問題扱と学術研究扱）がある。入口でもめているので中国側の協力が得られにくい。

張：平和友好交流計画にしろ日中歴史研究にしろ、どのような構想なのか中国側で良く判っていない。まずこれを判り易く示すことが必要。

次に中国側の協力相手は責任をもって対応する組織でなければならない。中日関係史については色々な組織があるが安心してすすめられるのは、社会科学院歴史研究所だけだろう。

3. 留日学人活動站の一級法人化について

村上：3年前留日学人活動站が発足したが、中日青年交流センター傘下の二級法人であり、役員メンバーもボランティア活動で維持されている。会館も毎年資金援助をしているが、ボランティア達に疲れがうかがえ、先行きを心配している。

張　：一級法人では国家機関がバックにあり、資金面でも保障している。色々と難しい問題があるが最終的にはしっかりした国務院の組織がバックアップしてから民政部が認可する。

もう2、3年、団体活動の実績をあげていけば展望が開けると思う。自分も引き続き協力するので会館も支援を続けて欲しい。

張香山（ちょう　こうざん　Zhang Xiangshan）

現職：中国人民政治協商会議全国委員会常務委員会委員、中日友好協会副会長、中日友好21世紀委員会首席委員、中国国際交流協会副会長。

出身：1914年に生まれる。原籍は浙江省寧波市。

経歴：天津中日学院で学ぶ。33年天津左翼作家連盟書記を務める。34年日本の東京高等師範で学び、東京の左翼作家連盟分会に参加する。

37年帰国し、38年中国共産党に入党。41年八路軍一二九師団敵工作部副部長、43年太行軍区敵工作部部長、45年晋冀魯豫軍区敵工作部部長、46年北平軍事調処執行部中国共産党側新聞（報道）処副処長（～47）を歴任。

建国後は、51年中国共産党中央マルクス・レーニン学院第一分校教務処処長（～55）、55年中国共産党中央対外連絡部秘書長（～73）・73年同部副部長（～77）、中国アジア・アフリカ団結委員会副主任、中日友好協会副会長、外交部顧問、中央広播（放送）事業局局長、77年中国共産党中央宣伝部副部長（～82）、82年中国共産党中央対外連絡部顧問、中日友好21世紀委員会中国側委員、中国国際交流協会副会長を歴任。

第5～7期全国政治協商会議常務委員会委員。

唐家璇外交部副部長会談

6月15日　午後2：30～3：45／於　外交部
同席者　王毅、熊波、劉小賓（以上、外交部）呉熙華（国家文物局）

1．日中民間人会議再開について
村上：喬石委員長来日時の後藤田提案については、徐敦信大使に再度、後藤田・林両議員から説明したが、正確に受け止めて頂いているか。
唐　：その心算であるが、ボールは今中日友協にわたっている。
後藤田先生のご提案に対し外交部は
① 中日関係にとって有益であると考える。
② 積極的に支持する
村上：中日友協からの返球を待てば良いのか。
唐　：王效賢さんのところで作業中なので追って返球がある。

2．歴史研究について
村上：後刻、隅谷先生と会談の由聞いているので、私からは〝平和友好交流計画〟のあらましとその中の日中歴史研究の位置付けについて説明する。
日本政府から事業委託を日中友好会館が受け、会館は事業運営を隅谷先生を座長とする評議員会に諮問しているので、運営方針等についていては隅谷座長からお聞き取り願いたい。
唐　：中国側は共同声明・友好条約を基礎において事業を進めて欲しい。
村上：会館は寄付行為に日中友好を目的とすることを明記しており、発足以来これに違背したことはない。信頼してもらいたい。
★この件につき、北京滞在中の隅谷先生と役割分担を打ち合わせて各々が会談した。隅谷先生の会談要旨以下。隅谷・唐会談には阿南公使が同席した。
隅谷：前向きに取り組むが、急がず拙速は避ける。当面、双方の見解の相違（外交問題扱と学術研究扱）に影響のない分野から手掛ける。具体的には資料整理・刊行からスタートし、成果を見て次の段階へ進む。
唐　：共同研究はことわる。日本側ですすめ、後日成果に中国側協力を得たという形が望ましい。

3．中国人副会長と理事定数について
唐　：中国人副会長を受け入れて頂いたことについて後藤田先生のご尽力に対する感謝の意をお伝え頂きたい。中国人理事数1名増について引き続き配慮願いたい。
村上：理事定数を21名から30名に増枠することを昭和62年7月第16回理事会に執行部から提案したが、中国代表理事の反対により廃案となった。その時は槇田中国課長が外務省内を説得、諒承させ提案に至っており、廃案になったことで困った経緯がある。
執行部からの提案は経緯に徴し難しい。口上書協議事項として中国政府から日本政府に必要性の根拠を示して協議し合意の上、日本政府から会館に申し入れる形となる。
唐　：すこし時間をかけて対応することになるだろう。
村上：私見だが、中国側（含華僑）1名増の場合、日本側3名増とし理事定数25名とすれば当初の構成比率は維持できるので、日中双方の必要性の根拠が明快であれば実現できるのではないか。

4．中国側出向職員について
村上：趙鐘鑫理事を介し、中国人職員受け入れの経緯をご承知願ったと思うが、本件は口上書マターではなく、会館の不足職員を一時的に補充する目的で会館が在日大使を通じて派遣方要請したものであり、既得権でも何でもない。
隅谷先生の来訪時間が迫ったので、会館の基本方針をお伝えしておく。

a. 国家教育委員会　1名　後楽寮担当
文化部　1名　文化事業部
外交部又は中日友協　1名　中国代表理事の補佐並びに特命事項
計3名

b. 処遇は出向者の学歴、職歴に応じ日本人役員と同様にする。役職名は最も適した名称を都度考える。

中国側から特に反論はなかった。趙理事からの事前説明で、これまでの中国側主張（既得権であり交代要員は会館への通知で良い）に誤解があったことは判った様子。

・1996年度の文化催事

今年度は会館主催5件その他14件計19件の催事を行なった。

① 第8回中国全国美術展の受賞・優秀作品498点の内から選抜した99点による「現代中国の美術展」を長崎・大阪・福岡・東京で開催した。

② 「第7回 中国文化之日」の公演に、日本の紅白歌合戦にあたる「春節の夕べ」に出演した人気・実力とも一流の歌手で編成する「中国歌星団」が出演した。この様な豪華な顔ぶれでの歌謡祭は中国でも希で、内容も素晴らしく大変好評であった（この公演は会館大ホールの他、文化服装大学ホールで行った）。

③ 「西漢南越王墓展」（5月16日～6月2日）

この企画は毎日新聞社創立125周年記念行事の一環でもあったので、当初から共同して準備作業にあたった。中国側の随展が条件となっている1級文物の出品が多く、展示期間中（5月～11月）広州美術館の職員がアパート暮らしを各地で体験した。帰国の際、味噌など和食材料を持ち帰る方が多かった。

その後の長期巡回展でも同じパターンになることが見受けられた。
巡回展　京都文化博物館　8月3日～9月23日
青森県立郷土館　10月15日～11月4日

④「南通博物苑所蔵明清書画展」（4月16日～23日）
最後の状元であり企業家、教育者として著名な張謇が建てた私立博物館―南通博物苑と共同で開催し、「東遊日記」など張謇自身の遺作と彼が収集した明清時代の名作を展示した。

⑤「阮栄春水墨画講習会作品展」（4月30日～5月2日）
南京大学から留学していた後楽寮生の阮教授により後楽会会員向けの水墨画交流会が開催され、その作品を展示した。後楽会主催。

（3）1997年度（1997年4月～1998年3月）（平成9年度）

10月、後藤田正晴会長叙勲祝賀会（於：ホテルニューオータニ）。

11月16日、日中学院創立45周年記念祝賀会を大ホールで開催した。

今年度は日中国交正常化25周年の記念すべき年を迎え、両国首脳の相互訪問が実現した。会館でも多彩な事業を展開したが、相互理解増進事業では第1回都道府県教育長訪中団を都道府県の教育長若しくは教育次長で編成して、5月と10月に派遣し、北京、西安、杭州、南京、上海を歴訪した。各地において教育関係者、小学・中学教師との懇談会、学校現場の見学を行い、これらの活動を通して相互理解を深めることができた。

また、都道府県毎に教育現場の事情が異なるようで、団員同士で情報交換する機会となったことも好評で有意義であった。そしてこの訪中団の構成について、これからの教育を担う若手を中心にして教育長は団長だけにしたほうが将来を考えると効果的ではないかという意見が多かった。

11月、日中友好7団体主催「李鵬総理ご夫妻一行歓迎レセプション」（於：ホテルニューオータニ）。

１９９８年1月には、北京市教育委員会と市内中学の歴史担当教師を主とする14名による第2回訪日団を招聘し東京、広島、京都、大阪で学校訪問や教育関係者との懇談を行った他、日本の各分野について色々な角度から理解を深めて頂いた。この団は同年村上理事長が訪中した際、全員が参加して歓迎宴を開いてくれ、思い出話で楽しい一時を過ごし、改めてこの度の訪日が極めて有益であったと感謝の意を表された。

この交流事業ではこれ迄に日本側から約４百人（各都道府県が各々7～8回参加）の教育者が訪中、中国側からも各省・特別市から約３百人が訪日し、この教育交流における意見交換は多岐に亘り、双方の教育事情について相互理解を深めるのに極めて有益で、現在に至るまで継続している。交流の参加者は初めて訪中または訪日する者が大半で、実際に見聞したことを多くの生徒に伝えることができるという点で、影響力は非常に大きく、日中青少年の相互理解を増進する上で果たす役割は大変大きい。２００７年に井内慶次郎先生は亡くなられたが、ご霊前で心から感謝の意を捧げた。

この交流を通して参加する先生方の協力を得て、都道府県の博物館や美術館への「現代中国の美術展」の巡回展の途がひらけ、現在では14県で実績を残すなど大型文化催事の地方巡回展開催に好影響を与えている。

この年、会館が当初からお世話になった中日友好協会孫平化会長（第3代）が逝去された（先生の本名は斉守福で戦前の後楽寮生でもあったが蔵前高等工業――現在の東工大の学生だった。当時の思い出話を度々伺った）。中国のしきたり通り、病院からの出棺を日中双方の多くの方々と見送り、そのあと対友協ホールで会場いっぱいの花輪にかこまれて弔問した。

1996年南伊豆をご案内し、伊東漁港の生簀で釣りをして先生だけが大漁でご機嫌だった。その時の感想を「あじの詩」と題して書にしてくれたので、額装して会館で保存している。

・中国社会科学院日本研究所講演

5月29日、社会科学院日本研究所において中華全国日本経済学会の方々に談話を発表すると同時に、「日本的企業経営」と題する講演を行なった。「日本経済参考」1997年第4、5期合併版に掲載された概要は以下の通りである。

出席者名簿

王仲全（中華全国日本経済学会秘書長）　張碧清（中国国際問題研究所研究員、北京中日民同文化交流中心主任）　駱為龍（中華日本学会副会長、研究員）　張淑英（中国社科院日本研究所研究員）　胡欣欣（中国社科院日本研究所副研究員）　紀朝欽（中国社科院日本研究所特約研究員）　高海寛（中国国際友好連絡会和平与発展研究中心主任）　康恵敏（国務院発展研究中心亜非発展研究所秘書）　馬君雷（対外経貿部国防貿易研究所研究員）　王効寧（北京弘策投資顧問有限責任公司副総経理）　岳輝（貴友大厦副総経理）　趙小海（北京信遠公司総経理）　潘墨林（中外管理雑誌主編）　安鉄軍（天橋賓館弁公室主任）　黄志強（中外企業文化雑誌主編）　李莉（国際経済合作雑誌主編）　喬傑（北京商学院教授）　劉長洪（北方工業大学対外経済技術合作中心主任）　朱雪宝（北京外国問題研究会西欧研究中心副主任、教授）　陳暁虹（中国社科院中小企業研究中心理事、副研究員）　許吉星（北京外国問題研究会連絡部主任、副教授）　宋淑萍（北京外国問題研究会学術部主任、副教授）　李継東（北京外国問題研究会秘書長高級助理、研究員）　顔錫雄（北京社科院教授、北京外国問題研究会東亜中心副主任）

日本的企业经营

村上立躬

企业是靠运用人、财、物、信息等经营资源来追求利润的，因此，直到最近，企业经营的重点，已集中在经营资源的管理(财、物、信息是靠人来操纵的，最终是靠人的劳动决定企业的全部成绩，又因为成绩最终是要由效益来评价的，所以，如何更好地运用人的资源便是最大的课题)。

可以说，这也是全世界的共同认识，因为企业是社会存在的，因此，也可以说，企业经营不管在哪个国家，都反映着社会的传统、习惯及历史的沿革，只是因为国家的不同而有所差异而已。

换句话说，尽管某国的作法很好，也很难说它适合于世界的任何企业。

日本企业之引人注目，是从七十年代的前半期只有日本的企业渡过了世界性的石油危机时开始的，世界很快关注日本企业，认为日本企业强劲的秘诀在于其独特的经营方式，并因此冠名为「日本型经营」。

一、日本型经营方式

日本型经营方式具有被称作"三种神器"的人事管理制度，而同时具有"三种神器"的欧美企业是完全不存在的(个人主义和集团主义)。

1. 终身雇用制—完全负责到底的一揽子雇用。

从学校的新毕业生直到退休一雇到底。在此过程中，业务部门的专家因材施教进行培养。

2. 年功制(年头多功劳大)

人事考核时虽有个人差别，但按工作年头进行提薪、升职，因终身雇用可促成工作熟练。

3. 按企业组合

欧美是按职业和产业组合，按企业组合的作法是很少的。在日本，为重建战后经济，必须协调劳资关系，其前提是劳动者方面要求雇工保证，经营者方面则要求对他们的忠诚。其背景是自明治以来作为教育方针支柱的对国家和组织的忠诚和一直坚持至今的艰苦奋斗和集团主义，这就形成了世界上所没有的勤奋而不顾自我牺牲的勤劳者集团。

在上述三种制度之下，便产生了如下的经营技术。

(1)O、J、T　对企业成员进行均等而固定的培训

以在岗通过实际工作培养人才的方式，实施多岗位和职责的调动和组合。

(2)T、Q、C

为提高质量管理，由熟知现场的人们进行现场作业的改善，从而提高质量意识。

(3)L、R、P

既便牺牲短期利益，也要为建立争取长期增长的经营目标而进行投资和技术开发。

(4)J、L、T

为排除库存的浪费和等候时间浪费的现场管理方式(丰田招牌方式)。

这样，一方在追求其合理性，同时，又存在着「尊重人和」、「以完全一致作出决定的集体负责制」、「顾及对从业人员的温情主义」等等家族主义的倾向，为解决好这种关系，必须弄清欧美与

日本的不同之所在，究竟个人与企业是什么关系？企业究竟是谁的企业？

* T、Q、C

「企业的质量管理」廉价生产优先产品的秘诀、高级品=高质量的想法崩溃了。

考虑到制造工程肯定会有混乱，必须着眼于早期发现工程的异常变化倾向，从长远角度减少混乱的出现。制造工程可视作时时刻刻发生变化的生动的线。日本的工场即是管理制造工程，从制造阶段就要重视质量，为提高制造质量，包括企业和交易对方在内的各集团企业成员都必须有质量至上的意识。

关于制造质量、制造现场是主战场，组织的基层的不断努力是不可缺少的，企业的体制必须深入到组织的基层。因此，在分配上也要有平等主义思想。具有一定教育水平的现场工作人员创造着能够专心工作的岗位环境，在部属内部实施能够消除隔阂的定期人事调动。

日本的质量保证是建立在生产者的生活保证基础上，社会构成不同的国家想追随日本可能是很困难的。

二、个人和企业的关系

	日本	欧美
基本关系	从属于企业	与企业契约
关系范围	包含全部	同契约确定范围
个人意识*	共同体的一员(以社会—家长为中心的共同体的组成成员。 集体主义和人性主义(集团利益优先于个人利害感性对人)	独立的个人与对峙、个人主义和投人性主义(个人的利害优先于集团利益、理性对人)
企业意识	共同体	联合体
企业决策	以股东大会为主，董事会只是形式，社长从前任社长接受职责，社长从从业人员中任命董事。 社长不允许大股东干预经营，而要大股东不能随意买卖股份，保持稳定的股东关系(以解散财阀、避开经营者分散股份，机关投资者成为大股东不参与直接经营)。	股东大会作重要决策，选董事会，董事会代表董事—选出社长。 以社长为中心经营，大股东积极参与经营，并可解除不称职的经营班子。
企业目标	为维持共同体的繁荣，扩大市场占有率、长期发展指标 价格=(成本)+(利润) 首先决定能够扩大市场占有率的价格，并依此降低成本和利润(低价系列分包，强化从业人员的劳动)。	为增加对于资本的分红而提高利润率。 短期收益指标 (成本)+(利润)=价格 因成本的提高(例如石油危机)直接提高产品价格。 (日本型经营不公平，应采取欧美型经营，承受着政治上和经济上的压力)。

*日本的个人与集团的关系

作为个人而进行评价是很自然的事，但更重要的是对个人对其所属集团的贡献来评价个人。在企业中，比起从业员(职工)个人的能力来，更重视评价每个人所属的集团。

在科研单位，有了重大的发现、发明，不是作为个人的业绩，而是作为完成这一业绩的集团来评价的，对此，组成这个集团的每个人都是授受的。

这种惯常的作法也有其正面和负面，正面是，每个人可把各自的能力和特点相互补充，具有提高集体能力的效果，负面是，有可能削减个人的积极性。

虽有上述的正面和负面，因为这种惯常作法来自于日本人的社会构成和日本人的普遍生活方式，也可以说是日本的社会和文化的传统，今后，也可能会逐渐发生变化，但估计变化不会太急剧。

三、企业是属谁的

	日本	欧美
企业概念(企业究竟是属于谁的)	主权在从业人员(包括经营者)	主权在股东
分工概念(谁担任什么？接受什么样的分配?)	分散 共同拥有(共有)公平分配—平等	一元化 信息、财、权集中在少数人手里。(技术、信息、付加价值、决策权)
市场概念(企业间怎如何联系)	组织市场(系列*) ・交易习惯 ・最大化的系列共同利益 ・重视人与人的联系	自由市场 (与对自己条件有利的对方交易，条件不合可随时退出，也有再加入的自由)

*系列化而产生的企业联合叫做"企业集团"。日本的企业集团分为财阀系的三井、三菱、住友和与之对抗的以大型都市银行为中心结成的芙蓉(富士)、第一劝业和三和六大集团。

如上所述，日本型经营具备适合于长期发展的形式和机能，因此，形成了以重视现场和审议制度为基础的自下而上决策型，决策虽费时间，决策后变更少，实施起来也很迅速。与此相比，欧美型因为决策是由缺乏现场知识，只有一般知识(理论主义)的经营者自上而下进行，虽决策较快，但实行起来费时，也有不少是中途停止的。

日本的中小企业具有典型和冒险企业(索尼、本田等)的创业者大多精通现场，因此决策快、实施也快。

四、现场主义和审议制度

日本型经营的特点在于日本企业知识的创造办法。日本人对制造东西具有超群的能力和计划性，有知识者也喜好主动深入作业现场，自己动手专心思考事物。日本以外国家的社会领导者则讨厌现场，只喜欢动脑来思考、规划事物。为什么在作业现场自己动手专心思考事物能有效地创造知识呢？

知识有两种类型，以往是阶级划分的。

(a)以语言和符号来表现的知识(学识)……上流阶级

(b)不是用语言而是通过个人的体验以身体记住的知识(技能)……下流阶级

日本在明治维新时废除了身份制度，进行了大规模地教育系统改革，二战后，这一倾向更加强烈了，工业国家的成功，由于取消了前一时代的知识的阶级差别而变为可能。

必须把(a)、(b)两种知识结合起来，有效地生产财富和服务。

日本企业能达到国际化，这种「创造知识方法论」的普及起着重要的作用。

(1)取消名称差别，实行国际水平的二种知识相结合。

(2)废除单极集中，将企业本部的功能小型化、采取多极分散决策。

(3)经营资源(人、财、物、信息)尽量集中于「现场」「现场」思考并创造所决定的结构，，为实现决策的迅速化，现场主义是关键之关键。

(4)自律的「现场」形成各自的网络，力图实现超越国境的二种知识的共有化。

在日本，权力大多转给下层(生产销售现场)。企业经营上的重要事项均有基层提出方案，以书面形式在有关人员间传阅、审议，再由上司或上层部门决定，这套手续即是审议制度。这样，既可调动基层的积极性也有助于有关人员间的信息、思想交流。

说到上述分工的概念，具有企业上下信息、权力共有的重要一面，因此，金钱上可公平分配，无论是社长和新社员，白领阶层和蓝领阶层等各个方面都可缩小工资的差距，做到平等化。

五、九十年代的诸多问题

(1)吸收日本型经营长处的欧美企业逐渐恢复活力，同时，日本型经营及其支撑这一经营的诸多规则又被认为是不公平的，从而主张日本应与欧美型经营一致起来，这就对日本型经营从政治方面和经济方面造成了巨大的压力。另一方面，在日本国内，由于习惯于优裕生活的新一代就业人口开始增加，上一代那种认为一生奉献企业是理所当然的想法，正在不断地发生变化，原有的日本型经营是不可能再维持和存在下去了。

将来的方向，可归纳为以下几点

・为避免国际摩擦的各种规则和系列交易的缓和

・中高年者的失业问题(特别是针对企业内失业人员增多的对策)

・改变终身雇用制和争取从"年功"主义向能力和实力主义的转换

・采取多样化的就业形式

・防止由于税收和公共负担的增大而造成年轻人的道德低下

・人材的多样化和有创造性人材的培养

・实现男女平等化

・重视危机管理

・保护自然环境

(2)日本的就业人口有6500万，其中雇用者约5000万(其余为私营者和自由业者)，这其中约有1/3为终身雇用者(为维持企业的长期增长只留必要的正式员工)。对于终身雇用者，年功制的作法也在逐渐崩溃，年薪制的引入和部课长制也多被废止。

过去，日本是个贫穷国家，因为人口密度过大，也有一种说法是，采用终身制是不得已而为之。现在，人材调济市场已形成，日本已成为一个领头的、活跃的富裕社会，因此，企业可在必要的时候随时录用到所需要的人材，一改过去的从属型、契约型员工逐渐增多起来。

(3)随着高龄化社会的到来，将出现退休制和退休金制度的规范化以及年轻人阶层的公共负担过大等问题。因此，重新研究社会的整体问题已是当务之急。虽在研究各种政策，但最终的状况将是老老少少互相分担各种辛劳。

(4)日本的制造部门的合理化正在深入，处于优势地位，而销售、营业，管理部门的合理化，因有诸多的规章而大大地劣于欧美，这些部门的合理化直接关系着企业内中高年白领阶层的失业问题，还拿不出更好的解决办法，他们将成为变革时期的牺牲品。克服这些问题，和制造业一样其它所有领域都能实现合理化，才算完成了日本型经营。

(本文作者系日中友好会馆理事长)

市川記念基金による第1回奨学金受給者が後楽寮に入寮した。この基金は市川幸雄氏が拠出した6千万円を原資とするもので、その運用果実で毎年清華大学の教授・助教授を1名招聘し爾今継続している。この基金の成立経緯については第2章の八千穂山荘の項を参照されたい。

・1997年度の文化催事

今年度は日中国交正常化25周年を記念して会館主催の催事は大型催事2件を含め12件その他18件計30件の催事を行なった。

①「日中文化交流シンポジウム――アジアの時代の日中文化交流」(9月11日)

日中国交正常化25周年記念行事として開催。講師として元文化部副部長劉徳有先生、元中国大使中江要介氏、文化部参賛耿墨学先生、青山学院大学教授天児慧氏を招き、キャスターを蓮舫氏にお願いした。

②「中国中央民族楽団公演」

同じく日中国交正常化25周年記念行事として東京、日立、横須賀、福岡の4都市で開催した。会館主催の東京公演(9月23日~25日)は昭和女子大学人見記念講堂で行われた。

中国トップクラスの実力を持つ当楽団の迫力ある演奏は日本の観客を魅了し、強い印象を与えた。当楽団が日本において数十名のフルオーケストラの形で演奏するのは初めてであり、また、日本の観客もこのような民族楽器の楽団が中国に

中国中央民族楽団のフルメンバー

存在することをこの公演で初めて知った方が多く、中国の良質な音楽文化に触れる良い機会を提供することが出来た。巡回公演は次の通りであった。

日立シビックセンター音楽ホール　9月27日
よこすか芸術劇場　9月28日
福岡メルパルクホール　9月30日

「中国中央民族楽団」招聘案

1. 名　称：「中国中央民族楽団」日本初公演
2. 招聘期間：1997年9月22日（月）～9月29日（月）7泊8日
3. 人　数：75名
4. 中国側派遣単位：中国国務院文化部
名誉団長　劉徳有
団　長　俞松林
指揮者　胡炳旭
5. 日本側主催団体：㈶日中友好会館
6. 日　程：9／22（月）来日
9／23（火）～9／25（木）　会館主催記念公演
9／26（金）
9／27（土）日立シビックセンター主催1公演

９／28（日）横須賀シアター劇場１公演
９／29（月）帰国（「中国文化之日」参加者約18名を除く）

③「写真展―人間鄧小平」（５月13日～18日）
２月に92年の生涯を閉じた鄧小平氏の足跡を辿った。
④「写真展―香港の歴史と今日」（６月６日～６月14日）
７月の香港返還を記念した写真展
⑤「周恩来写真展」（３月９日～15日）
翌１９９８年が周恩来総理生誕１００周年と日中平和友好条約締結20周年にあたるので記念して開催した。

（4）１９９８年度（１９９８年４月～１９９９年３月）（平成10年度）

６、７、８月、三回に渉り中国音楽探訪「民族楽器の音色」を開催。
１９９８年は、会館建設10周年にあたり、９月25日に日中両国政府関係者、日中友好諸団体の代表他、各方面の方々約３００名を招いて、会館大ホールで10周年祝賀会を開催した。中国からは元駐日大使楊振亜先生を団長とする祝賀代表団13名が参加され、そのあと西伊豆遊覧にご案内し、駿河湾と富士山が一望できるホテルでくつろいで頂いた。

・**第7回日中民間人会議開催**

日中民間人会議はしばらく中断していたが、日中双方の関係者からの強い要望により後藤田会長を中心とする日本委員会を立ち上げた。

第7回日中民間人会議は後藤田会長を委員長とする日本委員会主催（日本委員は42名出席）で8月31日〜9月3日の日程で全体テーマ「日中友好とアジア・世界の平和」の下、経団連会館大ホールで開催した。

宋健中日友協会長を委員長とする中国側委員訪日団一行21名は8月27日来日し、小渕総理はじめ要人会見等を済ませて会議に出席、鮫島敬治先生に司会進行をお願いして政治・経済・科学技術の三つのセッションで活発に発言し、活気のある会議となった。

9月1日、宋健会長は天皇陛下に拝謁の機会を得た。

会館建設10周年祝賀会　中央・後藤田会長

第7回「日中民間人会議」日本委員会　名簿（順不同）

顧問　後藤田正晴　（財）日中友好会館会長、元副総理（1914年生）
顧問　向坊　隆　（財）日中協会会長、日本原子力産業会議会長（1917年生）
代表　林　義郎　衆議院議員、日中友好議員連盟会長（1927年生）
代表　宮崎　勇　（株）大和総研特別顧問、元国務大臣・経済企画庁長官（1923年生）
代表　坂本義和　東京大学名誉教授（1927年生）
代表　近藤次郎　（財）国際科学技術財団理事長、東京大学名誉教授（1917年生）

1998年8月

委員　池浦喜三郎　（株）日本興業銀行顧問、日中投資促進機構会長（１９１６年生）
委員　伊藤　正　共同通信社編集局次長（１９４０年生）
委員　漆原良夫　衆議院議員（１９４４年生）
委員　上床珍彦　東洋エンジニアリング（株）相談役、（財）日中経済協会常任理事（１９２６年生）
委員　海老沢勝二　日本放送協会会長（１９３４年生）
委員　太田　赳　（株）大和銀総合研究所理事長、（株）大和銀行特別顧問（１９２９年生）
委員　岡崎守恭　日本経済新聞政治部長、元日本経済新聞北京支局長（１９５１年生）
委員　海江田万里　衆議院議員、（財）日中友好会館理事（１９４９年生）
委員　勝俣恒久　東京電力（株）常務取締役（１９４０年）
委員　木村一三　日中経済貿易センター会長、国際石油（株）代表取締役社長（１９１７年生）
委員　国廣道彦　（財）経済同友会代表幹事特別顧問、ＮＴＴデータ（株）顧問、元駐中国大使（１９３２年生）
委員　佐藤嘉恭　東京電力（株）顧問、前駐中国大使（１９３４年生）
委員　鮫島敬治　（社）日本経済研究センター客員研究委員、元日本経済新聞社専務取締役（１９３２年生）
委員　鈴木恒夫　衆議院議員、自由民主党環境部会長（１９４１年生）
委員　関本忠弘　日本電気（株）、（財）経済団体連合会評議員会議長・中国委員会委員長（１９２６年生）
委員　塚本勝一　（財）平和・安全保障研究所理事・顧問（１９２１年生）
委員　田　英夫　衆議院議員、社民党広報委員長（１９２３年生）
委員　戸井田徹　衆議院議員、（社）日中科学技術文化センター理事（１９５１年）
委員　中江要介　日中友好協会全国本部副会長、元駐中国大使（１９２２年生）
委員　中根千枝（女）　（財）日中協会副会長、東京大学名誉教授、対外経済協力審議会会長（１９２６年生）

委員　野田英二郎　（財）日中友好会館副会長、東洋エンジニアリング顧問（１９２７年生）
委員　野田　毅　衆議院議員、（社）日中協会理事長（１９４１年生）
委員　橋本道夫　（社）海外環境センター顧問、日中環境開発モデル都市専門委員会（外務省）顧問（１９２４年生）
委員　藤野文晤　伊藤忠商事（株）顧問、伊藤忠中国研究所長（１９３７年生）
委員　藤村宏幸　（株）荏原製作所代表取締役会長、（財）日中経済協会副会長（１９３２年）
委員　二見伸明　衆議院議員、日中友好議員連盟副会長（１９３５年生）
委員　三好正也　（社）経済団体連合会参与・前事務総長、（財）日中友好会館副会長（１９２８年生）
委員　村井　隆　（社）日中協会常務理事（１９２８年生）
委員　村岡久平　日本中国友好協会全国本部理事長、（財）日本武術太極拳連盟専務理事（１９３２年生）
委員　村上立躬　（財）日中友好会館理事長（１９３５年生）
委員　森田堯丸　日本国際貿易促進協会副会長、（財）日中友好会館理事（１９２５年生）
委員　安田佳三　（財）日中経済協会顧問、商工サービス（株）代表取締役（１９３０年生）
委員　山田圭一　筑波大学名誉教授、政策科学研究所副理事長（１９３１年生）
委員　山元順雄　（株）日本ＧＩＦ研究財団常務理事、（株）三菱総合研究所研究理事（１９４０年生）
委員　横井　明　トヨタ自動車（株）取締役社長、日本自動車工業会国際委員会委員長（１９３５年生）
委員　横堀克己　朝日新聞論説委員、元朝日新聞北京支局長（１９４１年生）
事務局　川人正幸　後藤田事務所（１９４８年生）
事務局　外林邦夫　林義郎議員秘書（１９６８年生）
事務局　鈴木　繁　（財）日中友好会館管理課長（１９５１年生）
事務局　菊地　薫　（株）アジア太平洋センター取締役、元衆議院副議長岡田春夫秘書（１９４１年生）

事務局　白西紳一郎（社）日中協会常務理事・事務局長（1940年生）
事務局　神崎多実子　通訳（1935年生）
事務局　高橋ゆかり　通訳（1941年生）
事務局　小渕淑江（社）日中協会事務局員（1970年生）
〒100―0014　東京都千代田区永田町2―2―1　衆議院第1会館313
林義郎事務所　TEL3508―7313（外林）
FAX3501―7536
〒112―0004　東京都文京区後楽1―5―3
（社）日中協会　TEL／FAX3812―1694（白西）

第7回「中日民間人士会議」中国委員会訪日代表団　名簿

（1998年8月31日～9月3日　於：東京）／1998年8月

顧　問　宋　健（SONG JIAN）〈男〉1931生
中国人民政治協商会議全国委員会副主席、中日友好協会会長、
中国工程院院長、中国科学院院士、中国工程院院士
団　長　斉懐遠（QI HUAI YUAN）〈男〉1930生
中国人民対外友好協会会長、中国人民政治協商会議全国委員会常務委員
副団長　甘子玉（GAN ZI YU）〈男〉1929生
全国人民代表大会華僑事務委員会主任、前国家計画委員会副主任
団　員　何祚庥（HE ZUO XIU）〈男〉1927生

中国人民政治協商会議全国委員会委員、中国科学院院士、理論物理研究所研究員
周干峙（ZHOU GAN SHI）〈男〉1930生
中国人民政治協商会議教科文衛体委員会副主任、中国科学院院士、中国工程院院士、建設部顧問、高級建築士
江沢慧（JIANG ZE HUI）〈女〉1938生
中国人民政治協商会議全国委員会委員、中国林業科学研究員院長
王效賢（WANG XIAO XIAN）〈女〉1930生（急病のため訪日中止）
中国人民政治協商会議全国委員会委員、中日友好協会副会長
陳永昌（CHEN YONG CHANG）〈男〉1944生
中国人民対外友好協会副会長、中日友好協会副会長
鐘　敏（ZHONG MIN）〈女〉1945生
中国国際貿易促進委員会副会長
盧光鄴（LU GUANG YE）〈男〉1935生
中国国際戦略学会高級研究員
包克辛（BAO KE XIN）〈男〉1952生
中国マクロ経済学会常務理事
田　軍（TIAN JUN）〈男〉1953生
太平洋経済合作委員会執行理事
徐之先（XU ZHI XIAN）〈男〉1944生

現代国際関係研究所研究員、東北アジア研究室副主任
于　青（YU QING）〈男〉１９５２生
人民日報東京支局長
姜躍春（JIANG YUE CHUN）〈男〉１９５８生
中国国際問題研究所副研究員、アジア太平洋室主任
呉瑞鈞（WU RUI JUN）〈女〉１９４３生
秘書長　中日友好協会秘書長
副秘書長　李鉄民（LI TIE MIN）〈男〉１９４５生
中日友好協会副秘書長
黄寿増（HUANG SHOU ZENG）〈男〉１９４２生
中日友好協会理事、宋健会長秘書
王雲涛（WANG YUN TAO）〈女〉１９５３生
中日友好協会理事、政治交流部部長
袁敏道（YUAN MIN DAO）〈男〉１９６６生
中日友好協会理事、友好交流部副部長
関立彤（GUAN LI TONG）〈男〉１９６９生
中日友好協会職員
陳　明（CHEN MING）〈男〉１９７３生
宋健会長警備

＊この資料は日中協会の日中月報から引用

また10周年を記念して、『日中友好会館10年の歩み』及び『日中友好会館―この10年』を発行した。記念催事として「〝以文会友〟啓功書法求教展」並びに「中国絵画の50年―中国美術館収蔵品から―」を開催した。

全館竣工後10年を経たので、本館・別館とも内外を総点検し必要な改修を実施した。

・江沢民国家主席来日共同プレス発表

この年のハイライトは11月の江沢民国家主席の来日であり、その際発表された「平和と発展のための友好協力パートナーシップの構築に関する日中共同宣言」の精神に沿った両国間で合意された33項目の協力プロジェクトが具体的に動き始めた。その1つとして、会館は中国の高校生を日本に招聘する事業を新たに担当することになり、この時から日中青少年交流が重点項目とされ、「両国の留学生相互交流事業を一層強化し、両国の帰国留学生の活動を積極的に支持する」と明記された。

日中両国の21世紀に向けた協力強化に関する共同プレス発表

1．二国間関係における協力／首脳レベルの対話／経済分野での協力／対中投資／第4次円借款／科学技術・産業技術分野での交流／内陸部開発への協力／企業改革支援／北京・上海高速鉄道／環境保護協力／エネルギー問題／農業・食料／洪水対策／植林・森林保全／青年交流／知的分野での交流／文化事業の促進／中国人団体観光旅行の受入れ／安保対話／遺棄化学兵器／海洋法関連の問題／漁業／シルクロード文化遺跡の保存／情報通信技術／トキの保護

2．国際分野における協力／国際連合／地域問題（朝鮮半島）／人権／核不拡散／多角的貿易体制（WTO）／ユー

ラシア・ランドブリッジ構想／治安・警察交流／薬物

日中友好7団体主催行事

・胡錦濤国家副主席歓迎レセプション（4月23日）

・徐敦信中国大使歓送会（6月2日）

・陳健中国大使歓迎会（7月28日）

・江沢民国家主席歓迎レセプション（11月27日）

江沢民国家主席の北海道訪問に先立ち、北海道堀知事はじめ道内友好団体の協力を得て、9月4日中国中央民族楽団公演が札幌キタラホールで開催され、最新設計の音響効果のもと、総勢80名の団員による演奏は満席の観客を魅了した。演奏したソリスト達と対談したが、音響効果や観客のマナーの良さに大変喜んでいた。

・1998年度の文化催事

今年度は会館主催7件その他19件計26件の催事を行なった。

①「中国藍印花布展」（4月1日～8日）

「中国藍印花布わたなべ」の久保マサ氏が20年近い歳月をかけて中国で蒐集した藍染めを展示した。

②「呉長江石版画展―チベットを描く」（6月9日～27日）

チベット族の人々やその暮らしを題材にした石版画、スケッチ約50点を展

江沢民主席歓迎レセプション

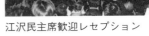

示した。

③「第9回日中友好自詠詩書交流展東京展」（9月15日～20日）

④「〃以文会友〃啓功書法求教展」（9月21日～26日）

記念企画として中国の著名な学者、書家である啓功先生の書50点を展示した。

⑤「中国絵画の50年―中国美術館収蔵品から―」（9月30日～11月3日）

記念企画として新中国建国以降の中国美術の流れを俯瞰できる76人の作品78点を展示した。

⑥「千年の歴史を持つ道の探索―北京周辺にのこる遼・金王朝の仏教遺跡―写真展」（11月24日～30日）

⑦「後楽会中国旅行作品展」（12月4日～6日）

第9回中国旅行は安徽省・黄山を中心に景徳鎮・南昌・上海を周遊した。（10月2日～11日）

・**中国社会科学院近代史研究所中日歴史研究開始**

日中歴史研究については、1995年から進めてきた中国社会科学院との交渉が纏まり、5月30日、劉大年近代史研究所名誉所長、村上理事長の挨拶のあと中国社会科学院副秘書長何秉孟氏と村上理事長による歴史研究事業備忘録の調印を実現することが出来た。1995年から足掛け4年に渡る交渉となったが毎回外交部が同席しており、この間科研局孫新副局長にはひとかたならぬご尽力を頂いた。この過程で相互理解を深め事後の事業展開を円滑に進める下地ができた。この時点で中国側の中日歴史研究中心と専家委員会が発足した。

右・孫新氏（承徳にて）

事務局
中日歴史研究中心弁公室
主任　王正
副主任　劉紅
中日歴史研究中心専家委員会（第1次）
召集人　劉大年（中国社会科学院近代史研究所名誉所長）
委員　関捷（東北民族学院副院長）　胡徳坤（武漢大学副校長）　黄美真（復旦大学歴史系教授）　劉楠来（中国社会科学院法学研究所研究員）　王檜林（北京師範大学歴史系教授）　王效賢（中日友好協会副会長）　解学詩（吉林社会科学院研究員）　張海鵬（中国社会科学院近代史研究所所長）　張憲文（南京大学歴史系主任）
中日歴史研究中心専家委員会（第2次）
召集人　張海鵬（中国社会科学院近代史研究所所長）
委員　関捷（東北民族学院副院長）　胡徳坤（武漢大学副校長）　劉楠来（中国社会科学院法学研究所研究員）　王檜林（北京師範大学歴史系教授）　王效賢（中日友好協会副会長）　解学詩（吉林社会科学院研究員）　張振鵾（中国社会科学院近代史研究所研究員）

2004年度までの10年間に評議員会は88回開催され、研究助成60件、出版助成73件、シンポジウム助成11件を選定した。

日中の評議員会・専家委員会は1998年から毎年交互に代表団を派遣・招聘しあい、双方の立場について意見交換し理解を深め合った。この交流は大変有益であった。

1998年、第1回中国専家委員会訪日団が来日、日中歴史研究評議員と初顔合わせをし意見交換を行なった。今回は劉大年先生も顧問として参加され京大などの旧友と再会されたが、翌1999年に逝去され、多くの分野の方々から惜しまれた。

1998年に歴史研究を開始した中国側はその間研究助成97件、出版助成44件を選定した。これらの成果は後世の貴重な研究資料として残された。

歴史研究評議員会の選定以外の出版助成が国交正常化30周年記念関係と華僑関係であるが、別項で記す。日本側では日中歴史研究センター開設3周年を記念して衞藤瀋吉評議員が「政治と学問—21世紀日中関係の選択肢」と題する講演会を開催した。

8月21日、吉林省長春市に日中双方の有志により長春中日友好会館が完成し、後藤田会長が落成式に出席した。お世話役を会館初代中国代表理事の東北師範大学教授白金山先生が務め、両先生とも大変感激して喜び合った。

12月13日~19日、中国文化部の招聘に応じ会館役職員が訪中。安徽省黄山、浙江省杭州、紹興を歴訪し上海から帰国した。

黄山では頂上近くのホテルに泊まったが、小高い山の上に一突き5元で突ける鐘があり、突くと「ごげーん」と山々に響き渡るのでみんなで何回も突いて楽しんだ。翌日は車で山道を数時間走って杭州に至り、翌日杭州を観光した。紹興では魯迅先生を偲び、咸亨酒家で紹興酒を楽しんだ。

この周遊では文化部陳諍氏、安徽省文化庁、紹興市文化局などの方々が案内役をして下さった。

この年度末で後楽寮の退寮生累計は２０３６名に達した。また留日学人活動站は設立7周年を迎え、これを記念して8月に「21世紀における中国発展に関するシンポジウム」を会館大ホールで開催した。

（5）１９９９年度（１９９９年4月～２０００年3月）（平成11年度）

新中国建国50周年、マカオ返還という歴史的慶事があり、小渕総理の訪中、李瑞環政治協商会議主席の来日等の要人交流が実現した。

・中華人民共和国建国50周年記念国慶節式典に後藤田会長ほかが招聘され出席

中日友好協会の招聘を受け、建国50周年祝賀式典出席のため、後藤田会長夫妻をはじめとする会館代表団10名が9月28日～10月2日の日程で訪中した。9月29日は釣魚台で唐家璇外交部長主催の祝賀会が開催され、日中友好団体を代表して後藤田会長が祝辞を述べた。翌30日、宋健中日友協会長主催の祝宴では平山郁夫日中友協会長が祝辞を述べられた。同日夜、人民大会堂における国慶節祝賀会に出席した。その後、胡錦濤副主席と後藤田会長が会見し、日中間の諸問題について意見交換した。

10月1日は天安門広場祝賀パレードを天安門直下の席で友好諸団体の方々と観覧した。前夜は豪雨で人民大会堂から退出するのに難渋したが、当日は雲ひとつない秋空のもとで2時間余のパレードを楽しむ事ができた。夜明け前から北京飯店の前を戦車、戦闘機、ミサイル搭載車等が粛粛と天安門広場に向けて進む光景は忘れがたい思い出となった。北京の行事終了後、後藤田夫妻一行は青島に立ち寄り、ドイツ統治下の遺産を見学、青島市長の歓迎宴の後、帰国した。

日中歴史研究センターは4周年を迎え、中根千枝評議員による「社会学的観点から見た中国」と題する記念講演会を開催した。

相互理解増進事業の一環として、「資深外交家代表団」と銘うって訪中歴の無い日本の元大使の代表団と国交正常化前の1970年代から中国駐在歴のある新聞記者の代表団を派遣した。

4月、経済交流部シンポジウム「中国流通業と物流業の現状及び将来」（於：大ホール）。

8月、第1回中国高校生訪日団歓迎会（於：大ホール）。

8月、第1回中国国家行政学院訪日団歓迎会（於：ホテルニューオータニ）。

6月1日夕、かねてから計画していた後藤田会長と在日の中国報道機関特派員の懇談会を後楽園涵徳亭で開催した。約20名の特派員の方々が参加し、始めに後藤田先生が日中関係について意見を述べ、それから各人が競って先生と対話を求めた。先生からは苦言も多かったが3時間が過ぎてしまいお開きにした。参加者は全員大満足で喜んでいた。

6月から、秦西平少林寺第34代正統師範のご尽力で後楽会気功教室が開始された。この教室は現在まで継続している。

・日中両国外相覚書による青少年交流開始

日中両国の外務大臣、外交部長の取り交わした覚書（1998年11月）に基づき、毎年高校生100名の交流事業も開始した。本年は、日本側は9月に日本各地の青年98名の訪中団を派遣、3月に50名の高校生訪中団を派遣し中国の青少年との交流を行ない相互理解を深めた。この事業は２００４年度までの派遣・受入累計が１９３３名に達した。

青少年交流の一層の発展のための日本国政府と中華人民共和国政府との間の枠組みに関する協力計画

日本国政府及び中華人民共和国政府（以下「双方」という）は、日中間の青少年交流が両国関係の発展において積極的な役割を果たしてきたことを十分に認識しかつ積極的に評価し、このような交流を更に拡大することは、21世紀に向けた長期的に安定した日中関係の発展と両国の国民の世代にわたる友好の実現という目標に対し重要な意義を有することを認識し、双方が共同でその交流の不断の深化及び発展を進めることを認識し、ここに次の協力計画を進めることに意見の一致をみた。

1. 双方は、文化、教育、芸術、スポーツ等の種々の分野における両国の青年の交流及び協力の強化を引き続き支持し、及び奨励する。双方は、１９９９年度より２００３年度の間に1万5千人規模の青年の相互訪問・交流の実現に向けて努力する。
2. 中華人民共和国政府は、日本国政府又はその指定する団体により選ばれる日本国青年を１９９９年より２００３年（暦年）まで毎年１００名ずつ招聘する。中国側は、中華全国青年連合会にその実施を委託する。
3. 中国側は、日本側がこれまで実施した日本・中国青年親善交流事業、青年日本研修、日中青少年の友情計画及び中国実務者招聘計画等の各種青年交流計画を積極的に評価する。双方は、引き続き協力してこれらの計画を実施する。
4. 双方は、両国の青年教育関係者及び学生の間の交流を協力して推進する。日本側は中国の中等教育機関の日本語教師及び初等中等教育機関の教師を日本における短期研修に招聘する。関連する事項については、中国側は中華人民共和国教育部が責任を負う。

5. 双方は、両国の留学生相互派遣事業を一層強化し、両国の帰国留学生の活動を積極的に支持する。双方は、留学情報の提供及び留学相談に関する事業を強化するために具体的な措置を講ずる。

6. 双方は、若手行政官・経済人の交流を協力して推進する。日本側は、中国の若手行政官や経済人の訪日研修留学プログラムへの招聘を推進する。

7. 双方は、両国の文化交流、学術交流及びスポーツ交流の発展を推進するために、青年芸術家、若手研究者及びスポーツ関係者の間の交流を一層促進する。

8. 双方は、日本の学生及び生徒が修学旅行により中国を訪問して行う交流は、両国の青少年の相互理解を深めるものと認識する。中国側は、引き続きこれに便宜をはかり、中国国家旅遊総局が責任を持って具体的に実施する。

9. 両国の青少年の間の相互理解を促進するために、日本側は中国側と協力して、中国の高校生の訪日を招請する。中国側はこれを歓迎し、中華人民共和国教育部を指定して、責任を持って日本側と協議する。

10. 双方は、この計画に言及されたすべての事項に関して具体的に協議する。

1998年11月26日　東京

日本国外務大臣

中華人民共和国外交部長

1998年11月江沢民国家主席来日の際、小渕総理との間で5ケ年間で1万5千人規模の両国青少年の相互訪問という友好交流計画が合意されたが、その計画のひとつとして、8月に第1回中国高校生招聘事業を実施した。同月、中国国家行政学院の第1回招聘も実施した（1999年～2004年まで実施）。

・古井先生の胸像完成、除幕

古井先生は自らの胸像を固く拒絶されていたので会館では自粛していたが、没後、鳥取の先生を敬慕する方々により出身地に所在するJR因美線郡家駅前に胸像と顕彰碑を建立する計画が具体化するという話が地元の有志からはいってきた。ご長男古井徳郎氏に確かめるともう止められないとのことであった。

そこで会館でも古井先生の功績を末永く顕彰するため胸像を製作しようと、旧知の広東省外事弁公室の欧陽氏に「曹崇恩先生に廖承志像と対になるように古井喜実像を作成して欲しい。曹先生は古井先生に面会したことがあるが最近の写真を数枚送る。送料・謝礼は会館が負担する」と連絡した。間もなく曹先生から試作の写真がおくられてきたが、もうひとつピッタリしないので古井徳郎氏（画家）に広州市の曹先生の工房に行って相談して頂くことにした。

古井先生の晩年のイメージより若く出来たが、廖先生も同様なので丁度よかった。

胸像の顕彰文は中国大使館文化部の耿墨学参事官が「古井喜實先生之像」と筆跡鮮やかに記し、本文は小池勤氏が日中関係、特に国交回復への努力、功績を中心にしたためた。

胸像が二つになり、1階のエントランスが窮屈に感じられるので、地下1階の敦煌の菩薩像画を別の壁面に移し、そのあとに二像を並べて置くことにした。2000年3月28日、古井先生にゆかりのある方々が多数参列され、後藤田会長と陳健中国大使により除幕が行われた。

鳥取の計画も順調に進められ、翌年予定どおりに完成したとの連絡があり、私にも祝賀行事に参加するよう要請があった。当日は素晴らしい秋晴れだった。郡家駅前広場正面の胸像は顕彰碑を台座にして置かれ、美しく毅然としており古井先生にふさわしい出来栄えだと思った。除幕式と祝賀会は旧知の片山県知事（古井名誉会長葬儀の際、自治省官房課長として旧内務省関係者に対応して下さった）や中国大使館邸国洪参事官他が参加し、石破茂衆議院議員はじめ県選出国会議員など関係者多数が出席して盛大に挙行され、古井先生を敬慕する地元の方々の思いが叶って私も嬉しく思った。

文化催事では建国50周年を記念する写真展「新中国50年の歩み」、１９９４年の第8回中国全国美術展で日中友好会館大賞を受賞した唐充明・梁文博・王宏剣・段正渠による「現代中国絵画の４人展」、中国文化之日の『中国少数民族服飾展』、12月に中国に返還されたマカオをテーマとする『マカオ中国復帰記念写真展』を開催した。

・日中友好会館大賞など中国全国美術展の広報

12月に北京で開催された第９回中国全国美術展に当会館代表団を派遣し、あわせてＮＨＫエデュケーショナルの協力を得て取材班を派遣して頂き、日中友好会館大賞や日本で開催する巡回展出品作品の選定など同展の模様及び中国美術界の現状が１～３月にＮＨＫ教育テレビで放映された。

（６）２０００年度（２０００年4月～２００1年3月）（平成12年度）

・日中友好17団体による「新世紀の日中民間友好宣言」を発表

21世紀を迎えるにあたり日中双方の代表的友好団体17団体が２００１年1月16日北京の人民大会堂で『新世紀の日中民間友好宣言』を発表した。日本側からは林義郎日中議連会長を団長とする友好7団体の代表が訪中し、当会館からは村上理事長と岩渕事務局長が出席した。

宣言発表大会の後、17団体代表は江沢民主席と会見し、宣言内容を確認し合った。

「新世紀の日中民間友好宣言」

新世紀を迎え、私たち日中両国の友好団体は北京で一堂に会し、21世紀の日中友好交流と協力を推進する問題について協議した。私たち日中両国の友好団体は共同で、ここに、以下のとおり宣言を発表する。

一、日中両国の友好団体ならびに各界は、日中国交正常化実現と日中平和友好条約の締結および日中関係の発展のために大きな努力を払い、重要な役割を発揮した。新世紀のもとで、私たちは友好の伝統を受け継ぎ、発展させるため、引き続き民間の役割を積極的に発揮し、政治・経済・科学技術・文化教育・スポーツ・人事交流および地方自治体など各分野における交流協力をいっそう推進し、日中友好を両国民挙げて広く推進する新しい段階へ押し進めることが必要であるとの意見で一致した。

二、私たちは、日中友好の精神を発揚し、「日中共同声明」「日中平和友好条約」「日中共同宣言」を堅持して、日中関係の健全かつ安定した発展を促進する。「平和と発展のための友好協力パートナーシップ」を構築することは、両国と両国国民の根本的利益に合致するものであり、アジアと世界の平和と繁栄にも寄与するものである。

三、日中両国は、一衣帯水にして、二千年余にわたる友好交流の歴史を有する。両国は不幸な時期も経験したが、私たちは「歴史を鑑とし、未来に向かう」精神に則って、あの歴史に正しく対処し、その中から有益な教訓をくみ取り、日中友好の発展に全力を尽くすものである。

四、日中経済協力は、新世紀における日中友好協力の重要な内容であり、私たちは日中両国の互恵協力の推進に努力する。日中両国経済界は連携を強め、平和と発展に向かうアジアの新情勢を踏まえ、東アジア地域経済協力の促進に努力する。

五、日中友好の基本は広範な両国国民の友好であり、相互理解と相互信頼がきわめて重要である。21世紀の日中友好は両国国民のさらなる協力に期待がかけられており、とくに若い世代に大きな希望が寄せられている。そのため、少年の交流を一層拡大し、多様な交流活動を数多く行い、日中友好の後継者育成を強化し、日中友好の大事業を子々孫々まで継承し発展させるために、共同の努力を呼びかけるものである。

２００１年1月16日

日本中国友好協会／日本国際貿易促進協会／日本中国文化交流協会／日中友好議員連盟／財団法人日中経済協会／社団法人日中協会／財団法人日中友好会館／中国日本友好協会／中国人民対外友好協会／中華全国総工会／中華全国青年連合会／中華全国婦女連合会／中国文学芸術界連合会／中国国際貿易促進委員会／中国人民外交学会／中国国際交流協会／中国国際友好連絡会

5月、唐家璇外交部長主催友好7団体首脳との懇談会（於：中国大使館）。

7月、宇都宮徳馬先生告別式（於：青山斎場）。

10月、日中友好7団体主催朱鎔基総理歓迎レセプション（於：ホテルニューオータニ）。

11月、王振宇中国代表理事離任、帰国。

1月、陳健大使主催全日本中国人留学生学友会新年祝賀会（於：大ホール）

3月、劉智剛中国代表理事着任。

・２０００年度の文化催事

今年度は会館主催７件その他14件計21件の催事を行なった。

①「写真展―中国西部を見る」（６月30日～７月５日）

②「チベット子ども絵画展―西蔵21世紀・ぼくたちの夢」（８月30日～９月３日）

③「現代中国の美術展」（９月27日～10月22日）

　１９９９年に開催された第９回中国全国美術展の優秀作品81点を当会館はじめ国内６美術館で巡回展示し、３万人以上の入場者を集めた。

④「第10回中国文化之日」展示（10月25日～11月５日）

　中国現代著名書画家作品展、中国政協会議との共催で、同会議の委員を務める啓功や呉冠中など著名書画家による作品60点を展示した。

⑤「第10回中国文化之日」公演（10月30日～11月５日）

　New Traditional Music From China

⑥「第８回日中合同美術展」（11月14日～19日）

⑦「日中代表書法家展」（11月22日～26日）

　全日本書道連盟創立50周年、中国書法家協会創立20周年記念

　日中書道史に名を残す日中著名書家日本側91名、中国側28名の作品を展示した。

共同通信社ならびに地方新聞社代表（西安にて）

右・王忍之副院長

日中友好会館と共同通信社、各地新聞社と共催で『秦の始皇帝と兵馬俑展』を東京、郡山、山形、秋田、青森、盛岡、松本で開催し、40万人を集客する大成功を収めた。

日中歴史研究センターでは、開設5周年を記念して西川正雄評議員を講師として「東アジアにおける歴史教育に関する対話」と題する講演会を開催した。

２０００年4月、第2回中国専家委員会訪日団が来日し、日本側歴史研究評議員と意見交換を行なった後、松山に移動した。今回は顧問として王忍之社会科学院副院長（元中国共産党中央宣伝部長）が同行しており、世界遺産の厳島神社、原爆記念館などを見学する希望があったので孫新外事局副局長と村上理事長が随伴し、下関で一行と合流することにして翌朝高速艇で広島に向かった。県庁職員の案内で厳島神社を参詣しロープウェイで弥山に上がり、１００ｍほど岩山を登って頂上から瀬戸内海を一望、王先生もご満悦であった。広島では県知事を表敬し、翌日原爆記念館を見学。新幹線で下関に向かい日清講和条約の調印された春帆楼に宿泊、会館の林義郎理事主催で盛大な歓迎宴を行なった。翌朝、日清講和条約記念館などを見学して福岡に向かい、王先生の希望で元寇（１２７４年文永の役、１２８１年弘安の役）の遺跡（箱崎八幡宮の亀山上皇扁額「敵国降伏」、元寇史料館、20㎞の防塁の一部など）を案内した。一行は福岡から帰国した。

交流事業では青少年の相互交流を次の通り行った。中国側から中国教育部を窓口として5月に8泊9日の日程で高校生１００名が来日、各地を歴訪して日本の高校生と交流し日本に対する理解を深めた。

日本側は9月に日本各地の青年98名の訪中団を派遣、3月に50名の高校生訪中団を派遣し中国の青少年との交流を行ない、相互理解を深めた。

・「資深外交家代表団」訪中

相互理解増進事業では、昨年度開始した企画として中国人民外交学会と連携し、3月に訪日歴のない中国の元大使6名（団長梅兆栄中国人民外交学会会長）を招聘して日本側の元大使との懇談を行った他、東京、大阪、広島、福岡を視察してもらい、日本に対する理解を深めてもらった。

「資深外交家代表団」訪中

平成12年4月5日／野田英二郎

1．波多野敬雄元大使を団長とする今次訪中は、中国人民外交学会（梅兆栄会長）の招待により実現したものであり、日本の外務省に勤めて実務経験40年の経験者の一団として中国の指導層に表敬し、中国外交界の経験者その他と意見交換を行い、また経済建設の現段階など各般の状況に接することにより、日中両国間の相互理解を深めることを目的とするものであった。

一行は3月26日の北京到着以後、北京・上海・西安・桂林をめぐり、香港経由で4月4日帰国した。一行は、中国側（中国政府及び中国人民外交学会）の行き届いた手配により、全日程を順調かつ有効に消化することができた。

2．意見交換などの多くの場において、代表団より中国の改革開放の進展に敬意を表するとともに、今後の中国の動向如何は全世界がひとしく注目しているところであり、民主化がどのように進むかなど懸念されている点も多いが如何と質問したのに答え、中国側からは、21世紀のなかばまでに中進国に達することが中国の目標であり、今後の発展の過程における困難を克服するため、なお数世代の継続的努力を要する。共産党が指導する現在の体制が変わることは考えられないが、基層レベルの選挙などは始められている。国内の経済格差の縮小と社会の安定を期するため「西部大開発」の大方針が決定されており、これに努力を傾ける云々の説明があった。

代表団が面談した中で、上海市人民政府副秘書長黄奇帆氏、同外事弁公室長周偉明氏（ハーヴァード大学J．F．Kスクール留学。復旦大学前副学長）、陝西省人民政府秘書長王忠民氏（米国留学。西北大学前学長）、同人民政府外事弁公室副主任饒篤鈞氏（西北大学教授）などは、何れも米国留学経験者で英語に不自由なく、WTO加盟を控えた中国の経済が世界経済に参加してゆく上での課題につき、意欲的に説明していた。産業面で優位にある日本が金融面で米国に抑えられている現状などは、今後中国が国際経済の中に進出してゆく上での参考としたいとの発言もあった。これらの人々は、50才前後の若い知識層であり、彼らが政府の重要な地位に進出していることは、中国において既に世代交替がかなり進んでいるとの印象を与えられるものであった。

3．（1）台湾問題については、中国側より、かなり詳細な説明が行われた。要約すれば、中国としては「一国二制度」を台湾に適用させるに当っては、香港・マカオよりはより寛大（軍隊を駐留させないなど）な方法がとられるであろうが、「ひとつの中国」の原則を認めることが大前提であり、如何なる形式であれ、独立は許さない。また、現状を無期限に維持させることは、分離から独立につながるものであり、許容できない。陳水扁からは「ひとつの中国」を受入れるとの回答がまだきていないので、中国はそれを待つ。米国は口先では、ひとつの中国の原則を守るといっているが、実際には分離の恒久化をねらっている。台湾問題が現在に至るまで解決していないのは、米国の責任である云々の発言があった。これらの発言は、既に江沢民主席がバーガー大統領補佐官に対して述べた言葉でもあり、中国の公式発言として、新聞報道でも多くみられるところである。更に注目すべきは、何魯麗女史（全人代副委員長）が、国民党革命委員会主任でもある立場から述べた概容次の趣旨の発言であった。国民党革命委員会は、民主党派のひとつとして、中国指導部の台湾問題対処方針を支持する。

台湾の指導者がひとつの中国の原則をいつまでも認めなかった場合、中国としてとるべき方策としては直接に武力行使するのでなく、「特殊な手段により」問題を処理することが考えられる（同女史は「この特殊な手段により」が正しく通訳されたか否か通訳に問いただしていた）。もちろん大陸と台湾が対立したまま交流が殆ど行われない状況が数十年もつづいたので、台湾の民衆が、中国の政策を充分理解しているとは思われない。国民党革命委としては、より多くの台湾民衆が、一国二制度をよりよく理解してくれるよう、今後努力する。台湾問題に影響を与えうる外国、特に米国と日本が中国の統一に不利な動きをしないよう希望する。

（2）北朝鮮については、先方から積極的に説明することはなかったが、日本側の懸念が表明されたのに対し中国側は、朝鮮問題については、中国国内でもいろいろな意見があるが、米朝対話が進んだことにより、ペリー報告にも示されたとおり、重点が対決から対話に移ったことを歓迎する。今後とも南北朝鮮の双方が、相手を刺激することなく、平和と安定が保たれるよう希望する。しかし、北朝鮮が米国と日本と韓国の三国から圧力をうけて孤立感を抱いていることは理解できることである。日本も、あまり神経質になったり、北朝鮮の動向を口実に軍備増強に走ったりしないよう希望すると述べた。

4．（1）日中関係に関しては、中国側の表敬先も意見交換の相手方もひとしく、江沢民・小渕両首脳の相互訪問の意義を強調し、日本は中国の対外関係の中の最重要なもののひとつと認識されており、アジアの両大国として日本と中国が友好協力関係を一層発展させる必要ありと述べた。日本側より、中国に対する親近感が若い世代で薄れてきているとの懸念を表明したのに対し、中国側より、若い世代の相互訪問と交流を促進する必要性が強調された。両国双方においてバランスのとれた認識を若い世代がもつことができるよう、指導・教育に努力すべきことにつき、ほぼ意見の一致があった。

また両国の世論の動向についての意見交換において、代表団より、日本の世論は日本の政府に強い影響を与えるものであり、政府もこれに制約されざるをえないとの指摘を行ったのに対し、中国側からは、中国の政府も12億の人民の国民感情を背景とする中国国内の世論の圧力をうけざるをえないことを理解して欲しい。（南京大虐殺についての大阪での集会の例をあげ）日本の政府がもっと世論を指導する役割を演じて欲しいとの率直な希望の表明もあった。これに対しては代表団より、極く少数の右翼団体の行動を政府がとりたてて非難することは、却って彼らの行動にメディア効果を与えるものであると指摘するとともに、何れの面談の際にも、両国の協力により、教育関係者の交流、高校生の相互訪問が成果を挙げている事情を説明した。

（2）具体的要望として、陝西省の王秘書長は、西安への外国人観光客の中でも日本人が最も多く年間8万人にも達するが、今後は西部大開発の中心でもある西安に日本からの投資が活発化することを希望しており、これを促進するため日本の総領事館を設置して欲しいとの要請があった。これに対しては代表団より、民間の投資等の経済交流が先行することが総領事館設置の前提となるのが通例ではあるが、御要望は伝達すると答えておいた。また、中国人民外交学会より、財団法人日中友好会館を通じての日本側外交界との交流をつづけたい。次は中国人民外交学会の人々を日本側が招くことを期待するとの趣旨の発言があった。

代表団団員名簿

団長　波多野敬雄（元国連大使）加藤淳平（元ベルギー大使）堤功一（元ハンガリー大使）新井弘一（元フィリピン大使）片倉邦雄（元エジプト大使）野田英二郎（元インド大使（財）日中友好会館副会長））以上6名

9月、提携関係の一環として中華全国工商連との職員の相互交流を実施し、会館から中村智之、続いて工藤哲也両氏を中華全国工商連へ派遣した。

2001年2月22日、後楽会会員（深沢一夫氏）のご好意で中国映画「山の郵便配達」の試写会を開催、後藤田会長ご夫妻も出席され、その後中国大使館での中国映画試写会にも度々出席されるようになった。

（7）２００1年度（２００1年4月〜２００2年3月）（平成13年度）

・日中民間友好53団体責任者会議を開催

２００2年は日中国交正常化30周年にあたり、1月28日これを記念して北京に日中双方の民間友好団体53団体（日本側23、中国側30）が集い、友好団体責任者会議が開催された。会館からは村上理事長、岩渕参与が参加した。午前中、人民大会堂で宋健中日友協会長、林日中議連会長はじめ各団体代表者がこれまで民間交流の果たした貢献を評価し、これからも友好協力関係を発展させてゆく決意を表明、これらの発言をまとめる形で今回のアピールとして採択された。この後、江沢民主席が日中双方の団体代表者と会見した。

アピール

日中両国が共に国交正常化30周年を迎えるにあたり、両国53の友好団体の代表者は北京で一堂に会し、一年前に発表された「新世紀の日中民間友好宣言」を回顧し、21世紀における日中友好関係の前途を展望した。日中両国の民間友好団体は、日中国交正常化30周年を新たな契機として、新世紀の日中友好関係を発展させるため、共に努力し、寄与したいと望んでいる。そのため、共同で以下の呼びかけを発表する。

一、日中両国の民間友好団体は、「日中共同声明」、「日中平和友好条約」、「日中共同宣言」の諸原則を堅く守り、友好の伝統を発展させ、民間の役割を発揮し、相互協力を強め、日中関係の健全かつ着実な発展を押し進めよう。

二、日中両国は一衣帯水の隣国であり、和すれば双方に利があり、争えば双方に害をもたらす。「歴史を鑑とし、未来に向かう」精神に則って、日中関係の正反両面の経験や教訓を総括し、汲み取ることを踏まえ、正しく歴史に対処し、両国の友好関係を損ないかねない事態にさいしては、それを事前に防ぎ、適切に処理し、両国関係の大局を維持するために共に努力しよう。

三、中国のＷＴＯ加盟によって、日中経済貿易関係を拡大する新たなチャンスが生まれている。私達は双方の経済交流の促進に努め、日中両国の共同繁栄及びアジア太平洋地域の平和と発展に寄与しよう。

四、政治、経済、科学技術、文化、スポーツ、教育、観光、女性、地方自治体交流などあらゆる分野で、豊富で多彩な交流活動を行い、両国民の相互理解と相互信頼を増進し、誤解や不信を取り除き、日中両国の間に長期的かつ安定した善隣友好協力関係を築いて、子々孫々までの日中両国民の友好を実現しよう。

五、青少年にとって魅力のある交流活動を幅広く行い、若い世代が、日中両国の歴史文化や伝統的な友情、未来への発展ビジョンについて理解を深め、日中友好事業の後継者の育成に努めよう。

双方の代表は日中国交正常化の実現及び日中友好の促進と両国民の友情の発展に貢献された諸先輩に崇高なる敬意を表するとともに、その遠い将来を見通した卓識と献身的精神を受け継ぎ、日中友好事業のために引き続き努力することを誓う。

日中民間友好団体代表者の集い
２００２年1月　北京にて

5月、「日中友好に貢献した人々」出版祝賀会がリーガロイヤル大阪で盛大に行われ、村上理事長が祝辞を述べた。

6月、経済交流部による中国鞍山市投資項目説明会を大ホールで開催し、経済界など多数が出席した（於：大ホール）。

7月、村上理事長が中国対外文化交流協会成立15周年祝賀会出席のため訪中した。

9月、村山富市元首相による「柳条湖事件70周年講演と映画の夕べ」を大ホールで開催した。

10月、会館役員訪中団出発（団長・野田副会長）。

11月、日中学院創立50周年祝賀会（於：大ホール）

2月、村上理事長が日中青少年書道交流展（北京）に出席し記者会見に応じた。

11月、会館大ホールで後藤田会長米寿祝賀会を数百名の来賓を迎え盛大におこなった。あまりの混雑で先生に近づくことが出来ずにご挨拶をあきらめて帰られたご来賓も多く、ご迷惑をおかけした。

日中歴史研究センターは開設6周年を記念して山本有造評議員による講演会「日本植民地帝国―いわゆる「満蒙問題」について」を開催した。

同年9月、歴史研究評議員訪中団は11日、関空日航ホテルに集合し壮行会をかねて宿泊したが、同夜ニューヨークでテロが発生し、翌朝全員興奮状態で昆明に向かった。今回の目的地はミャンマーとの国境に近い騰衝で、まず昆明から芒市へ飛行機で、翌日バスで見渡す限り水田（2～3毛作）の穀倉地帯である徳宏自治州を西から数時間走り到着した。ここは援蒋ルートを遮断する目的で設けらえた騰越守備隊の戦跡であり、ビルマ、インド、昆明からの49600名の包囲軍に1944年6月～9月攻撃され、2035名全員が玉砕した。彼らが葬られた国殤墓園などを2泊して見学した。帰路はバスで保山市を経由して高黎貢山脈を怒江を見下ろしながら越えて晏海橋を渡り、途中牛の皮剥ぎ最中の茶店で温かいビールで休憩、夕刻芒市に着き直ちに昆明に飛んだ。昆明では、西南連合大学旧址を見学し、翌日北京郊外で中国側専家委員会との意見交換会を行って帰国した。

昨年に続き中国高校生訪日団102名が5月に来日、8泊9日の日程で各地を歴訪し日本の高校生と交流した。日本からは9月に日本各地の青年98名、3月には高校生50名が訪中し、8泊9日の日程で各地で青少年との交流を行った。

・「中国人民外交学会代表団」訪日

中国人民外交学会との連携でお互いの国への訪問歴のない元大使の相互交流の枠組みを定めたが、今年は第2回資深外交家代表団として日本から6名が訪中して中国側関係者との懇談の後、北京、ウルムチ、西安、上海を訪れ中国に対する理解を深めた。

平成13年4月9日／野田英二郎

昨平成12年3月、我が国の外務省を退官した元大使の代表団（「日本資深外交家代表団」）は「中国人民外交学会」の招待で訪中し、中国側との意見交換及び各地の訪問を行い、両国間の相互理解促進に効果があった。この訪中に際し、次は日本側が中国側を招くこととする旨合意した経緯がある。

この合意に基づき、今般、当日中友好会館は3月29日に張文朴元大使を団長とする「中国人民外交学会代表団」を招き、再び双方の意見交換及び日本国内各地視察を実施した（代表団一行の名簿別添のとおり）。

一行は、昨年の日本側からの代表団と同様、従来は直接日中関係にかかわったことのない人々であったが、4月4日福岡よりの離日に際し、今回の訪日が極めて有益であった旨くりかえし強調し、明年はまた日本側の代表団を招きたい旨述べていた。

1．中国側一行の後藤田会長表敬及び日本側外務省退官者との会合における意見交換の概要等は下記の通りである。

①後藤田会長表敬

冒頭、張文朴団長より、訪日招待に感謝するとともに、今後益々重要性を加えてゆく日中関係の課題につきご意見を伺いたいと述べた。

②これに対し後藤田会長より次の趣旨が述べられた。

（イ）昨年日本側代表団が手厚く歓迎され有益な意見交換を行うことができたことを感謝し、今回中国から外交部の権威高い大使ＯＢ代表団を招くことができたことを喜ぶ。

日本各地の視察など、成果を挙げるよう希望する。

（ロ）日中両国は隣国同士なのでいろいろ難しい問題が起きることは避け難いが、隣国同士であるからこそ友好関係を維持する必要がある。日本としては過去の多年にわたる侵略戦争の歴史を反省するものである。既に戦後60年近くになり、この間の交流は飛躍的に拡大し、まずまずの関係ではある。しかし今後については懸念する。特に日本側では、経済成長に傾斜する努力に効果があり繁栄をもたらしたが、戦後生まれの若い世代は、過去の歴史や経緯をわきまえず、ともすれば傲慢になる傾向がある。中国側でも、改革開放政策の成功により、若い世代に自信過剰の傾向がでているのではないか。双方の若い世代のナショナリズムが衝突する状態にならぬことを望む。従って重要な課題は歴史認識をもつ年長者の世代が若い世代の人々に歴史を伝承することであろう。

（ハ）具体的には、ひとつには台湾問題もあるが、教科書問題につきふれたい。日本では言論・思想の自由を認めている憲法上の建前があるが、検定制度がある以上は政府の責任であることから、当局者は苦心した。問題の教科書について、当局者としてはどのような文言にせよと指示することはできないが、ともかく多くの箇所の記述に問題があると指摘して、１３７ヵ所にわたる修正を求めたところ、執筆者側はこれらをすべて修正してきた。従って当局者としては検定を通過させると決定せざるをえなかったとのことである。自分としてはこれで中国側の納得を得られるか否かはわからないと思うが、当局者の苦労は理解して欲しい。

（ニ）日中関係の全般に関し一番大事なことは、日中双方の為政者において、相手の国民感情を必要以上に刺激しないよう慎重な態度をとることである。そして更に重要なことは、両国の若い世代の相互理解を深めるための交流の促進であろう。

③張文朴団長より。

（イ）両国関係の大局についてのご見解に同意するが、中国人民の感情については充分のご理解を得たい。中国では若い世代だけでなくどの世代にも共通して自国の尊厳を守りたいという強い愛国心がある。教科書問題への適切な処理を望みたい。中国では改革開放の進展により個人個人の意見発表が以前に比較してはるかにより自由になっており、政府指導者としては国民感情の起伏への対処はそれだけ難しくなっている。問題の教科書が検定を通過することになれば中国の国民世論の前に中国政府の立場が苦しくなることが考えられ憂慮する（後日、関西旅行中、4日の各紙に検定通過の報道がなされ、張大使は野田に対し「修正後にも歴史誤認の文言が多く残っているとの報道をみて、後藤田会長にはもっと強い言葉で申上げしておくべきだったと思う」旨、述べていた）。

なお、大阪における懇談において、教科書問題についての王泰平中国駐大阪総領事よりの質問に対し、野田より「問題の教科書が日中関係にとってマイナスであることは否定できないが、その当初申請された内容の故に、日本国内で大きな論争を惹起した。歴史学者を含む多くの識者が公式のアピールなどを発表した。いわば反面教師として世論を善導する逆の効用も認められる」とコメントしておいた。

（ロ）中国が経済成長により経済大国にもなるとの観測があるが、中国は国民の70％が農村に住んでいる発展途上国であり、本格的な工業化は始まったばかりである。「中国脅威論」は当たらない。

④程瑞声大使より「日本国民の多数はよい歴史認識をもっている。誤認しているのは少数ではないか。ミャンマー大使在任中、日本の大鷹大使夫人の李香蘭女史と度々懇談する機会があった。李香蘭さんは日中関係の過去の歴史を正しく認識しておられ感銘を受けた」と述べたのに対し、後藤田会長より「たしかに現在の時点では誤った歴史認識をもつのは少数かも知れないが、今後の日本では特に若い世代の中にその傾向が拡大してゆくことを懸念している。マスコミがかつての日本と同じようにナショナリズムを煽っている状況もあり心配している」と述

べられた。

⑤中米関係につき、かつてアメリカ局長もつとめ、対米関係の専門家である張文朴団長より。

（イ）中米関係には台湾などをめぐりぎくしゃくはあるが大局は安定している。中米二国間の貿易は往復740億ドルであり、米国の対中投資は300億ドルとなっている。もちろんブッシュ大統領は選挙遊説中にクリントンの対中態度は甘すぎると批判しており、今後も国内政治に左右される局面も多いと思われる。つい先日、自分は米国訪問から帰国したばかりだが、現在の時点でブッシュ政権を対中強硬一点ばりときめつける必要はない。

（ロ）先般の銭其琛副首相の訪米も成功であった。中米両国には良好な関係を保つ共通の利益がある。新政権は5000〜6000人にのぼる各部局の幹部人事をこれからうめてゆかねばならず、具体的政策はこれから固まるところであろう。

中米関係の安定は、日本にとっても有利であろう。中国としては日米関係も安定し良好に維持されることを希望している。

⑥張文朴団長は、表敬の最後に「中国人民外交学会の梅兆栄会長より後藤田会長にくれぐれもよろしくといわれている。同会長は自分自身訪日できなかったことをまことに遺憾に思っていたが、来年是非後藤田会長に訪中して頂きたいとの招待状を預かってきたのでお渡しする」と述べた。

2．横田外務省アジア局長往訪、懇談。

張文朴団長より、教科書問題は中国人民の感情を考え充分配慮して善処して欲しい旨強調し、横田局長からは、教科書問題が日中関係の大局に悪影響を及ぼしてはならない。善隣友好関係の維持発展のため、これからも最善の努力をする旨応答。

3．日本外務省OB大使との意見交換（出席者リスト別添）

（1）（イ）波多野大使先約のため、冒頭、黒河内康元スイス大使より、「米軍機のベルグラードの中国大使館爆撃事件は、誤爆とは到底信じ難い状況であったにも拘わらず、中国側が冷静、適切に対応したことに強い印象を受け、感銘を受けたことを想起する」と述べ、南北朝鮮の今後につき質問。

（ロ）これに対し、朝鮮問題の専門家で前韓国大使である張庭延大使（注：いまだ退官しておらず、大使の称号を保っている）より。

○金大中大統領の98年以来の太陽政策は、以前の韓国にはみられなかった思い切った動きであり、高く評価してよい。

もっとも北朝鮮の側でも、先代の金日成は南北の関係の打開をも考えカーターと話していたが急逝したため挫折した。金日成自身、朝鮮戦争につき、南にのみ責任があるのでなく双方に責任があったと従来の立場を大きく変更する発言をしていた。そして金大中を民主運動の闘士であり、話し合いのできる相手と評価していた。金正日は父親の金大中への評価などを基本的にうけついで金大中との話しあいを始めているとみてよい。

○北朝鮮としては、もちろん深刻な経済困難の打開のため、外からの支援を必要とする事情が背景にある。そして韓国との対話と交流を始める決意をして金大中との首脳会談にふみきった。いろいろ障害はあるがこれからも前進すべく努力をつづけるであろう。その後10ヶ月で北朝鮮はEUの殆どの国と国交を開いた。金正日は、体制の変更はリスクが大きすぎるので慎重ではあるが、何といっても父親とは世代の差もあり外的世界に対してより開放的でより自由な感覚で政治指導を行っている。

○（金正日に対する軍その他政権内部の支持は固いのかとの質問に対し）

軍内部でも年長者は次々と引退しており、若い世代が責任ある地位についている。これは北朝鮮の体制全体についていえる。たとえば１９８８年以来ずっと駐中国大使をつとめた75才の大使は引退し、後任には40才台の人物が任命された。この様に北朝鮮の政権内部では若返りが進んでおり対外姿勢も柔軟になっていると評価してよい。日朝関係の正常化には中日国交正常化とは異なる前提や困難があることは承知しているが、双方の努力で日朝の正常化が進むことを期待したい（これに対し、黒河内康大使より、日本では拉致疑惑などもあり、北朝鮮との外交につき国内世論のコンセンサスがないことが支障であると説明）。

○金大中の任期はあと1年10ヶ月しかないので、任期内にどれだけ前進できるかわからないが、韓国の野党も大筋では北朝鮮との緊張緩和と交流推進に賛成している。

従って現在の野党に政権が移っても、このような流れを引き続き支援してゆくべきであろう。

○（田島大使より、金正日が基本的には父金日成の遺志に従って、南との関係改善に努力しているとのおはなしは興味深い。朝米関係については如何との質問に対し）中国としては、米国に対しても北朝鮮との関係改善を何度も勧告してきた。ブッシュ政権はクリントン政権に比較して、やや冷たい態度であることは否定できないが、今後の情勢を見守りたい。

○（黒河内久美元ジュネーブ軍縮大使よりの、北朝鮮の食糧事情等についての質問に対し）北朝鮮は1980年頃から、指導者が中国の改革開放を学ぼうとする姿勢を示し始め、中国各地の経済開発区の視察なども実施していた。地方の各道の指導層も中国に出張させている。金永南の深圳視察には自分（張庭延）も同行した。

もちろん当初は、中国の改革開放政策をとりいれることに反対するとの公式見解を発表していたが、具体的には少しずつ柔軟になっており、たとえば中国が農村の請負制度を始めて農民の生産意欲を高め、食糧生産を3億トンから5億トンに増加させたことも学んでいる。そして集団農場も規制をゆるめている。

外部に向かって、かつては経済の情況につき根拠の乏しい数字を発表したりしていたが、最近は本当のことを発表するようになっており、これは進歩である。

もちろんその間、中国は毎年10万トンの食糧支援をつづけてきている。

○金大中は、南北首脳会談をあそこまで踏み込んで実現することにつき、米国に対しては、事前に充分な通報をしていなかったので、米国を驚かしたことは否定できない。中国は驚かなかった。

(2)(イ)夕食会に移り、波多野大使より中国側代表団歓迎の辞を述べ「日本は大国にはなれない、ならない。中国は大国だが周辺を脅かさないよう慎重な対外姿勢を望む云々」と発言。

張団長より「中国は、全国民の70％が未だ農民であり、経済運営には困難も多く、超大国ではない。超大国になると希望もしない。超大国としての責任の重荷を負うつもりもない。中国の格言に『樹高於林、風必摧之』とある。今後の経済発展には、日本の経済成長の経験と実績を学びたい」

(ロ)日米関係につき、波多野大使より「従来、日米の二国間関係では、殆ど経済だけが主たる摩擦点であったが、最近は米側の関心の故に政治・安全保障が多く論議される。先日も来日したアーミテージ(国務副長官)から自分に対し「日本が集団的自衛権をもつという立場をとって、安全保障面での協力を強化してくれるよう、米国が正式に要請した場合、日本はこのような要請を受け入れる可能性があるか」との質問を受けたので、自分からは「日本国内では、この問題でのコンセンサスがないから、政府がこれを受け入れることにはなるまい」と答えた云々と説明。

張団長より、上記に関連し「日米安保が日米二国間に限定されていれば中日間に問題は起こらないが、台湾問題などの影響で中国を巻き込むことになる事態を懼れる。米国は日本の安全のためというよりも「中国脅威論」をかざして、在日基地を正当化しているのであろう」とコメントした。

張庭延大使：「外交問題の適切な処理のためには、どこの国でも、政府当局が国民に対して充分に適切な説明を行って、国民の納得をうることが必要である。韓国と中国の国交正常化に際しては、盧泰愚大統領が韓国国民の説得に成功した。中国でも、国内に異論はあったが中国の改革開放のためにもなるとの趣旨で、中国国民の理解をうることができた。中韓両国が、この国交正常化にふみきったことは正しい措置であった。北朝鮮は中国に強く異議をとなえ、中朝関係は一時冷え込んだが、最近では北朝鮮も当時の中韓正常化を理解してくれている」。

波多野大使よりこれに関連して「日本は言論が極端なほど自由になっており、およそ政府が国民世論を指導することなどは、してはならないことにさえなっている。米国のアーミテージのような専門家もこれは諒解しており、たとえば米国の軍艦がどこかの国の軍艦に攻撃された場合、日本の海上自衛隊に救けてもらえるとの期待感を持ってはならず、日本に対しては、軍事基地の提供だけで満足せねばならないと考えているようだ。自分のみるところ、憲法上、個別的自衛権は認められるが集団的自衛権は認められないとの内閣法制局の解釈が、今後も修正されるとは予測できない。但し、米側がこの問題をこれからも追求する懼れがあるのは、昨年10月アーミテージその他の安保問題専門家グループが作成したペーパーに、この問題につき日本政府がこれからも憲法解釈を変更しない場合は、米国としては日米安保条約の意義を疑わざるをえないとの趣旨が書かれていることにも表れている」とコメントした。

（ハ）中米関係につき張団長より、銭副首相の訪米も成功したと評価している。米の共和党政権は、中国を戦略的パートナーではなくライバル、更に表現を変え更に「地域における競争相手」と呼んだりしているが、少なくとも敵だとは認めていない。経済上その他の共通利益があるから悲観していない、と述べた。

なお、4月3日広島において、4月1日の海南島沖の米国偵察機と中国機との接触事件について、張文朴団長は野田に対し、中国政府は、中米関係を良好に保つため冷静に対処し、大局を誤らないよう対処するであろう。しかし、米国首脳部の態度が事件発生直後からあまりに高圧的であるので、これでは問題解決は容易ではなかろう。従来から、米国側はどの国の軍用機でも、米国の領海外の公海で米国に接近して偵察飛行することができるなどと言っているが、そんなことをする国はない。一方的な態度で受け入れ難いとコメントしていた。

（二）京都への新幹線の車中において、張団長は野田に対し「米国は今後とも北東アジアにおける軍事的プレゼンスを決して放棄しようとはしないだろう。在日基地を存続させる理由につき、米国は明示的には中国の脅威に対抗するためとしているが、黙示的には日本の軍国主義復活阻止を考えているとみてよい。米国人は自分（張）に対して『中国は米軍が日本を去ることを望むのか？ 米軍が撤退すれば日本の軍国主義が再興するだろう』と言っている」と述べたので、野田より「日米安保は、共通の敵が既に存在しない以上、本来の存在意義を失っているといってよい。沖縄などの基地問題では、世論の大勢は政府を積極的に支持してはいない。えひめ丸事件もおこり、対米世論は一層冷却している。しかし他方、たとえ将来日米安保条約が終了して米軍が撤退しても、日本が１９３０年代のような排外的な右翼軍国主義の国に変容する可能性は小さい」と述べておいた。

また昨年の訪中代表団に加わった堤功一元大使（立命館大学教授）は京都のホテルで一行と懇談し、張団長の質問に答えて、日本に右翼ナショナリズムがないとはいえないが、国全体が右傾するとは思われない。若い学生を教えている自分の印象では、右とか左とか一定の方向に向かって動いているのではなく、何れかといえば全般に士気が低下してバラバラになっているように感ぜられる。しかし日本人の多くが中国の物理的な巨大さに脅威を感じていることも否定できない」と述べたのに対し、張団長より「日本の自衛隊の戦力は海、空など既に強大である。中国側には日本の軍事力の成長に脅威を感ずるむきもある」との指摘があった。

4．関西旅行

（1）一行は、東京のほか、京都、大阪、神戸、広島、福岡各地の視察を行い、特に東京銀座のソニーショールーム、大阪門真の松下電器産業技術館、神戸の阪神淡路震災記念館、広島の原爆資料館では、展示の説明を熱心にみていた。

（2）松下電器の技術館の展示の見学では、中国語のみの充分な説明と質疑ができ満足していた。見学後の松下電器海外渉外部の井口良樹部長と張団長との質疑は、次の通り。

（中国における松下の主要な目標は何かとの質問に対し）

中国の技術水準も既にかなり高くなっている。これからは技術の共同開発が課題である。北京に技術開発研究所を開設したのも共同開発推進のためである。

（人件費に差があるため、松下が東南アジアから中国に工場を移転してくる可能性はあるのかとの質問に対し）かつてはそのような移転が多かった。それは人件費の比重が大であったから。しかし今では技術の発展により人件費の比重は生産コストの1／10ぐらいに低下した。従って中国への移転のメリットは下がった。

（企業間では、競争と協力の何れがきわだっているかとの質問に対し）一般的には自由競争が原則であり競争は熾烈に行われている。しかし現在では、ひとつの半導体でも技術開発には１０００億円以上のコストを要する場合があり到底一社ではそのコストが賄えない。従って、東芝とか日本電気などの他社と製品ごとに個別に協力せざるをえなくなっている。

（3）一行は京都の嵐山（周恩来総理を偲んだ廖承志氏の碑文等）、二条城、金閣寺、大阪城などの古い日本文化の史蹟も熱心に視察した。大阪での見物の際、大阪城周辺の公園にホームレスの人々の小屋が青いビニールで蔽れて多数見られることに注目し、ロンドンなどでみるホームレスが日本の都市にも多いことを始めて知ったと述べていた。

（4）福岡では、斉江中国総領事同道で麻生県知事を表敬、懇談した。麻生知事は、45分にわたって懇切に福岡県と中国（特に江蘇省）との交流などにつき説明し、中国側代表団によい印象を与えた。更に明治12年以来の伝統がありバイオテクノロジーを活用している総合農業試験場の見学も有意義であった。

（5）一行は4日午後、福岡空港より、今次訪日が有意義であった旨述べて離日、帰国した。

（6）離日前、人民外交学会副会長である一行の陳宝璐元大使は野田に対し、来年は再び日本側からOB大使を迎えたい。連絡を保って具体的に実施の方法を協議したいと述べていたので、野田より、これに異議なく、教職にある人々の都合も考えると前回同様の3月末という時期がよかろう、人数も大体同じ程度となろう云々と答えておいた。

以上

中国人民外交学会訪日代表団名簿

張文朴　男　1927年11月4日生　中国人民外交学会理事　元駐カナダ大使

程瑞声　男　1934年9月16日生　中国人民外交学会理事　元駐インド大使

張庭延　男　1936年2月5日生　中国人民外交学会理事　元駐大韓民国大使

陳宝璐　女　1938年7月24日生　中国人民外交学会副会長　元駐シンガポール大使

徐紹海　男　1938年9月2日生　中国人民外交学会秘書長　元駐赤道ギニア大使

団員兼通訳　韓佐民　男　1944年2月2日生

財団法人日中友好会館から以下の2名が同行

野田英二郎　（財）日中友好会館副会長（元インド大使）

劉智剛　（財）日中友好会館中国代表理事

昨年招聘した訪日団の団長田曽佩先生（中国政治協商会議外務委員会主席）が10月17日訪中していた村上理事長一行を外務委員会の委員（王效賢女士等）による歓迎会に招き、政治協商会議ホールで日本滞在中の思い出話の花をさかせた。

・日中学生社会調査交流

８月９日～30日に渉り愛知大学教員３名・学生39名計42名の派遣による大連市を中心とする実態調査及びアンケート調査を実施し、その結果を現地報告会において発表、それを基にした交流を行った。

２００２年３月６日～15日に渉り中国側から教員３名学生８名計11名を豊田市に招聘し日本社会調査を実施し、その結果を基にした交流を行った。

・２００１年度の文化催事

今年度は会館主催または共催８件その他15件計23件の催事を行なった。

①「中国チベット平和解放50周年記念写真展」（６月27日～７月１日）

　中国大使館と共催した。

②「２００１黄河現代中国画展」（６月24日～７月１日）

　中国対外芸術展覧中心等と共催。

③「第12回日中友好自詠詩書交流展東京展」（９月10日～16日）

④「第11回中国文化之日」（９月28日～10月８日）

　日中友好会館美術館収蔵作品展

⑤「第11回中国文化之日」（10月3日～8日）
「中国の民間芸能―影絵人形劇で有名な唐山市から影絵人形劇団を招聘し公演を3日間行い、近隣の小学校の全校生徒を招待したところ大好評で校長先生はじめ先生方も大変喜んで下さった。公演に加えて中国の茶館や中国茶入門講座も同時開催した。

⑥「中国語文化フォーラム」（11月20日～25日）
北京語言大学と共催。

⑦「後楽会名作展2001」（12月20日～22日）

⑧「中国現代書道二十人展」（1月18日～24日）
この書道展は毎年1月初めに上野松坂屋で朝日新聞社と中国対外芸術展覧中心の共催で開催されているが、今回は会館もこれに参画し、朝日新聞社が宣伝面で全面協力したこともあり短期間にも拘わらず1600人と多くの方にご来場頂いた。


4月、中国大使主催李鵬全人代常務委員会委員長歓迎レセプションに野田副会長と村上理事長が出席した。

5月、中国で急逝した団伊玖磨氏を偲ぶ会が行われ村上理事長が出席した。

8月、故向坊隆先生お別れ会（後藤田会長他出席）。

9月、後藤田会長、中国文化部文化交流貢献賞授賞。

10月、林義郎会長就任
3月、故隅谷三喜男先生告別式（村上理事長出席）。

（8）２００２年度（２００２年4月〜２００３年3月）（平成14年度）

２００２年は日中国交正常化30周年の記念すべき節目の年であり、両国首脳間の合意により両国間ではこの年を「日本年」「中国年」とし、両国の各界、各分野で盛大な記念活動が行われた。

9月12日友好7団体主催国交正常化30周年祝賀レセプションを開催した。

日本側では経団連が中心となって「２００２年［日本年］［中国年］日本側実行委員会」を発足させ、その事務局に会館から職員を出向させるなど全面的に協力した。

・中国社会科学院主催国交正常化30周年記念シンポジウム

9月村上理事長は北京語言大学創立50周年祝賀式に参列した後、中国社会科学院日本研究所の主催する中日国交正常化30周年記念「これからの中日関係」をテーマとするシンポジウムに参加し［世界の中の東アジア地域経済協力―（アジアにおける日本と中国の役割）］と題した小論を日本経済研究センター鮫島敬治氏他の賛意を得て発表した。その内容は社会科学院日本研究所の季刊誌「日本研究」に掲載され記録された。

世界の中の東アジア地域経済協力

日中友好会館理事長村上立躬

・日本と中国は東アジアの二大国として相補い協調することにより、両国並びに東アジアを平和と繁栄に導き持続させることができる。日中両国にはあらゆる困難を乗り越えることができるような大局的英知に基づく信頼関係が必要である。
・日本と中国が域内大国としての役割と責任を自覚し、分担することにより、域内諸国の信頼を得て結束を強めることが出来る。
・以上の条件が満たされれば、東アジアは21世紀において、欧米に伍する有力な極を形成することができる。

（I）21世紀の東アジア経済の趨勢

世界の購買力平価GDPシェアの推移を見てみると、1970年には欧州・米国・東アジアは各39・40％、22・33％、15・10％となっているが、1998年には各々25・96％、21・93％、26・32％と変化している。この30年間に世界の生産拠点は東アジアに大きくシフトしつつあることが判る。

現在の東アジア諸国の政治状況など与件に変化がないとすれば、この趨勢は増加率の漸減はあるとしても、今世紀半ばまで持続すると思われるので、2050年には少なくとも東アジアのシェアは40％前後に達するのではなかろうか。

東アジアの中では、30年間で中国2・5倍、日本横ばい、NIES3・2倍、アセアン4カ国1・8倍と増加しており、特に中国は90年代前半で日本を追い越し、米国に次ぎ世界第二位である。仮に、米国が年3％、中国が年7％の成長を続けると2016年に中国が米国を追い越すことになる。

次に域内各国の経済成長力について、日本を基準にして検証する。

NIES諸国、地域とブルネイは2010年前後までに全てが日本に追い付く。マレーシア・中国・タイは2030年～40年に追い付くことができる。その他のアセアン諸国（インドネシア・フィリピン・ミャンマー・カンボジア・ラオス・ベトナム）は、現在のインフラのままだと半永久的に追い付けない。

東アジアの国々は他の経済圏と異なり極端に経済格差が大きいことを示しており、また中国のように人口が多く全体の国力はあっても国内経済格差が大きい場合もあり、全体のレベルアップに時間がかかることも示している。

しかし、21世紀の東アジア経済の見通しは明るいものと予測できるのではないか。この様な東アジアの趨勢からいくつかの問題点を指摘しておきたい。

①対中警戒感を強めている欧・米、特に米国の対中牽制政策が今まで以上に多面的になるのではないか。

②東アジア域内では、中国の覇権国的行動がアセアン諸国に危惧される場面が多くなる。中国と日本は各々世界第二位、第三位の世界大国として、また、域内大国としての慎重さが望まれる。

③アセアン後発グループ（世界の貧困地域）は適切な支援をしないと疎外感を抱き、グループのまとまりがなくなる。これらの国々は、経済発展が初期段階にあるが、90年代にはいり、バラ付きはあるものの緩やかな上昇傾向にある。しかし、自由貿易地域化についてはユーロ圏やドル圏より困難が予想される。

④域内大国である中国と日本の相互理解と相互信頼に基づく協調を維持することができるかどうか、このことが、東アジア全体のため必須であり今後重要性を増してくる。

このような前提で本論に入りたい。

（Ⅱ）世界の地域経済システム

世界では地域の平和と繁栄を計るため地域内諸国の連合体を創設する動きが世界のグローバル化と共に活発となった。連合体は国際政治への対応、安全保障の確保、域内経済発展等多くの分野を視野に入れて活動しているが、特に地域経済の統合をうながすために多くの取組みがなされている。

その代表例として欧州連合、北米自由貿易協定、アセアン自由貿易地域が挙げられる。「このような取組みが成功するかどうかはそれにかかわる国々がどの程度まで共通する文化をもっているかにかかっている」（サミュエル・ハンチントン）。

冷戦の終結と共にイデオロギーによる棲み分けは解消し、文化或いは文明の基礎となる人種・民族・宗教による「似た者同士」が経済的にも政治的にも協力しあう方向に進んでいる。

欧州連合や北米自由貿易協定のグループは上の条件を満たしており、またグループを安定させる条件であるグループ内の中核をなす上位2国の協調（前者は独・仏、後者は米・加）も成立している。

アセアン自由貿易地域はどうか。この地域は宗教、民族、文化などの多様性が画一的対策を困難にしているが、とりわけ経済格差と貧困の削減が引き続き避けて通れぬ課題となっている。ユーロ圏やドル圏に対抗するためアセアン＋3による東アジア自由貿易地域化が進められている。本稿ではこのような多くの問題を内在する東アジア経済圏についての展望を試みたい。

その前に東アジア地域に大きな影響を与えた次の2点について触れておきたい。

（一）冷戦終結による米国の一極支配体制の到来とこれを抑制するための多極化の動き

（二）資本主義の発展と共に進展して来たグローバリゼーションが情報技術革命により急激に加速したことによる弊害

（Ⅲ）米国の一極支配体制

米・露のイデオロギーを異にする二極下の冷戦構造の崩壊により、米国が軍事力と経済力で世界を支配する構図ができ上った。

米国が自らを「世界で初めての非帝国主義的超大国」と自賛して行なって来た政策をハンチントン氏は次のように述べている。

「人権と民主主義に関してアメリカの価値感や習慣を採用するよう他国に圧力をかけ、通常戦力におけるアメリカの優位を脅かすような軍事力を他国が持つことを阻止し、アメリカの法律を他国の社会でも適用させた。人権、麻薬、テロリズム、核拡散、宗教的自由といった点を基準に各国をランク付し、こうした問題についてアメリカの基準を満たさない国々に制裁措置をとり、自由貿易と市場開放を旗印にアメリカの企業の利益を促進し、世界銀行や国際通貨基金の政策をアメリカ企業の利益のため策定して来た。自国にとって直接的利害が殆どない地域の紛争に介入し、アメリカの経済にとって利益となる経済政策や社会政策を採用するように他国に強制し、自らの武器輸出を促進する一方で他国の武器輸出を阻止しようとした。ある国連事務総長をそのポストから追い払い、後任人事に介入した。……」

以上にもかかわらず、世界の殆どの国が何らかの形で米国から恩恵を受けているのも事実である。また、世界の殆どの国の人々が米国社会に憧れに似た印象を抱いているのはなぜか。米国内の世論調査でも75％前後の人々が他国との協調を是とし、政府の方針に批判的であるという結果が出ている。米国社会自体は健全であり魅力を保っているからだと云えよう。

米国の一極支配に対抗する方策を持ち得る国や地域は自分達の極を造ろうとする。ＥＵはその第1号であり、東アジア（特に中国）もその方向に進んでいる。

(Ⅳ)　急速なグローバリゼーションとボーダーレス化の影響

１９９７年夏タイ・インドネシア・韓国を含む東南アジア諸国に生じた経済混乱は、適切な金融管理システムを整備していないうちに、資本移動の自由化が実施されたことに起因する。グローバリゼーションは世界経済が規制のない自由競争原理のもとにおかれるということであるが、現実には国境の壁を利用して投機的短期資本移動が自由に操作され巨額の利益をあげたのである。資本移動についてはボーダーレスということと、ＩＴ革命による情報のインスタント化は無縁ではなく、その情報技術と利用方法を世界に先んじて身に付けたのは米国である。いわばグローバリゼーションとは世界の米国化であり、グローバルスタンダードとはアメリカンスタンダードということになる。

アジアの経済危機を免れた例外的な国は中国であるが、外国為替や貿易の規制と管理が厳しく、経済体制がグローバル化されていなかったからともいえる。１９９８年マレーシアのマハティール首相は資本の国内外への移動の規制強化を実施したが、無法なグローバリゼーションとボーダーレス化への解答ともいえよう。グローバリゼーションを推進する国際機関の１つで米国主導で運営される国際通貨基金（ＩＭＦ）の支援を拒絶したのも、アジア諸国についての実状認識不足等に対する不信感の表われとも思われる。

グローバリゼーションの欠陥を補完するものとして地域協力の枠組みが具体化しつつあり、アセアン＋３にもその様な役割が期待されていている。

（Ｖ）世界の自由貿易地域の比較（本項以降のデータはＧＮＰ・ＵＳドルによる）

（一）欧州連合（ＥＵ）

１９５７年、ローマ条約により欧州経済共同体（ＥＥＣ）が発足、その後１９７９年に欧州議会、１９８７年に単一欧州が設けられる等幾多の曲折を経て、１９９３年マーストリヒト条約（欧州連合条約）が発効し、２０００年3月に通貨統合に踏み切りユーロ圏を形成した。

加盟国は15カ国であり、総人口３億７７０万人、ＧＮＰは8兆2千億ドルに達する。

加盟国はすべてキリスト教を国教とする白人種の国であり、文化的にも共通性がある。

域内の１人当たりＧＮＰの平均は2万1千7百ドル、国別の１人当りＧＮＰの最高はデンマーク（ルクセンブルグが最高だが人口、総額とも過少）の3万2千ドル、最低はポルトガルの1万6百ドルで格差は約3倍となっている。

この地域はすべての国が資本主義民主国家であり、民族、宗教、文化面でも統合しやすい条件を備えているが、それでも共通通貨を持つまでに50年弱を要しているのである。米国との関係も、アングロサクソン同士までには至らないが、米国人の母国である国々も多いので激しい対立は生じ難いのではないか。

１９７０年代からＥＥＣはアセアンと経済分野を中心に協力関係を育ててきたが、双方とも関係強化が自地域の利益になると考え、１９９６年にアジア欧州会合（ＡＳＥＭ）を制度化した。

（二）北米自由貿易協定（ＮＡＦＴＡ）

この協定はＥＵとアジアの台頭に対抗するため１９８９年米国とカナダの２国間で発足し、１９９４年メキシコが加盟し一応完結しているが、将来的には中南米を視野に入れた広域化が予想される。

この地域はキリスト教を国教として文化的には共通性を持つ、白人種が移住して建国した歴史の浅い国家であり、人種的には多様化しつつある。人口は4億7百万人、GNPは9兆3千7百億ドルと世界最大の経済圏。1人当り平均GNPは2万3千ドルとほぼユーロ圏と同レベル。米国の世界一極支配の原動力となっている。

(三) 東南アジア諸国連合(ASEAN)10+3

EEC発足後10年を経た1967年にASEANはインドネシア・マレーシア・フィリピン・シンガポール・タイの5カ国で発足したがその後84年にブルネイ、95年にベトナム、97年にラオス・ミャンマー、99年にカンボジアが加盟し、10カ国となった。この国々はタイを除き16~19世紀に欧米列強の植民地となり、第2次大戦後漸次独立した経緯にある。アセアンはEECと異なり、地域の安全保障・国際政治への対応・経済発展など多目的な連合である。年間300~400回に及ぶ会合で多分野に取組んで成果を実らせてきたが、経済分野については1992年アセアン自由貿易地域(AFTA)の創設が合意され経済統合に乗り出した。

しかし、ユーロ圏やドル圏に比して域内の課題も多く、力不足も否めなかった。アジア太平洋経済協力会議(APEC)の部分ともいえる東アジア経済協議体(EAEC)からなる広域東アジアの経済協力、政治協力構想が、1990年、マレーシアのマハティール首相により提唱されたが米国の反対にあった。この構想を引継ぎ強化した形でアセアン+3(日中韓)の協力体制が、1997年のアセアンと日中韓3カ国の首脳会議で制度化された。首脳会議はアセアン首脳会議に合わせて毎年開かれるようになり、蔵相会議、経済閣僚会議、外相会議も制度化されている。

活動も活発で、例えば本年8月12日このメンバーにより東京で東アジア開発イニシアティブ(IDEA)の閣僚会議が開催され、その成果は、本年11月カンボジアで開催される首脳会議に提出される。その中では東アジア型開発手法が他地域にも役立つものとしてアフリカ開発会議などで共有することが合意された。

アセアンの特徴は多様性といわれている。モンゴロイド系アジア人種を主としているが宗教・文化が異なり、社会主義国家（ベトナム・ラオス）も内在する。

10ヶ国の人口は5億3千万人、1人当たりの平均GNPは1千ドルにすぎない。国別の1人当たりの国民所得の最高はシンガポールの2万9千6百ドル。最低はカンボジアの260ドルで100倍以上の格差がある。10カ国は発足時加盟国（古参組）と90年代加盟国（新参組）に区別され、前者＋ブルネイの6カ国の平均1人当たりGNP1268ドルに対し、後者は458ドルに過ぎず、いわゆるアセアンディバイドの経済面を表わしている。

次に＋3（中国・日本・韓国）は人口14億4000万人、GNP5兆4500億ドルに達し、更に北朝鮮、台湾を加えると人口14億8000万人、GNP5兆7700億ドルとなる。この地域は人種・宗教・文化に共通性があるが、イデオロギーの違いのため、中国と台湾、韓国と北朝鮮の2つの分断状況が存在する。アセアン10＋3では人口は20億1000万人、GNP6兆3300億ドルとなり、既にドル圏、ユーロ圏に対抗できる存在と云える。

この13ヶ国が東アジア経済圏として自由貿易地域を目指し協力を深めることは、世界や国際機関に対する発言力を高めることになるだろう。またこの成功経験のプロセスは他の低開発地域に役立つものと思われる。

この地域内の経済交流や貿易は既に長い歴史と実績があり、特に日本はODAを通しての国情認識もあり、是非欧米圏に優る協力結果を得るよう期待したい。

(Ⅵ)東アジア経済圏（アセアン10＋3）の展望

(一)グループ中核である中国と日本の役割

この地域は国土、人口、潜在成長力から既に米国に対抗する極となる実力を備えている。発足済のEUでは上位2国である独仏の協調路線がグループの結束を強化している。

東アジアでは中国と日本がその役割を果すことかできるかどうかが成否を決める。

中国は２千年に渉り東アジアの覇権国としてグループ構成諸国を従属させて来た過去を持っており、国力が高まるに比例して諸国の中国脅威感が強まる。しかも華人社会が諸国経済に大きなウェイトを持っている。日本は20世紀前半の大東亜共栄圏という思想を侵略の口実にした旧日本軍部の前科がある。アジア諸国は旧日本軍と現在の自衛隊を同一視しており、警戒感を払拭していない。

この２国が米国の傍若無人な一極支配ぶりを反面教師として慎重に行動することが肝要であろう。

中国は前述の推計では与件に変化がなければ２０４０年に１人当りＧＤＰで日本に追いつく見込みであり、国全体ではＧＤＰシェアで既に日本を追い越している。華人経済も考慮すると中国が上位第一位となることが順当であり、中核としての役割と責任は重大と云わざるを得ない。

日本は上位第２位となるが、相互補完する形で役割を分担することになろう。いずれが上位になろうがこの２国が協調しないとシステムは成り立つまい。この２国間の過去については、日本の謝罪は天皇陛下訪中で終わっている。歴史認識については、言行が一致し誠意あるものでなければならない。中国には未来に重点を置いた寛容さが求められるのである。両国の国民感情の改善が急務であるが、今後の教育課程や報道姿勢が極めて重要であり、友好を育てる一貫性が両国に望まれる（第３表―②参照）。

（二）経済格差と貧困

アセアン10とユーロ圏・ドル圏の決定的な相違は１人当りＧＮＰが他の２グループの20分の１以下という低水準であることと、域内の経済格差が１００倍以上あるということである。

90年代加盟の４カ国（社会主義国のベトナム・ラオスとカンボジア、ミャンマー）の１人当りＧＮＰは４５８ドルにすぎず、自然が豊かで自給自足が可能な部分もあろうが貧困といわざるを得ない。４か国の人口は1億３８００万人に達しており、救済的、建設的両面の実効性の高い経済援助が必要である。政治の安定も必要条件であるが、要は貧困の根を絶ち、発展の芽を育てることであり、教育の普及、人材の育成など各国の内側からの力が出てくる仕組み造りのための多面的な協力が望ましい。そのためにはＮＧＯ・ＮＰＯなどの民間の協力体制も組み込む必要があると思われる。先進グループにとって後進グループは重要な投資先であり、将来の有望な市場として育成する見地も必要である。

（三）米国と中国と日本

前述の通り、今世紀の東アジアの平和と繁栄は日本と中国が友好裡に共存することにかかっているが、これは米国にとってはどうか。

米国は世界戦略において中国が東アジアの超大国として台頭することを早くから予見し、かつての対戦相手であった日本との関係を終始強化するよう努力して来た。

日・米・中の相互関係こそ東アジアの政治の核心であるが、現在は米国の思惑通り、日米は太線で、中米は並線、日中は細線で結ばれた三角形を作っている。すべてが並線または日中が太線で結ばれているのが東アジアにとって望ましい。

日本は敗戦後１９４５年連合軍（米軍）に占領され、１９５２年の講和条約締結に先立って、１９５１年には日米安保条約が結ばれた。その後も実質的には米国の支配下で米国一辺倒の外交を行い自立思考を衰弱させてきたのであり、前述の太線、細線の原因といえる。日米安保条約により日本が安全を脅かされた時、米国は自国の国益に反してまで日本を守らない、と殆どの日本人は考えており、平等な日米友好条約に切り替える時期に来ているのではないか。そうすれば望ましい三角形になりうる可能性がある。しかしこの考え方に対し「瓶の栓」論（注１）があり、日本の軍事大国化を抑える役割を果している と考える米国民やアジア諸国が多いのも事実である。

（四）日本の孤立説

日本文明は中国文明から独自の発展・進化を遂げ、西欧化することなく高度の近代化を達成し、一国で一文明をなしている。どの国と結びつくのも自由だが、いずれのグループにも仲間として受け入れられない。従って、今後日本は孤立して行くという説がある。この説に従うと現在の日米関係が存続し続けると、日本はアセアン10＋3に加盟していながら、実質的には米国ドル圏に取り込まれる構図が浮かんでくる。

この考えは米国に有利であるが、日本や東アジアにとって望ましいものではない。日本はアセアン10＋3の一員として、また域内大国のひとつとして役割と責任を果すべきであり、そうすることにより、グループとしての結合と発言力を強化できる。この点からも、日中関係を平等・互恵で深化させることが重要性を増してくる。既に両国の貿易額は年間9百億ドルに達する見込みであり、経済面では、明るい展望が開けている。

（五）台湾と朝鮮半島

いずれも同じ民族同士が内戦の歴史やイデオロギーの相違から分裂しており、50年以上経ても一体化できないでいる。第3者の立場からすれば出来るだけ早く平和裡に一体化して緊張地域がなくなって欲しいと思う。

ここにも米国の世界戦略が存在する。米国にとって緊張地域が存在すれば日本・韓国・フィリピンに基地をおくことを正当化できるのである。台湾の存在と台湾に対する軍事協力は中国に対する牽制効果がある。台湾と中国は経済交流や人的交流などの交流が活発に行われ実態面の融合が始まっている。

朝鮮半島は１９４８年南北に分かれ、各々大韓民国、朝鮮民主主義人民共和国として独立し今日に至っている。北朝鮮が徹底した閉鎖国家であることと、朝鮮戦争の過去もあり、南北の統一の気運はあったものの、実らなかった。２０００年6月金大中韓国大統領が平壌を訪れ、金正日総書記と会見し南北共同宣言で統一が謳われ、緒口が開かれたものの、尻つぼみの状況になった。韓国側の太陽政策に沿って南北首相会談・南北閣僚級会談・南北経済協力推進委員会などが断続的に開かれてきたが、本年8月に開催された閣僚級会談で孤立脱却の気配が窺えた。

北朝鮮は中国と同様に改革開放・市場経済化と外資導入が必須である。南北は未だ休戦中であり、軍事境界線・非武装地帯が設けられており、当然のこととして韓国内に米軍基地が置かれており、北朝鮮についても米国が関与し、日本は戦後処理未済の状態で交渉を続けている。

台湾・朝鮮半島とも年月を要するが、実が熟して落ちるように解決することを期待したい。

（六）地域紛争と越境環境汚染

南シナ海（特に南沙諸島）の領有を巡っての争いはアセアン諸国にとって大変厄介な問題であり、中国の出方に脅威感を強めている。米国の介入を排除して地下資源の利権を含めて多国間の話し合いにより平和裡に解決すべきであろう。

日本とロシアの千島列島（北方四島）の問題は戦争終結後の侵攻行為に問題があるが、現在ロシア国民が居住していることから交渉を重ね、双方の合意の得られる現実的な着地点を求めるしかあるまい。占領軍の中心であった米国にも責任がないとはいえぬが、今のところ自国の国益に直接係わりがなく、日・露双方への思惑もあろうから積極的な対応は期待できない。（注２）

領土については、日・中の尖閣諸島、日・韓の竹島の問題もあるが、双方のいい分は平行線をたどっており、話し合いによる解決が望ましい。

１９９０年代インドネシアで山火事が多発し、シンガポールやマレーシアにまで煙害が及んだ。中国大陸からの黄砂や酸性雨も毎年韓国・日本を悩ませている。いずれも人災であり、原因が明らかであるから、発生国が関係地域国と協力して対処しなければならない。

（Ⅶ）結びにかえて

自由貿易協定の進め方についてはアセアン内部でも＋３側でも現在のところ考えがまちまちであり一致していない。

ＥＵや米国に対抗するには東アジア経済圏（アセアン10＋３）が一体化して事にあたることが望ましく、過程はまちまちであっても、最終的には域内の完全自由貿易地域化を目指す事としなければならない。

そのためには地域大国上位２国である中国と日本の協調体制を確立する努力が求められる。

とりわけ、中国が安定した政治体制のもとで、種々の国内的困難を克服し、順調な発展を維持することが絶対的必要条件である。更に地域大国として域内で米国のような覇権国的政策をとらぬことを求められる。このような努力を積み重ねた先に、容易ではないが通貨統合の道も開けてくるのではなかろうか。

最後に米国の外交政策や北朝鮮への対応であるが、出来るだけ多くの会合へメンバーとして引き込み、インサイダーとして討議してもらうようにしたい。

国連は別として、アジア太平洋経済協力会議（ＡＰＥＣ閣僚会議、毎年開催）・主要国首脳会議（Ｇ８毎年開催、アジアから日本参加）やアセアン拡大外相会議と前後して開催されるアジア地域フォーラム（ＡＲＦ）などである。

（注１）「瓶の栓」論：東西対立が緩和された現在、在日米軍の存在意義は対日監視にあり、日本の軍事力強化を防止しているとの論。１９９０年３月27日付ワシントンポストでのインタビューにおける沖縄第３海兵師団長Ｈ．Ｃ．スタクポール氏の主張。

（注２）北方領土問題：１９４５年８月15日（第二次世界大戦終結の日）ソ連極軍司令官Ａ．Ｍ．ワシレフスキーは千島列島の占領命令を下した。８月23日までに北千島諸島（オネコタン海峡以北）、８月31日までに中千島諸島（エトロフ海峡以北）を占領した。南千島諸島（歯舞・国後・色丹・択捉）は、１８５５年の樺太・千島列島交換協定の際、ロシアが日本固有の領土と認め、千島列島に含んでいなかった。さらに、ソ連極東軍は米国の対応を見極めた上、９月３日までに南千島諸島も占領した。これに対し地元から、マッカーサーＧＨＱ総司令官に保護占領してくれるよう直訴があった。だが日本政府の積極的な対応がなく実現しなかった。日ソ不可侵条約はもとより、中国東北３省からの日本人連行（抑留者総数57万５千人、死亡者数５万５千人厚生省公表数）とともに、国際法に違反しており、日・露友好条約の円満な締結を妨げている。

９月後藤田会長を団長とする日中友好会館代表団７名が、中日友好協会の招きで９月27日〜10月１日の日程で訪中、北京、南京、蘇州、上海を歴訪した。9月29日橋本・村山両元総理をはじめとする友好7団体の責任者と共に胡錦濤副主席と会見して、北京人民大会堂で開催された国交正常化30周年祝賀レセプションに出席した。

上海では後藤田会長旧知の汪道涵先生（海峡両岸関係協会会長）と錦江飯店で会見し、87歳のお二人は1時間余に渉り親しく意見交換された。その後、上海市の国慶節祝賀会に出席した。

同月、後藤田会長は中国文化部文化交流貢献賞を授賞された。

２００２年春、後藤田会長が会長職を退くと断言されたので後任者を決めてからにして欲しいとお願いしたところ、何か月かして林義郎先生を指名された。

10月に林義郎先生が当会館第3代会長に、そして後藤田会長は名誉会長に就任された。

林会長は毎週木曜日に靖国神社北側の富士見町のご自宅から徒歩で会館に10時に来館され、事務局の業務報告を受け、また来客と面会された後、地下の「豫園」で古井先生と同様にお酒と昼食を楽しまれていたが、そのうち奥様やご息女がお迎えがてら来館され、1階の「馥」でご一緒に食事をされ帰宅されるようになった。

・２００２年度の文化催事

今年度は会館主催または共催したもの6件その他18件計24件の催事も行った。

①「日中国交正常化の歩み」写真展（4月3日～9日）

会館は「中国年」開幕イベントの「日中国交正常化30年の歩み写真展」の開幕式に孫家正中国文化部長を迎え開催した。

②「中国剪紙の世界展」（7月11日～17日）

中国民間剪紙研究会馮真氏と切紙作家劉静蘭氏を招聘し、馮真氏が収蔵する剪紙作品65点を展示した。会場内で行われた剪紙実演や講座は人気を呼び、１５００人以上の人たちで賑った。

③「日中合同青少年マリンバコンサート」（8月31日）

日本最大のマリンバ演奏家集団―マリンバ北星会と北京マリンバ協会の協力による「日中合同青少年マリンバコンサート」を会館との共催でオリンピック記念青少年総合センターで開催した。これは会館秋岡家栄評議員のご尽力によるものである。

④「日中青少年書道展」（9月18日～24日）

会館、中国対外芸術展覧中心、全日本学生書道連盟の共催で日中両国青少年による優秀書道作品それぞれ１００点ずつ、合計２００点を展示した。

⑤「第12回中国文化之日―京劇人形展」（9月27日～10月23日）

京劇役者の衣装と仕草を正確に再現した京劇人形60体を美術館で展示し、また、展覧会に合わせて京劇公演、京劇入門講座を開催した。展覧会の総入場者数は５５００人以上となった。

⑥「中国版画の百年展　１９００～１９９９」（11月2日～28日）

20世紀の中国版画の辿った発展の道筋として、伝統版画から現代版画まで優秀作品１００点を展示した。また4月に北京・世紀壇で会館が共催する「現代書道20人交流展」が開催され、開幕式に村上理事長が出席した。

巡回展は「京劇人形展」を静岡県立美術館（10月）、岩手県八戸ホール（1月）、「中国版画の百年展」を山梨県なかとみ現代工芸美術館（3月）で行なった。

日中歴史センターの交流事業では昨年に続き愛知大学の教員・学生44名が雲南省昆明市において「日中学生社会調査交流」を実施した。

中国高校生100名の受け入れは5月に8泊9日の日程で東京、埼玉、修善寺、京都、大阪を歴訪、日本の高校生と交流し、各地を見学して日本への理解を深めた。

・日中国交正常化30周年記念出版助成（日本・中国）

村山総理から戦後50周年（1995年）に当たり「アジア平和友好交流計画」が発出され、その中の10年に渉る日中歴史研究事業の一環として研究・出版助成事業が開始された。この事業のひとつとして2002年が日中国交正常化30周年に当たるので、日本と中国で各々記念出版の企画が開始された。

（1）「現代中国をつくった人びと」〈日本側〉

当時年間4万人を超す高校生が中国へ修学旅行に出かけ、他方中国からも高校生訪日団の来訪が両国政府の協議の上で定例化しかけてきた。しかし旅行社が用意するのは観光案内書であり、国際理解を深めるのに相応しいガイドブックはなかなか見当たらない。そこで特に日本との関わり合いを折り込んだ中国の近現代史を副読本のような入門書に仕立て上げたいと考えた。

当時高校の日本史（社会科）の授業は幕末かせいぜい明治の半ばあたりで2学年末を迎え、3年生になると大学入試準備に入り、大学入試においても明治中期以降は出題されない傾向が強く、教える側も時間とエネルギーをかけないので近現代史教育空洞化（特に近隣アジアとの関係）の時代が戦後教育において一般化していた。修学旅行で訪中する学校で社会科担当の熱心な先生は手作りの案内パンフレットを作って配布してくれたこともあった。訪中するのであれば少しでも近現代中国についての知識をもって行って欲しいという気持ちからこの企画はスタートしたのである。

当時隅谷三喜男先生を座長とする日中歴史研究評議員会の評議員であった鮫島敬治先生に相談し、学術書でなく高校生に理解し易い読物風のものにする方針を了承して頂き、1996年日中近現代史編集委員会を発足させた。

委員の構成は次の通りである。読み物性を高めるために事件や項目よりも人物を軸に読み易いようにふりがな付とし、70年代・80年代に北京に駐在した報道機関の方々から成る各委員が人物毎に担当する形とした。

座長　鮫島敬治（日本経済新聞）「周恩来」担当
委員　近藤龍夫（朝日新聞）「蒋介石」「鄧小平」担当
委員　山本展男（毎日新聞）「魯迅」「溥儀」担当
委員　布施茂芳（共同通信社）「孫文」「張学良」担当
委員　丹藤佳紀（読売新聞）「李鴻章」「毛沢東」担当
事務局　日中歴史研究センター　村上立躬　尾形洋一　丸山宗子

当初、出版、販売を講談社に委託する考えであったが編集方針で委員会と意見が一致せず、委員全員の希望で自主編纂することとし、上着のポケットに入れられるサイズの新書版272頁に収め、2002年9月9日2000部を出版した。

企画してから足かけ6年を要したが委員の先生方はご多忙の中集まって下さり、高校生向きにはどの様な構成にすべきか、総量はどの位が適当か等あらゆる角度から検討し、熱心に議論した上で方針が定まった。各自の分担が決まってからは最低月1回は作業を進め、原稿を読み合って推敲し固めていった。大変なご苦労であったがボランティアでお引き受け頂き、毎回些少な交通費をお支払いするだけだったが会議の後の豫園での談話会では北京駐在中の昔話から政局まで楽しい一時を過ごして頂いた。

出来上がった本は修学旅行を実施している高校に紹介し、多くの高校生に読んでもらい出版の目的を果たすことができた。北京はじめ東アジア各地に常駐経験を持つジャーナリストOB諸氏の積極的参加がなければ、試行錯誤と曲折の過程でこの作業を埋没させてしまったのではないかと思う。委員の方々に対する深謝の念にたえない。

(2)『友誼鋳春秋』(中国側)

1999年末、中日関係史学会(会長属以寧)は1945年の日本降伏から新中国成立初期に数多くの日本人が中国の革命と建設に貢献した事績を検証、編纂して後世に貴重な歴史として残すことにした。

1年に亘る準備を経て編纂委員会を設立し、2001年3月から取材チームが日中友好会館日中歴史研究センターの協力のもとで数回訪日して生存している方々に会って聞き書きし、中国国内でも当時の事情に詳しい人達を訪ねて史料収集につとめ、2002年8月に『友誼鋳春秋』第一巻の刊行に至った。

編集委員会
顧問　劉徳有
編集長　呉学文
副編集長　丁民　朱福来

委員　丁民　朱福来　呉学文　孫東民　高海寛　張曜棟　張雲方　馮昭李　湯重南　劉智剛

第一巻では28名の日本人の功績が紹介されたが、更に記録すべき日本人の業績が多数あるので取材を続け、戦後60周年に当たる２００５年に第二集を刊行し、42名の方々の功績が紹介された。実は中国側としては第三集の原稿ができていたが、日中友好会館の日中歴史研究の出版助成事業が終了していたので刊行を見送っている。いずれの日にか完結させたいと願っている。

この事業は日中友好会館が取材チームの受け入れから出版に至る迄全面的に支持協力し、当時の後藤田正晴会長は北京での出版記念祝賀会に出席、また、完成した日本語版の帯書に次の言葉を添えられた。

第一集

「〝友好の原点、ここにあり。〟埋もれていた史実が初めて発掘された。日中両国の無名の人々が苦しみと喜びを共にする中で、友情を育み信頼関係を築き上げた無数の事績こそ、まさに友好の原点といえよう。登場人物たちの高い志と壮絶な生き様は、今の時代に生きる私たちへの叱咤激励でもある。若い世代に一読を勧める所以である。」

第二集

「〝草の根の交流こそ〟この『新中国に貢献した日本人たち』の続編に登場する人々は、戦争で破壊された日中両国の友好を自ら汗と血で修復して、今日の礎を築かれた。両国関係が厳しい状況にあるとき、地道な草の根交流という原点に立ち返るよう、本書の人々は呼びかけている。」

日中友好交流の拠点であることを使命とする日中友好会館としてこの事業に貢献できたことは大変光栄であり、中国中日関係史学会の皆様のご尽力に心から謝意と敬意を表する。

会館の企画として華僑団体などに次の通り出版助成した。

華僑華人研究会『日本華僑・留学生運動史』
学校法人横浜山手中華学園『横浜山手中華学校百年校史』
横浜華僑婦女会『横浜華僑婦女会五十年史』
上海国際友人研究会・大阪編集協力委員会『日中友好に貢献した人々』

経済交流部では経済情報をマクロからミクロ（民間個別企業）に重点を置く方向で工商連と協議して了承を得た。10月18日、会館と工商連との間で「経済情報等協力開始についての協議」を調印した。また、相互研修事業の一環としてプロジェクトマネージャー李栄勝氏を受け入れ、日本企業訪問や「日中経済討論会２００２大阪」参加など交流拡大を図った（4月10日～11月30日）。

12月13日、大和総研宮崎勇特別顧問を招いて「中国のＷＴＯ加盟と日中経済の動向」と題する経済講演会を開催した。

（9）２００３年度（２００３年4月～２００４年3月）（平成15年度）

２００３年度は日中平和友好条約締結25周年に当たり、両国で様々な記念行事が行われた。

8月9日、北京人民大会堂で開催された25周年記念レセプションに先立ち、胡錦濤国家主席、呉邦国全人代常務委員長など、中国の指導者が記念行事に参加した日本側代表と会見した。会館からは林会長、村上理事長が会見に出席した。胡錦濤主席は同条約を高く評価した上で「中日双方は並々ならぬ努力を経て得た今日の中日友好の成果を大切にし、中日関係をこれからも発展させるという歴史的責任感と高尚な使命感を深く認識すべきである」と強調された。

同夜のレセプションには両国代表者など400人余が出席、橋本龍太郎元総理、宋健中日友協会長が挨拶をのべた。

9月、呉邦国全人代常務委員長が来日。同月5日友好7団体、外務省、中国大使館が共同で「25周年記念祝賀」・「呉邦国委員長歓迎」レセプションを開催した。日本側からは小泉総理はじめ各界の要人多数、会館からは後藤田名誉会長、林会長はじめ役職員多数が出席した。

中国における突然のSARS大流行により、各事業部門も上半期は中止若しくは延期せざるを得なかったが、SARS騒動が終息した夏以降は日中双方の政府・民間のご協力により、各分野とも旧に復し活発に行われた。

今年度は1995年度から政府の委託を受けて実施してきた「日中平和友好交流計画」事業の最終年度の前年にあたり、その総括と取り纏めをおこなった。

中国高校生の受け入れはSARSのため5月から9月に繰り下げ、ホームステイは父兄の心配もあり断念した。

10月、劉智剛中国代表理事、任期満了により退任帰国。

後楽寮では在寮生が減少したので、この機会に1985年開寮後の経年劣化を補修する大改修工事を実施した。

経済交流部は中華全国工商連と共催で中国民間企業経営者2名を招き、経団連会館国際会議場でシンポジウム「急成長する中国の民営企業」を開催したが、満席以上の大盛会で活発な質疑応答が行なわれた。

・2003年度の文化催事

今年度は会館主催3件その他16件計19件の催事、海外・地方の巡回展3件、協力事業が2件であった。

①「中国影絵人形展」(4月23日~5月22日)

中国美術館が収蔵する陝西省、河北省、北京市周辺の作品16点を展示し3600人以上の入場者で賑わった。

②「第13回中国文化之日—京劇衣装展」(10月1日~22日)

張紹成京劇団が収蔵する京劇衣装37点、小道具15点を展示し、3500名の来場者を集めた。

③「中国庶民の語り歌—鼓曲公演」(10月12日~17日)

中国鼓曲界が注目する若手の歌い手—郭蘭陽と伴奏者2名を招いて中国の伝統的語り物芸—鼓曲の公演を1階の茶芸苑「馥」の間仕切りを取り外して行った。各回とも200名をこえる観客を魅了する巧みな語り口で喝采を浴びていた。丁度、開店した「馥」の記念としての招待者向けのライブも開催した。

郭蘭陽女士による中国伝統の語り物芸

この他、「京劇人形展」を甲府市民ホールで巡回展示した。

同年12月、北京軍事博物館で行われた「2003北京国際漫画展」に会館はちばてつや画伯、モンキー・パンチ他の著名漫画家チームの参加などで特別協力し、優秀作品に日中友好会館賞を授与した。

新宿区立津久戸小学校、文京区立柳町小学校から課外授業への協力要請があり、後楽寮生の助けを借りて総合学習の教室に講師として参加し、中国の風俗、習慣や文化について紹介した。

交流事業では日本側から12月に各地の青少年101名、3月に高校生53名を中国に派遣した。日中学生社会調査交流は第3年度となり、今年は福建省アモイ市に愛知大学現代中国学部の学生30名を派遣した。中国側からは3月に13名を名古屋市に招聘した。

10月、日中歴史評議員会は中国社会科学院との合同会議を上海復旦大学で行った。

12月、王泰平中国代表理事着任。

・日本遺棄化学兵器被害者支援基金

2003年8月に黒竜江省チチハル市で発生した旧日本軍遺棄化学兵器事件の実態調査と被害者へのお見舞いのため2004年2月、会館村上理事長をはじめ友好6団体の代表者がチチハル市を訪問した。被害は想像以上に悪く、原爆症のようなケロイドができているほか呼吸器の損傷が顕著であった。発生後、徐々に症状が悪化しているようであった。

帰途北京に立ち寄り、中日友協の中国友好平和発展基金内に日中友好7団体が100万円を拠出して「日本遺棄化学兵器被害者支援基金」を創設した。

この被害者代表団はその後度々中国側弁護団とともに来日し、日本政府に補償請求を求めてきたが、日中両国政府間では既に決着済みの案件とされており、成果は得にくい状況であった。来日時には友好団体に日本側弁護団が付き添い面会し、その都度患者の状況報告があったが症状は悪化傾向にあり、友好団体の協力を求められた。しかし、日本政府は中国政府からの要請がなければ対応出来ないとの姿勢をかえることはなかった。

(10) 2004年度（2004年4月～2005年3月）（平成16年度）

・後藤田名誉会長清華大学で講演

2004年10月、後藤田名誉会長ご夫妻は、唐家璇国務委員の委託による中日友協の招きに応じ、中国を訪問した。27日人民大会堂で賈慶林全国政治協商会議主席と会談し意見交換を行った。この会見には、林会長、村上理事長のほか会館の役職員が同席した。

北京滞在中に唐国務委員主催の歓迎宴に出席し、古くからの友人と旧交を温めた。帰国当日の午前中、清華大学の要請により学長との会談の後、講堂で200人余の学生に1時間余に渉り日中関係を展望する講演を行い、更に1時間余活発な質疑応答を行った。この講演には徳島新聞社の吉村昇氏が同行、詳報が同紙に掲載された他、全国紙各紙でも紹介された。

この中国訪問が後藤田先生の最後の訪中となった。

12月、北京で日中民間友好団体実務者会議が開催された。日本側（日中友好6団体）、中国側（中日友協等10団体）との合同会議では、戦後60周年を迎えて、当面の日中関係をどう見るか、民間友好交流をどう進めていくか、についてそれぞれ見解を出し合い意見を交換した。さらに2005年4月に日中両国の友好団体の代表が東京に集まり、友好協力を新段階に進めるべくアピールを採択することで合意した。日本側6団体一行は、北京滞在中に、宋健中日友協会長主催の歓迎宴に出席したほか、唐家璇国務委員、孫家正文化部長、武大偉外交部副部長、王在希台湾弁公室副主任と会見した。

12月、日中歴史研究評議委員故鮫島敬治氏告別式。

・日中平和交流計画（日中歴史研修支援事業）最終年度

１９９５年に始まった日中平和交流計画に基づく歴史研究支援事業は、10か年計画の最終年度を迎えた。歴史研究部門では年度末現在、日本側は研究助成60件、出版助成73件、シンポジウム助成11件を実施した。中国では社会科学院によって、研究助成97件、出版助成44件を実施した。２００５年３月31日、会館の日中歴史研究センターはその使命を終えて閉鎖され、日教販ビル８階の借室契約も終了した。

出版助成

※本書に記載している著者名、書名などは歴史研究評議委員会が助成を決定した際のもので、実際に出版された書籍とは異なる場合がある。

（95－C－001）比較史・比較歴史教育研究会『黒船と日清戦争　歴史認識をめぐる対話』未来社　１９９６年３月　１３０万円

（95－C－002）東アジア近代史学会『日清戦争と東アジア世界の変容』ゆまに書房　１９９７年９月　２５０万円

（95－C－003）篤磨をめぐる中国人研究会『資料集・篤磨をめぐる中国人』原書房　２００４年３月　２８０万円

（96－C－004）西田勝『近代日本と「偽満州国」』不二出版　１９９７年６月　２００万円

（97－C－005）中村義『白岩龍平日記　アジア主義実業家の生涯』研文出版　１９９９年９月　２００万円

（97－D－001）高木誠一郎『第４回日中関係史国際シンポジウム』東方書店　２０００年８月

（98－C－006）飯島渉『華僑・華人研究の現在』　汲古書院　1999年3月
（99－C－007）姫田光義『日中戦争下中国における日本人の反戦活動』　青木書店　1999年9月
（99－C－008）奥田安弘『共同研究　中国戦後補償　歴史・法・裁判』　明石書店　2000年2月　150万円
（99－C－009）古厩忠夫『上海　重層するネットワーク』　汲古書院　2000年3月　160万円
（99－C－010）山田豪一『「満州国」阿片麻薬専売制度の研究　日中戦争期の対中国阿片へロイン侵略』　汲古書院　2002年12月　200万円
（99－C－011）杉野要吉『淪陥下北京　1937－1945　交争する中国文学と日本文学』　三元社　2001年6月　200万円
（99－C－012）檜山幸夫『近代日本の形成と日清戦争』　雄山閣出版　2001年4月　140万円
（99－D－003）狭間直樹『西洋近代文明と中国の近代　中華世界の変容に見るアジア「文明」圏の特質』　京都大学学術出版会　2001年2月　200万円
（00－C－013）芳井研一『環日本海　地域社会の変容「満蒙」・「間島」と「裏日本」』　青木書店　2000年6月　190万円
（00－C－014）石田勇治『南京事件ドイツ関係資料集』　大月書店　2000年6月　170万円
（00－C－015）小島晋治『20世紀日本の中国研究と中国認識』　研文出版　2001年6月　180万円
（00－C－017）曽田三郎『近代中国と日本　提携と敵対の半世紀』　御茶の水書房　2001年3月　200万円
（00－C－018）松沢哲成『花岡事件横浜法廷記録　BC級戦犯裁判の代表的事例』　総和社　2006年　200万円

（００－Ｃ－０１９）山室信一『思想課題としてのアジア　基軸・連鎖・投企』岩波書店　２００１年12月　１４０万円

（０１－Ｃ－０２０）西成田豊『中国人強制連行』東京大学出版会　２００２年６月　２００万円

（０１－Ｃ－０２１）田所竹彦『肉筆でみる日中先覚者の交友　孫文・宮崎滔天筆談記録』里文出版　２００２年６月　２００万円

（０１－Ｃ－０２２）宇野重昭『１９３０年代および１９４０年代における日中関係　日本の侵略と中国の抵抗』研文出版　２００１年11月　１６０万円

（０１－Ｃ－０２３）伊香俊哉『近代日本と戦争違法化体制　第一次世界大戦から日中戦争へ』吉川弘文館　２００２年７月　２００万円

（０１－Ｃ－０２４）柳沢遊『満鉄の調査・研究活動』青木書店　２００６年　２００万円

（０１－Ｄ－０２５）吉田悟郎『帝国主義の時代の理解をめぐって「第４回東アジア歴史教育シンポジウム」の記録』未来社　２００２年３月　２００万円

（０１－Ｃ－０２６）山田正行『アイデンティティと戦争　戦中期における中国雲南省滇西地区の心理歴史的研究』グリーンピース出版会　２００２年５月　１３０万円

（０１－Ｄ－００６）大庭浩『辛亥革命90周年国際学術討論会（神戸）』汲古書院　２００３年12月　２００万円

（０２－Ｃ－０２７）大村益夫『中国朝鮮族文学の歴史と展開』緑蔭書房　２００３年３月　１４０万円

（９９－Ｂ－０２０）粟屋憲太郎『中国山西省における日本軍の毒ガス戦』大月書店　２００２年12月　１９０万円

（９９－Ｂ－０２２）内山雅生『興亜院と戦時中国調査』岩波書店　２００２年11月　２００万円

（０２－Ｃ－０３０）石田米子『戦場の村の性暴力に向き合って　山西省盂県における日本軍と民衆』創土社

2004年4月　200万円
（02－C－031）小野寺利孝『三光作戦の研究』　大月書店　2003年7月　150万円
（02－C－032）川島真『中国における「近代外交」の誕生』　名古屋大学出版会　2004年2月　150万円
（02－C－033）菊池一隆『日本人反戦兵士と日中戦争　重慶国民政府地域の反戦活動』　御茶の水書房　2003年5月　200万円
（02－C－034）嵯峨隆『戴季陶と「日本論」』　東方書店　2003年7月　120万円
（02－C－035）安井三吉『柳条湖事件から盧溝橋事件へ　1930年代華北をめぐる日中の対抗』　研文出版　2003年12月　200万円
（02－C－036）新井とも子『中国撫順戦犯管理所職員の証言』　梨の木舎　2003年2月　100万円
（02－C－037）山根幸夫『建国大学の研究　日本帝国主義の一断面』　汲古書院　200万円
（02－C－038）阿部洋『「対支文化事業」の研究　戦前期日中教育文化交流の展開と挫折』　汲古書院　2004年1月
（03－C－039）西田勝『中国東北文化細目』　不二出版　2005年6月　200万円
（03－C－040）井波陵一『梁啓超年譜長編　全5巻　その1』　岩波書店　2004年1月　250万円
（03－C－041）佐藤三郎『東遊日記の研究　中国人の見た明治日本』　東方書店　2003年11月　189万円
（03－C－042）仁木ふみ子『震災下中国人虐殺資料集』　明石書店　2006年　200万円
（03－C－043）西村成雄『東アジアにおかえる中国「大国」化の起源　国際連合組織化過程にみる』　法律文化社　2004年7月

（03－C－044）三山陵『中国抗日戦争時期新興版画史の研究』　研文出版　2006年　200万円
（03－C－045）高橋孝助『古厩忠夫日中関係史論集』　研文出版　2004年9月　200万円
（04－C－046）石島紀之『重慶国民政府史の研究』　東京大学出版会　2004年12月　200万円
（04－C－047）井波陵一『梁啓超年譜長編　全5巻　その2』　岩波書店　2004年4月　250万円
（04－C－047）飯島渉『マラリアと帝国　植民地医学と東アジアの広域秩序』　東京大学出版会　2005年6月　200万円
（04－C－049）高綱博文『戦時上海　1937－45年』　研文出版　2005年4月　160万円
（04－C－050）木山英雄『周作人「対日協力」の顛末』　岩波書店　2004年7月　200万円
（04－C－051）奥村哲『中国の資本主義と社会主義　近現代史像の再構成』　桜井書店　2004年12月　200万円
（04－C－052）田中重光『近代・中国の都市と建築　広州・黄埔・上海・南京・武漢・重慶・台北』　相模書房　2005年4月　200万円
（04－C－053）家近亮子『橘樸　翻刻と研究　「京津日日新聞」』　慶応義塾大学出版会　2005年11月　200万円
（04－C－054）山本武利『延安リポート』　岩波書店　2006年2月　100万円
（04－C－055）三好章『「清郷日報」記事目録』　中国書店　2005年3月　160万円
（04－C－　056）飯塚靖『中国国民政府と農村社会　農村金融・合作社政策の展開』　汲古書院　2005年8月　180万円
（04－C－057）山極晃『米戦時情報局の『延安報告』と日本人民解放連盟』　大月書店　2005年7月　200万円

（04－C－058）内田知行『日本の蒙彊占領　1937－1945』　研文出版　2006年　200万円
（04－C－059）内海愛子『ある日本兵の二つの戦場』　社会評論社　2005年1月　160万円
（04－C－060）杉本達夫『日中戦期　老舎と文藝界統一戦線　大後方の政治の渦の中の非政治』　東方書店　2004年12月　100万円
（04－C－061）瀧本弘之『日本における中国新興版画　抗日戦争時期から新中国成立期まで』　研文出版　2006年　200万円
（04－C－062）中見立夫『近代中国東北地域史研究の新視角』　山川出版社　2005年10月　200万円
（04－C－063）広川佐保『蒙地奉上「満州国」の土地政策』　汲古書院　2005年12月　150万円
（04－C－064）本庄比佐子『近代日中関係史年表』　岩波書店　2006年1月　950万円
（04－C－065）吉田裕『現代歴史学と南京事件』　柏書房　2006年　150万円
（04－C－066）森時彦『在華紡と中国社会』　京都大学学術出版会　2005年11月　150万円
（04－C－067）波多野澄雄『日中戦争の軍事史的研究』　慶応義塾大学出版会　180万円
（04－C－068）山田豪一『続・満州国の阿片専売　日中戦争期　中国占領地での阿片政策』　200万円
（04－C－069）並木頼寿『戦前期日中間教科書問題の研究』　研文出版　2006年　200万円
（04－C－070）安冨歩『「満洲」の成立』　名古屋大学出版会　2006年　200万円
（04－C－071）岸陽子『「女声」の研究　上海淪落期文学の一考察』　岩波書店　2006年　150万円
（04－C－072）井上久士『延安政権の研究　1937－1945年』　桜井書店　2006年　100万円
（04－C－073）竹中憲一『劉大年「評近代経学」について』　汲古書院　2006年　100万円
交流事業部門では日中両国の教育関係者442名の受入・派遣を実施、青少年交流では1933名の受入・

派遣を実施した。この事業の一部は２００５年度から新設された総合交流部に引き継がれた。

日中歴史研究センター図書室は、日中近現代史及び中国各地の統計年鑑類を中心とする図書資料、映像資料を蒐集し、２００４年度末までに蒐集した図書は３３５００冊、映像資料は５７００点になった。これら資料は公的機関への移管に備え、２００５年２月一時的に外部の図書専用倉庫で保管するため移送した。

２００４年、本計画の終了時点で収集した蔵書・資料約４万件の文献は国会図書館や東洋文庫の他、多くの大学研究所から収蔵の要望があったが、２００６年1月一括受け入れを申し出た大学共同利用機関法人人間文化研究機構「国際日本文化研究センター」（京都市西京区）に寄贈、日中文庫と命名され、各大学・研究機関の研究者等が活用している。

10年間の成果は日本側70冊、中国側60冊の著作として後世の貴重な研究資料として残された。

中国大使館教育処との式根島懇親旅行（教育処　李東翔公使参事官、会館　村上理事長　総勢20名　7月2日～4日）

9月24日、友好7団体主催で王毅大使歓迎会。

中国大使館と懇親スキー旅行（大使館　王毅大使、会館　村上理事長、総勢18名　2月10日～11日）。

・２００４年度の文化催事

今年度は会館主催6件、協力事業6件、その他15件、計27件の催事を行なった。

文化催事で昨年ＳＡＲＳの影響で延期した「泉州糸操り人形劇」及び「日中友好会館大賞受賞者による現代中国絵画の二人展」を実施したほか、「中国清華大学美術学院作品展」を開催し、大勢の来場者から好評を得た。

第14回中国文化之日の企画として行った「泉州糸操り人形劇」公演は一般向け３回の他、地域の小学校の生徒を招待した特別公演を1回、最終公演の際には「日本と中国の糸操り人形競演」と銘打って、江戸糸操り人形劇団―結城座第12代結城孫三郎氏を招き、日本と中国の糸操り人形競演を行った。人形の中に魂を吹き込まれたとみまごう程の繊細な糸捌きと人形遣いの張りのある歌声が喝采を博し、各回とも満員となり、来場者は2000名を上回った。この公演は群馬県六合村に巡回した。

この公演の準備のため同年8月29日午後福建省泉州市に糸操り人形の第一人者で人間国宝に当たる国家一級演者の黄奕缺先生を自宅に訪問し、協力に感謝の意を表した。夕刻、泉州木偶劇場で黄先生の素晴らしい演技を拝見する事ができた（中国泉州木偶劇団　団長　王景賢先生　この団は世界各地で公演し高い評価を得ている）。

またNHKが会館のこの公演に因んだ特別番組「山川静夫の新華麗なる招待席〝日中糸操り人形の世界〟」を制作するに当たり、会館職員が泉州での現地取材の手配をして同行し、会館での公演中継にも協力した。この番組はハイビジョンで2005年2月12日に2時間45分の長時間番組として放送された。

展覧会は以下の通り

①「中国清華大学美術学院作品展」（4月15日～5月9日）

学院の教員・学生による優秀作品94点を展示、現在の中国美術の水準の一端を示す質の高い展覧会と好評で、3600名の入場者で賑わった。

②「蘇る四川文明展―三星堆と金沙遺跡の秘宝展」（6月22日～3月21日）

四川省文物局と4年間に渉り交渉し準備した展覧会で、共同通信社および開催地新聞社と共催して東京、秋田、盛岡、富山、青森、郡山を巡回展示して好評を博し、総入場者は13万名を上回った。

この文明は約4千年前に四川盆地で繁栄した羌族のもので、今回は四川省博物館、四川省文物考古研究所、成都市博物館、成都市文物考古研究所、涼山州博物館、広漢三星堆博物館、茂県羌族博物館等が所蔵する

110点を展示したが、これらの文物は世界各国が出品を要請しており、会館の希望した時期が「中仏文化交流年」と重なったので交渉に時間がかかり、フランスの後となった。

意向書

中国の四川省文物管理局と日本の株式会社共同通信社、財団法人日中友好会館は『四川省古代文物展』（仮称）の日本展について以下の項目に合意した。

1．2003年4月から2004年1月まで、日本の7会場で『四川省古代文物展』を開催し、実質展示期間は7ヵ月とする。

2．中国側は四川省文物管理局が展覧機構の責任を持ち、日本側は株式会社共同通信社と財団法人日中友好会館が責任を持つ。

3．中国側は日本側に文物展品100件（組）を提供し、その文字資料と写真資料も提供する。

4．日本側が中国側に支払う展覧準備費は出品リスト決定後別途に協議する。

5．中国側は展示品の中国国内での集荷、修復、梱包、輸送及び安全の責任を負う。

6．日本側は展示品の国際輸送、保険及び安全の責任を負い、日本での展覧期間のすべての費用を負担する。

7．展覧会の最初の会場の開幕時に中国側は代表団5名を10日間日本に派遣し、随展員として最初の会場の梱包・展示から最後の会場の開幕・梱包まで4組各2名を日本に派遣する。この国際旅費と滞在費は日本側で負担する。

8．双方で合意し、この展覧会の実現に向けて共同して努力する。

四川省文物管理局との調印

２００１年８月６日

中国
四川省文物管理局

日本
株式会社共同通信社
取締役事業本部長　高橋　紘
財団法人日中友好会館
理事長　村上立躬

日中友好会館　村上立躬理事長
共同通信社　高橋紘事業本部長

お手紙を頂きました。中日両国は一衣帯水の隣国であり、両国人民の友誼は流れが長く、文化交流も頻繁に展開するようになっています。特にこの二十数年来、文化交流は両国の相互理解を深める重要な絆になり、文物交流がこの中で重要な地位を占めています。貴会館、貴社が両国の文化交流に情熱を傾け、中国の悠久博大な文化の紹介に豊富な経験があり、とりわけ昨年開催された「秦の始皇帝と兵馬俑展」を大成功に導いたことは、よい経済利益だけではなく、その陳列のデザインと解説も各方面の好評を博しました。貴方が四川文物の展覧会を成功裡に開催できることを信じております。

四川は長江の上流に位置し、遥かな古代に勤労勇敢な先民たちが素晴らしい文化を創造しました。三星堆遺跡、祭祀坑の発見、新津宝墩遺跡、温江の魚凫古城及び古城壁の発掘は、四川が中華文化の中心地のひとつとしての有力な証明であります。特に最近発見された金沙遺跡は四川が神秘的な地域だけでなくて、豊かな文化を有することも物語っています。四川の古代文化は連続性があり、断層がありません。十二橋遺跡、彭州竹瓦青銅器の穴蔵、浩陵小田溪墓は商周時代から戦国時代までの四川文化の風采を生き生きとして反映し、秦漢時代の四川はさらにその独特的で精美な芸術で世界を吃驚させせました。これらの文物の精華は四川博物館　　、綿陽市立博物館に収蔵しています。貴会館、貴社が四川をテーマにする展覧会を開催することは極めて意義深いことに違いありません。検討した結果、我々は、２００３年から２００４年まで貴国で四川文物展覧会を行うという貴会館、貴社の要請に原則的に同意します。そして、以下の考えを提案します。

１、展覧会の名称は、「三星堆文物展」を「四川古代文物精品展」にします。

２、貴方が要望した１００点の文物の出品について、我々は四川博物館、綿陽市立博物館、広漢三星堆博物館及び四川省で新しく発見された船棺と金沙遺跡から出土した文物の一部分から選出することを提案します。

以上の提案について、貴方の意見を待っております。

四川省文物管理局
局長　梁旭仲

・古代蜀の歴史探訪

村上立躬　記

古代の蜀をテーマに三星推出土品を主体とする展覧会を平成15～16年に地方新聞社数社と共催しようと考え、四川省文物局に打診していた処、省内の博物館、遺跡の視察と展覧会開催条件協議のため来て欲しいとの連絡があり、平成13年（２００１年）８月１日北京経由で成都に赴いた。

一行は日中友好会館から小生と文化事業部長（中国文化部からの出向者）と共同通信社事業担当役員・部長の４名

で、このチームは平成12年に東北5県と長野県で「秦の始皇帝と兵馬俑展」（合計入場者数42万人）を開催した気心の知れた仲間である。

四川省の東部に位置する四川盆地は東端に重慶、西端に成都があり面積は20万平方キロメートルで東京都全域の10倍弱。物産が豊富で古来「天府の国」と称されてきた。四川省と湖南省は夏の暑さが酷いので辛い（辣・唐辛子）料理で有名だが、四川省はこれに痺れる（麻・山椒）が加わった、いわゆる四川風味として有名である。

今回の展覧会は秦が蜀を滅した紀元前316年以前の文物によって構成するが、中原や華南では夏・商（殷）・西周・春秋・戦国時代の約2000年間が対象となる。

秦が滅す前の蜀は漢族の支配する国ではなく、チベット系の氐・羌族の有力支族である蜀族が5代の王朝を約2500年間建てていた。蚕叢《さんよう》1600年、柏灌《はっかん》600年、魚鳧《ぎょふ》600年、杜宇《とう》400年、開明12代を経て漢族と交替するのであり三星堆は蚕叢の時代に始まる（蚕叢、柏灌、魚鳧、杜宇は部族の首領の名前）。四川省は少数民族の多い地域であるが現在殆んどが山間部に居住しており、これは秦の征服後、漢族の移住が盛んになり、混血や同化を嫌った小数民族が圧迫され後退していった結果と思われる。

羌族は現在成都西方の山間部の羌族自治州に居住しており人口は約20万人とのこと。四川省文物局の羌族に詳しい人に彼らの顔立ちを聞いた処、大きな横長の吊り上った目で二重瞼の切れが深く上瞼がやや腫れぼったく、鼻筋が通り大きく、口は横長で薄いのが特徴とのことで、これを強調すると三星堆出土の人頭像に似ているそうである。

平成10年に朝日新聞社主催ではじめて三星堆出土品が展覧された時のキャッチフレーズは「謎の長江文明」とされ、これまでの中原の中国古代文明と淵源の異なるもののように喧伝されたが、その後は学術研究によると5000年前から四川盆地と中原や華南は人の往来があり、文化が揚子江を遡上して伝播し、それに羌族の伝統文化が加味されたというのが定説となっている。

蜀は独自の象形文字を持っていたことが出土品からわかっているがまだ解読されていない。今後の研究で解読できれば更にいろいろなことが明らかになると期待される。

1．三星堆遺跡

成都の北東40㎞の広漢市の鴨子江（川幅200ｍ）の南岸に沿った12㎞四方を対象地域として1929年～1987年に発掘作業が行われた。現場はすべて埋め戻され水稲を主とする田畑が広がっている。この中心部にかつて東・南・西に各々1800ｍの城壁（2～4ｍ高）に囲まれた4㎢の都市国家が永く栄えていた。城郭の東北の角に広々とした芝生の庭園があり、その中心に展示物をイメージさせるような特異な造形の三星堆博物館が聳えている。1997年に完成した設備は最新の展示手法が採用され大変見易く判り易いが、何と云っても青銅の人頭像・人面具群の迫力は圧倒的で息を呑む。日本からの団体客も見受けられたが、世界各国から見物客があり年間の入場者は40万人に達している。

2．船棺遺跡・金沙遺跡

成都市は市街地が拡大し旧市街の都市計画も進められ、その工事の際にこの二つの遺跡が発見された。船棺は昨年7月、金沙は今年2月であり、私達一行がこれらの発掘現場と出土品を実見した最初の外国人の由。

（1）船棺遺跡

市中心部の四川省共産党委員会職員食堂建替工事の際、地下3ｍ位で埋蔵物にあたり発掘が始まった。現場は1000㎡で深さ8～10ｍまで掘り取られ、全部で17個の船形木棺が規則正しく並んでいる。最大のものは全長18ｍあり、直径3ｍの楠の木が上下に二分割され、上部が蓋で下部が刳り貫いた柩となっており、その中に遺体と副葬品が納められていたという。2500年前のものだそうだが、遺体は骨だけで漆塗りの家具は彩色を残し、蓋付き壺に納められた十数種類の木の実や穀物が風化して残っていた。現場は霊気漂う雰囲気で暑いのに肌寒い感じで地上に戻ってほっとした。

（2）金沙遺跡

市の郊外の住宅地である金沙地区で下水道工事のため10数屯土砂を掘り出した処、金製品、玉器、象牙、土器などが多数出て来た。

この遺跡は三星堆より何百年か新しいと推定され、出土品には類似性があるとのこと。現場は１０００㎡に板囲いが施され、その内３０００㎡に10ｍ×５ｍの方形の穴が沢山掘られており、地表から３ｍの深さに埋蔵品が露出している。穴の場所によって出土品の種類が違うそうだが、現在発掘が始ったばかりなのでどの位の規模の出土になるか未知数である。

完了の暁には総屋根で覆う形の博物館とする構想である。

出土品は市内の別の建物の収蔵室で警備員が厳重に監視している。国宝（1級文物）指定候補のものは更に金庫に入れてあり、開けてもらうと金の仮面。金の紋章などの金製品や玉の長刀など玉製品が現われ、美しさに目を奪われた。発掘が進み、このような物が沢山出てくるのが楽しみである。

成都では近郊の都江滬（岷江の水害を防ぐため秦代に作られたダム）、楽山市の世界最大の石佛（いずれも世界文化遺産）を遊覧したり、市内の杜甫草堂・武候祠・茶館街を見物したが、最も印象に残ったのは四川省文物局との4日間延べ10数時間に及ぶ出品条件交渉であった。出発日午前、四川省文物局長と合意書に署名・交換して成都を後にしたが、四川省内の10余の博物館と多数の遺跡の逸品を体系的に整えて「四川古代文物精品展」として日本に紹介する途がひらけたことを喜んでいる。展覧する時までに新たな発掘が行われ、これらが追加出品されることも期待している。この展覧会を是非楽しみに来場していただきたい。

③　「第14回中国文化之日―泉州糸操り人形展」（10月1日～24日）

泉州木偶劇団の所蔵する色鮮やかな人形、カシラ、衣装などを公演に併せて展示し、５１７７名の来場者を楽しませた。

④「中日書法絵画交流大典」（11月５日～９日）

中国人民対外友好協会、中国文化芸術発展促進会、無錫市人民政府と共催で日中両国の書画家による作品展を江蘇省無錫で開催した。中国側80名、日本側20名が出席し約２００点の作品が展覧された。会館は日本側のアドバイザーを代行し、開幕式に出席した。

⑤「現代中国絵画の二人展―冷軍・楊金星」（11月10日～12月５日）

１９９９年の第９回中国全国美術展で日中友好会館大賞を受賞した両氏の近作からそれぞれ20点、17点計３７点を展示した。会期中に２７２４名の来場者を迎えた。

(11) ２００５年度（２００５年４月～２００６年３月）（平成17年度）

２００６年３月30日、林義郎会館会長ら日中友好７団体の会長は中日友好協会の招聘に応じ北京を訪問した。31日午後、一行は人民大会堂で胡錦濤国家主席と約１時間半会見した。中国側は唐家璇国務委員、宋健中日友協会長、李肇星外交部長、陳昊蘇中国人民対外友協会長、周強中共青年団第一書記他が同席した。各団体会長はそれぞれ活動状況や今後の抱負等を述べた。同日午前中は中国対友協、中日友協など中国側民間友好６団体の指導者と「日中民間団体会長会議」を開き、民間交流の強化と日中関係の改善について意見を交換した。同日夜、一行は釣魚台国賓館で

右・胡錦濤国家主席、左・林会長

唐国務委員と会談した。今回の会長訪中には村上理事長と吉川常務理事が随行した。

２００５年５月、林会長と村上理事長は中日友協の招聘で訪中し、江蘇省、山東省を歴訪した。５月24日上海から無錫を経由して南京市に入り、５月26日李源潮江蘇省党書記と会見した後、江蘇省対外友協創立60周年慶賀祝典に出席し、林会長は日本からの出席者を代表して祝辞を述べた。その後、空路で山東省済南市に至り、張高麗山東省党書記と会見し、また韓寓群山東省長主催の歓迎宴に出席した。翌朝高速道路で広大な野菜産地のビニールハウス群を左右に見ながら南東に向かい青島市に入った。青島市主催の歓送会で今回の訪中は終了した。

12月、簡元中国国際問題研究所副所長一行との懇親会。

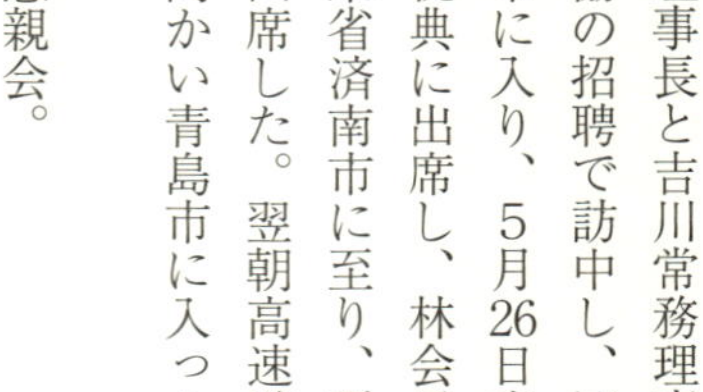

後藤田先生の遺影を囲んで

・後藤田名誉会長「お別れ会」

９月19日に逝去された故後藤田名誉会長の弔問受付を会館で９月22日～９月30日で行なった。「お別れ会」は先生が会長をつとめられた４団体の共催で10月31日ホテルニューオータニにおいて執り行われた。在りし日の先生の映像がスクリーンで紹介されてから、中曽根元総理、河野洋平国貿促会長により心のこもった別辞が述べられた。続いて村上理事長とご長男尚吾氏の謝辞の後、参列者による献花が行われた。

徳島の方々、水戸高校の友人はじめ１５００余名が参列されたが、後藤田尚吾氏と主催４団体の代表は出口で侍立して謝意を表した。厳粛でありながら心のこもった約２時間の「お別れ会」となった。

中曽根元総理弔辞

後藤田正晴元副総理「お別れ会」(10月31日14：00、ホテルニューオータニ)

◆中曽根元首相の「お別れのあいさつ」

大変僭越でございますが、お別れのごあいさつを申し上げたいと思います、今日は後藤田先生を慕う大勢の皆様方がご参集でございまして、このありさまを見まして、やはり後籐田先生のお人柄、あるいはご実績を皆様が偲んで集まったという感を禁じ得ません。

後藤田先生は昔、少壮のころは、カミソリ後藤田と言われておられました。警視庁あるいは警察、あるいは自治省の最高幹部を経験なさいましたが、少壮のころは、うまく本質を鋭くついて、しかも上司に対しては毅然としてご発言をなさった。それにまわりの人たちが頭を下げてカミソリというような尊称をつけたのではないかと思います。

政界にお入りになられましてからは、その鋭さを温容で包まれまして、実に人間的な親しみ深い後藤田先生でございました。私は田中内閣の官房副長官をおやりになっているころずっと、後藤田さんとお付き合いをさせて頂きましたが、この方は国家の柱石になる方だと確信しておりました。私が内閣を作りました時に官房長官をお願いしましたのは、そういう考えもあって私を助けて頂きたいと思ったからでございます。そういうことで大過なきを得たのは全く後藤田先生のおかげであったと思います。

この第一線をお辞めになりましてからは、しかし、日本の政治の改革、自民党の改革について非常な熱意を示されまして、委員長として様々なご提案をなされ、それがまた、党の意見として収れんされて参ったのでございます。そのころはもう温容に包まれた後藤田先生でございました。みんなが慕い寄る先生でございました。そして日中国交回復、あるいは今後の友好親善につきまして、非常に心配をされておりました。これは内外の政治情勢を全部把握されまして日本の長い将来のことをお考え頂きまして、自分がその礎石のひとつになるというご決心で、日中友好のために尽くして頂いたのだと思っております。

私は先生の後輩にあたりまして、いろいろとご指導頂きましたが、戦後おいでになった政治家の中で卓抜な、最も偉大な政治家のお一人であるとしみじみと思った次第でございます。

この6月27日に、実は世界平和研究所の理事会がございまして、理事会が終わりました時に、後藤田先生は私の所においでになりまして、憲法の前文を作る時には聖徳太子の17条憲法にあった「和を以て貴しとなす」ということを入れなさいよ、とおっしゃっておられました。私は頭を下げて「承知いたしました」とご返事を申し上げた記憶がございます。この「和を以て貴しとなす」というご心境で内外のことを全部ご覧になり、集成された、晩年の後藤田先生ではないかと思いますし、しみじみとそのお人柄について心から尊敬を申し上げ、頭を下げる次第でございます。今日は大勢の皆さんと一緒に在りし日の後藤田先生をお偲び申し上げ、心から哀悼の意を表したいと思う次第でございます。どうもありがとうございました。

謝　辞（後藤田先生「お別れ会」）（2005年10月31日）

本日は中曽根康弘元総理に委員長をお願いし、後藤田正晴先生が米寿を迎えるまで会長をお務め下さった財団法人日本交通安全教育普及協会、社団法人日本塩工業会、社団法人日本ゴルフ協会、財団法人日中友好会館が後藤田正晴事務所と共に、「お別れ会」をご遺族ご列席のもと開催させて頂きましたところ、国会会期末また月末ご多忙にも拘らずかくも多数の方々にご参集賜り、一同を代表して心から御礼を申し上げます。

また河野洋平衆議院議長にはご弔辞のほか、ご厚情溢れる「お別れの言葉」を頂戴し、まことにまことに有難うございました。

「カミソリ後藤田」と称された先生は80才で国会議員を辞されてから、多くの著作を世に問われると共に、自由な立場で新聞、テレビ、講演等で数多くの評論を展開され、日本国民の各界各層から天下のご意見番として喝采をもって迎えられ、後藤田ファンから広く敬愛、敬慕される存在となられました。それだけにこれからの日本の指針を示す、なくてはならぬ方の此度のご急逝は全国民から愛惜されております。これは後藤田先生のご主張が常に日本という国を心底愛し、その為には絶対平和を守らねばならないという信念に基づいているからで、この信条が国民の心に届いていたからだと思います。

大正・昭和・平成の間90年の生涯で戦争におもむかれ敗戦の悲惨と屈辱を体験したお立場にあり、現在の日本社会の動向を大変危惧されておられました。ご高齢にも拘らず、精力的に読書をされ、日本の基礎科学技術が世界水準に劣後していないか、世界から尊敬されるに足る文化重視が行われているか、国際人を育てるに足る教育体系が築かれているか等について心配されると同時に、若い世代の活力に大いに期待されていました。

日中関係については古井喜実、伊東正義両先生に続く存在で、中国の円満な繁栄は日本の繁栄と安全につながるという見地でしたから、中国側に苦言を呈しても中国のための発言として逆に尊重され、常に意見を求められるお立場でした。

北京に日中友好会館分館を設け更なる日中友好の実を挙げることが先生のご希望でしたので努力しておりましたが、ご生前に実現できず申し訳なく思っている次第です。

後藤田先生の基本的立場は、日本の未来を支えるのは平和を守ることでしたが、このお志を引き継いで参ることをお誓いして謝辞に替えさせて頂きとう存じます。皆様本日はまことに有難うございました。

平成十七年十月三十一日

財団法人日中友好会館理事長　村上立躬

２００６年３月、後藤田先生の功績を偲び、写真家蛭田有一氏の撮影した先生の写真約60点を美術館で展示した。各界著名人の来場も多く、９５５名の来場者それぞれが写真に見入っていた。

4月21日、旧日中歴史研究センターが収集し図書専用貸倉庫に保管していた図書資料を「国際日本文化研究センター」に譲渡することに決定し、２００６年1月にトラック20台で移管作業を完了した。

移管先　大学共同利用機関法人　人間文化研究機構
国際日本文化研究センター（片倉もとこ所長）
（京都市西京区御陵大枝山町3丁目2番地）

移管物件　図書・映像資料等３８０６２点及び未製本の新聞・雑誌若干

・日中友好99人委員会

8月18日、日中友好99人委員会秋岡家榮代表、依田憙家氏から日中関係諸問題についての公開講座開催について協力要請があり、小ホールの予定のない日時での無償使用を了承した。この会合には山口淑子女史も出席したので、日中友好後楽会加入をおすすめし、しばらく会員となっていただいた。

日中交流史研究会公開講座　開催状況

依田憙家氏（早稲田大学名誉教授）

第1回　２００５年10月18日（火）「日本の近代化と日中関係（1）」
第2回　２００５年11月15日（火）「日本の近代化と日中関係（2）」
第3回　２００５年12月13日（火）「戦前・戦後の日中関係（1）」

中江要介氏（元駐中国大使）

第4回　2006年1月31日（火）「戦前・戦後の日中関係（2）」
中江要介氏（元駐中国大使）
第5回　2006年2月14日（火）「日中関係正常化」
第6回　2006年3月14日（火）「日華断交」
第7回　2006年4月11日（火）「日中平和友好条約」
平井博二氏（日本国際貿易促進協会相談役）
第8回　2006年5月9日（火）「国際貿促50年・事例と関係たち（上）」
第9回　2006年6月13日（火）「国際貿促50年・事例と関係者たち（下）」
森　武氏（早稲田大学名誉教授・日本卓球協会名誉顧問）
第10回　2006年7月11日（火）「ピンポン外交」
西園寺一晃氏（慶應義塾大学講師・北京大学客員教授）
第11回　2006年9月6日（水）「新中国成立から日中国交正常化までの民間交流（1）」
第12回　2006年10月10日（火）「新中国成立から日中国交正常化までの民間交流（2）」
谷口　誠氏（岩手県立大学学長・元国連大使）
第13回　2007年1月15日（月）「『東アジア共同体』の成立に向けての日中協力」
佐藤純子氏（日中文化交流協会専務理事）
第14回　2007年2月20日（火）「日中文化交流協会50年の歴史から見た日中文化交流」
依田憙家氏（早稲田大学名誉教授・日中交流史研究会座長）
第15回　2007年3月6日（火）「日中歴史上の問題点（1）」
（以上の会場　日中友好会館小ホール）

第16回　２００７年4月３日（火）「日中歴史上の問題点（２）」
武吉次朗氏（元摂南大学教授）
第17回　２００７年5月22日（火）「新中国に貢献した日本人たち―埋もれていた『留用』の史実」
森川　忍氏（作家）
第18回　２００７年7月17日（火）「日中交流に捧げた森川和代の生涯」
（以上の会場　日中友好会館第一会議室）
秋岡家榮氏（日中友好99人委員会代表・元朝日新聞北京特派員）
第19回　２００７年9月28日（金）「国交回復35周年―日中関係はどう変わったか」
（会場　日本プレスセンター大会議室）
陳　焜旺氏（日本華僑華人聯合総会名誉会長・東京華僑総会名誉会長）
第20回　２００７年11月28日（水）「日中友好運動と国交回復に華僑総会が日本の友好団体と共同で果たした役割」
酒井　誠氏（日中友好協会常務理事）
第21回　２００８年2月8日（金）「日中友好協会での33年間から見た日中交流」
依田憙家氏（早稲田大学名誉教授・日中交流史研究会座長）
第22回　２０１０年5月21日（金）「日中歴史共同研究報告書をどう読むか（その１）」
第23回　２０１０年5月28日（金）「日中歴史共同研究報告書をどう読むか（その２）」
（以上の会場　日中友好会館第一会議室）

・**総合交流部**

第1次安倍内閣により発足した東アジア青少年大交流計画に基づき、対象・規模を大幅に拡大し、派遣1千名、受入4千名合計5千名で実施している。会館はこの事業を外務省から委託されたので、これを担当する今年度から日中歴史研究センターの実施していた相互理解増進事業を継承する総合交流部を新設した。

2005年度の中国高校生100名受入と日中両国教育関係者の派遣・招聘事業も引き続き実施した。さらに3月に日本政府より、「日中21世紀交流事業」の一環として中国高校生1100名の短期招聘事業の実施を受託した。

・**2005年度の文化催事**

今年度は会館主催6件（うち公演1件）その他17件、協力事業5件、計28件を実施した。公演では四川省川劇学校公演団を迎え、一般客向け3回、近隣小学校生徒向け1回計4回公演を行った。〝変面〟だけでなく川劇の多彩な側面を紹介するプログラムを構成し好評を博した。座席は予約受付と同時に満杯となり、立見を含めて4公演計3100名の観客が詰めかけた。

展覧会は以下の通り。

①「中国典籍と文化展」（4月7日〜9日）

中国全国古籍整理出版計画指導グループとの共催で、中国古籍の新書や写真パネルを展示した他、中国典籍出版に関するシンポジウムを行った。会期中は出版関係者や研究者が来場し賑わった。

②「現代中国画楊力舟・王迎春展」（4月15日〜5月12日）

楊力舟・王迎春による中国画38点を展示。現代中国美術界の重鎮となった二人の創作成果を示す展覧となった。開幕式では水墨画の創作実演を行い好評を得た。会期中は３１８５名が来場した。

③「日中現代女性芸術家特選展」（6月15日～19日）

中国対友協との共催で第二次世界大戦終結60周年を記念し、日中の女性芸術家10名による水墨画・油絵・彫刻等の作品約50点を展示した。日本での会期終了後、北京で巡回展示し、開幕式に村上理事長が出席した。

④「中国民間年画展」（第15回中国文化之日）（10月1日～23日）

木版年画１４８点をはじめ版木や用具類を展示。年画研究家のギャラリートークや年画作家の創作実演を通じて、来場者との活発な交流が行われた。同時開催された「川劇公演」の効果も大きく、来場者は８７４３名に達した。本展は身延町「なかとみ現代工芸美術館」に巡回展示された。

⑤「蛭田有一写真展―後藤田正晴を偲ぶ」（3月14日～20日）

前掲。

・後楽寮　外務大臣表彰

予て後楽寮生がお世話になっている方々に感謝の意を表したいと考えていたので、外務省に大臣表彰を申請して審査の上、下記の通り承認された。

２００５年7月

日中友好加須市民会議（１９８２年からホームステイ受け入れ、而今継続）

長野県日中友好協会（１９９1年からホームステイ受け入れ、而今継続）

一般社団法人岸本倶楽部（１９８６年から奨学金授与、而今継続）

２００９年７月

小田原国際交流会（１９９３年からホームステイ受け入れ、而今継続）

４月、新宿区牛込郵便局郵政記念日行事で後楽寮生謝東女史が一日郵便局長に。

・後楽会旅行

中国旅行は西南部貴州省を訪問した。貴州省は少数民族の多い地域で省民の現金収入が上海市の百分の一の貧困地域といわれるが、平和でのどかな暮らしと見受けられた。省都貴陽市のほか安順、凱里などの名勝、観光地を巡ったが、交通網が整備されれば観光資源が活用できる環境であった。

一部のメンバーは銘酒「茅台酒」の産地、茅台鎮を険阻な山道をバスで６時間（現在は貴陽市から高速道路で2時間）かけて訪問した。途中トイレ休憩する場所がないので、道路沿いの小学校をつかったが、復路は休み時間で子供たちが校庭に一杯いて大変困った。瀟洒な茅台賓館では毎食芳醇な茅台酒がモデルのような麗人によって我々のテーブルで各人と２回ずつ乾杯して供された。茅台酒は当地では年間８千トン生産されている由だが、中国国内では10万トン、世界では30万トン流通しているとのことであった。帰路深圳に1泊、香港に２泊、公使公邸に招待され茶菓の接待を受けたのは、従来の後楽会旅行にない思い出となった。

(12)　２００６年度（２００６年４月～２００７年３月）（平成18年度）

日中両国政府は日中国交正常化35周年を記念して２００７年を「日中文化・スポーツ交流年」とすることで

合意、２００６年12月21日に実行委員会第一回会合が開催され、席上、林会長は同委員会顧問を委嘱された。

同年５月、林会長は政策研究大学院大学で、国際交流基金が招聘した北京大学現代日本研究センター博士第１期生研修団を対象に、「日中両国関係の変遷」をテーマとした講演を行った。

日中両国政府は２００７年に双方向の交流人口５００万人を目指すことで合意している。日本側では２００６年12月に冬柴国交相を委員長とする「訪日中国人旅行者拡大方策検討委員会」が設置され、村上理事長が委員に就任した。

同年12月、会館の招聘に応じて宋健会長を団長とする中日友協代表団一行９名が７泊８日の日程で来日した。一行は東京滞在中に、安倍総理、河野衆院議長、麻生外相、与野党党首、友好団体トップ等を訪問、会談した。その後、宮城、福島の両県知事と面談し、ＪＡＸＡ角田宇宙開発センターなど各所を見学した。井頓泉副会長、袁敏道副秘書長はじめ同協会幹部が全行程随行した。

12月、王泰平中国代表理事、任期満了により退任帰国。

・総合交流部

２００７年１月、安倍総理の提言により日本政府は東アジアサミット参加国の高校生、大学生を中心とする青少年を今後５年間に渉り、年間６０００名日本に招くことを決定、会館はこのうち毎年１９００名の中国青少年を日本に招く事業等の実施を受託することとなった。会館は５年分の事業資金として総額83億円の拠出を受けたが、当該事業を適正かつ効率的に実施するため、専門の事務局として「東アジア青少年交流基金事務局」を同年３月に新設した。

特筆すべきは、中国からの年間２０００人の訪日高校生の受入に当たっての学校訪問とその訪問校の生徒宅でのホームステイは、訪日高校生から絶大な支持を得ていることである。

同年5月「公益法人制度改革関連3法案」が成立、２００8年12月から施行されることとなった。当会館も新制度への移行に備えて準備作業のための研究チームを発足させた。

今年度の交流事業は以下の通り。

「教育関係者招聘・派遣事業」

例年通り招聘17名、派遣34名。

「青少年招聘・派遣事業」

日中21世紀交流事業として中国の高校生の招聘を１０８０名に増加し、２００6年5月〜２００7年3月の間に5回に分けて実施した。

日本高校生の派遣も１９４名に増員し、11月・12月の2回に分けて実施した。

「日中学生社会調査交流事業」

愛知大学現代中国学部学生30名による西安市周辺の調査、中国人学生12名による愛知県賀茂郡三好町の調査を行い、それぞれ報告会で交流し理解を深めた。

「日本青年代表団派遣事業」

9月2日から8泊9日の日程で、20歳以上49歳以下の各界・各層の青年１００名を中国各地に派遣、青年交流を行った。

・２００6年度の文化催事

今年度は会館主催４件（うち1回公演）その他17件、協力事業7件計28件を実施した。

公演は第16回中国文化之日として江西省・貴州省から二つの仮面劇公演団を招聘し、一般客向け3回、近隣小学校生徒向け1回計4回の公演を行った。現地で古くから伝わる伝統的な演目や歴史物語を取り扱った演目でプログラムを構成し好評を博した。

無料公開公演では、早朝から行列する来場者の間で入場順争いでトラブルが発生し職員が難渋していたので、今回から〝チケットぴあ〟によるチケット販売を導入し、来場者整理の利便を図った。この前売り金はチケットぴあの手数料に充てている。

小学生公演を除く3公演で630名の観客に世界無形文化遺産を楽しんで頂いた。

展覧会は以下の通り。

①「現代中国の美術展」（5月20日〜7月2日）

第10回中国全国美術展授賞作品の中から中国画35点、油彩画30点、版画11点、水彩画10点、漆絵4点、年画・連環画・漫画5点計95点を展示し、最新の中国美術界の動向を紹介した。会期中3761名が来場した。当会館の他、茨城県近代美術館、新潟市美術館、福岡アジア美術館で巡回展を行なった。

②「中国の仮面展」（10月1日〜22日）

江西省・貴州省の仮面約100点や衣装・小道具などを展示、仮面を実際につけることが出来る体験コーナーを設けた。同時開催した仮面劇公演に併せて来場した方も多く、来場者数は2167名に達した。

③「中国新春展—お正月をめぐる民間工芸」（1月12日〜28日）

中国美術館との共催で同館が収蔵する麺人形・泥人形・玩具などの民間工芸品から、特にお正月を題材にした作品約90点を展示した。作品解説ならびに麺人形作家の制作実演が行われ、来場者と活発な交流が行なわれた。会期中は1475名が来場した。当会館の展覧以外に、横浜大世界、なかとみ現代工芸美術館で巡回展を行った。

④「蕭暉榮中国画展」（9月1日～3日）

香港画壇で活躍する蕭画伯より当会館美術館で個展を開催したいとの要請があり、これに協力した。花卉画・山水画・人物画などの作品約50点が展示された。

1月、中国美術館代表団歓迎宴。

(13) 2007年度（2007年4月～2008年3月）（平成19年度）

温家宝総理が日本政府の招きに応じ、4月11日から3日間日本を公式訪問した。前年10月の安倍総理訪中以来の日中関係の発展を確かなものとする有意義な訪日となった。

会館の林会長は、12日の日中友好7団体他主催の歓迎レセプションで主催者の一員として温総理をニューオータニ玄関でお迎えしたほか、11日の安倍総理主催の歓迎晩餐会に出席した。

9月、賈慶林政協主席が日本政府の招きに応じて公式訪問した。13日、賈主席は会館林会長をはじめとする友好7団体の責任者と会見し、続いて7団体主催の歓迎レセプションで『中日友好事業の新局面を開こう』と題する演説を行った。

9月27日夜、北京人民大会堂で中日友好協会など中国側6団体の主催で日中国交正常化35周年を祝う記念式典が開かれた。日本側からは村山元総理、森元総理、各友好団体代表等、日中双方から約6百名が参加した。式典に先立ち温家宝総理が日中友好7団体一行と会見した。会館からは谷野副会長、吉川常務理事、呉従勇常任理事が出席した。

２００８年3月、中華全国青年連合会の招きに応じ、小林陽太郎新日中21世紀委員会座長を最高顧問、宇野治外務大臣政務官を総団長とし、谷野会館副会長を副総団長とする日本青少年代表団総勢８７２名を中国へ派遣した。一行は６コースに分かれて各地で交流を行った後、北京に集合して「２００８日中青少年友好交流年」の中国側開幕式に出席した。開幕式には胡錦濤国家主席が出席し、代表団との交流活動にも参加した。

・会館事務局地下２階に移転

２００５年に地下2階の善隣会館時代からの旧テナントである（株）中央商会と英和工業新社が転出後、三井不動産に協力願って貸倉庫などあらゆる業態を対象にテナント探しをしたが、提示される賃料が法外の安値で折り合わず、約2年間空室となっていた。ビルの需給は湾岸地区への展開も進んで極度に悪化し、家賃水準の低下とサービスレント（3ヶ月〜12ヶ月無料サービス）が通例化したため、当会館も収入源に苦しむ事態となっていた。若干なりとも収入を増やし借入金の元利返済を遅延させず運営を安定させ、職員に安心して働いてもらうためには、高い賃料で貸せる2階を賃貸にまわし、あわせて青少年交流事業のため増員した職員で手狭になった事務スペースの増床が急務であったため、会長室・応接室を残し、職員の心身の健康上不芳で風水上も不良であることは重々承知していたが、事務室の地下2階への移転を決断せざるを得なかった。

会長室に古井初代会長が日中議員連盟会長の頃、日中平和友好条約締結の記念として廖承志先生から贈られた書「中日友好前程似錦」を掲げた。

２００７年11月20日にシンガポールで行われた日中首脳会談で、翌年の日中平和友好条約締結30周年を記念し、両国青少年の交流を更に促進し、両国青少年の相手国に対する理解を増進するという共通認識に基づき、２００８年を「日中青少年友好交流年」とし、「日中青少年友好交流年の活動に関する協力計画」に従い、文化、学術、環境保護、科学技術、メディア、映画、テレビ、観光等の分野で青少年交流活動を進めることとした。

９月11日、友好７団体主催で離任帰国する王毅大使の送別夕食会をホテルニューオータニで開催した。会館からは林会長、村上理事長、吉川常務理事が出席した。

11月20日には、ホテルオークラにおいて日中友好７団体による崔天凱大使着任歓迎レセプションが開催された。会館からは林会長、村上理事長他が出席した。

７月、ＮＨＫラジオ「あさいちばん」アンカー取材（村上理事長）。

・『私の後藤田正晴』出版

故後藤田正晴元会長の三回忌を迎えるにあたり、９月12日、日中友好会館において『和を以って貴しと為す』と題して、元会長のご生前を偲ぶ追悼の会が開かれた。

各界からの参列者を代表して、中曽根元総理並びに氏家斉一郎氏が追悼の言葉を述べられた。また、ご家族を代表して後藤田尚吾氏よりお礼のご挨拶があった。

９月18日、講談社から『私の後藤田正晴』が刊行され、第７章「後藤田正晴と日中関係（村上理事長寄稿文）」が掲載された。

日中友好会館と後藤田正晴先生

村上　立躬

（以下の小論は、「私の後藤田正晴」と題して2007年9月に講談社から刊行された本の181頁～187頁に掲載された文章の初稿であり、この本は先生と親交のあった57氏の寄稿文で構成されている）

後藤田正晴先生は1994年3月から2002年10月まで約8年間に渉り財団法人日中友好会館の会長として、その後もお亡くなりになった2005年9月まで名誉会長として日中友好増進のため日中双方に向かって有益なご助言をされ大きな足跡を残されました。

中国側に苦言を呈することも多く、古井喜実、伊東正義両先生に続いて諍友の称号を敬意をこめて贈られました。

後藤田先生に初めてお目に掛ったのは、古井喜実先生が初代会長を務められた日中友好会館が発足した1983年であったと思います。当時砂防会館の古井事務所には毎日大勢の国会議員、官僚、新聞記者などの現役、OBが来訪していましたが、古井先生のお気に入りは伊東正義先生、後藤田正晴先生のお二方であることはすぐにわかりました。それは古井先生が来日した中国人の歓迎会に必ずこのお二人に同席を求められたほか、会館が催す諸行事にも声をかけておられたからです。

その頃で思い出深い後藤田先生は、ある年の小石川後楽園涵徳亭での観桜会の時、花盛りにも拘らず大雪が降り「花見の会で雪見か。ふむ、ふむ」と仰ってしばしガラス越しに眺めておられた姿です。

古井先生が1992年90才近くなられた頃、風邪で体調を崩され吉祥寺の自宅で過される日が多くなり、後任をどなたにお願いするか決めておかねばならぬ状況になって来ました。その頃伊東先生は既に病床についておられたので、古井先生の意中の方は後蒔田先生以外にいないと推察しておりましたが、ご意見を徴しておくべき方々の賛意を得た上で、後藤田先生にお願いに参上することにしました　第一回目は谷野作太郎氏（当時外政審議室長）にご同行願って、古井先生の体調をご説明し、是非とも後任会長をお引き受け下さるよう懇請致しました。

後藤田先生は「自分は間もなく80才になるのでそのようなお役目は引受けられない」と仰ったので、私から「古井先生は80才から会長をお務め頂いておりますす」と申し上げたところ、後藤田先生は「あんな並みでない人と一緒にされては困る。私はいろいろ持病もあるのでこれからは少しゆっくり過したいと思っている」と断固として仰るので、「また参ります」と申し上げ、渋々辞去しました

二回目は約2ヶ月を経た頃、私一人で参上し同じようにお願い申し上げたところ、後藤田先生は「私はいろいろな団体から会長就任を依頼されるがすべてお断りしている。唯一の例外は岡崎英城先生から遺言として頼まれた（財）日本交通安全教育普及協会の会長だけで今後もこの考えを変えるつもりはない」と仰った。私は若干の繰り言をお話して「また伺います」と申し上げて帰りましたが、今回のお言葉にお引受け頂けるヒントがあるように思いました。

第三回目はそれから一週間後にまた一人で参上して同じようにお願いしたところ、後藤田先生は「君のところは借金があるそうだな。後藤田の名を使って金集めをする輩もいて迷惑することがある」と仰ったので、私から、会館建設の際、所要資金の40％しか無償資金がないので不足する60％を借り入れたが、充分検討の上実行したのでこれまで元利とも約定通り支払っており、完済まで遺漏はないので心配は要らない」と申し上げましたが、後藤田先生は「やはり借金があるのは嫌だな」と仰ったので、私から「古井先生の当初からのご指示で運営にあたっては日中両国政府はもとより経済界など外部から資金援助を受けず自分で稼いで公益事業を行う仕組みが作ってある。会長は会館を代表するシンボルであり、大所高所から日中関係についてご指導頂くこととしている。財政については私以下事務局が全責任を負っており、会長にご迷惑をお掛けすることない」とお答えしましたが、このような応答は打止めにしなければと強く思いながら辞去しました。

その一週間後に花村仁八郎氏（当時経団連副会長で会館の副会長）に面会して、第一回から三回までの後藤田先生とのやり取りと古井先生の体調をご報告したところ、しばらく沈思されてから「村上さん、古井先生が後藤田先

生に直接話されることはないでしょう。古井先生が後藤田先生を会長に指名する書面が良いと思う。それで古井先生のご諒承を得て、その旨後藤田先生にお伝えしてみてください」といわれた。第二回目の訪問で私が感じたヒントが活かされたご指示であった。花村副会長にはその場で寄付行為に名誉会長の条項を加えることのご諒解を得ておいた。

それから古井先生の体調の良い日を見計らって、吉祥寺のご自宅に御長男古井徳郎氏と三人の秘書（小池勤、椿博行、旭直美の各氏）にご参集願い、私から古井先生に「今が第一線を退かれる最も望ましい潮時ではないかと思います」と申し上げ、同席された方々も各々に古井先生を思う心のこもった言葉を添えて下さった。その場に名誉会長古井喜実、会長後藤田正晴と明記した書面をお示しした。古井先生は確かめるように書面をご覧になり、私に目を向けながら後藤田先生について少し話されてから諒承されました。

第四回目の後藤田先生訪問は前回から一ヶ月以上経ってからとなりましたが、前々から何人かの方に後藤田先生説得に口添して下さるようお願いしておりましたこともあり、今回は必ずご承諾頂くつもりで参上しました。私から「古井先生が後藤田先生を後任に指名するとはっきり意思表示された」旨申し上げたところ、後藤田先生はお顔を和らげながら「引受けるが名前を出すだけだよ」と仰しゃった。私は「それで結構です」とお答えし真底ほっとすると同時に大変嬉しくもありました。

後藤田先生から「現職の議員であり、その他役目も多いので、君が適時来てくれるように」とご指示があった。それから「日中友好団体はどうしてこんなに沢山あるのか。三つ位に統合できないものなのか」とご下問があったので、私から「古井先生からも会館発足にあたり同じご趣旨のご下問がありましたが、日中国交正常化以前から友好交流を行なって来た団体もあり、各々に歴史、伝統、人脈を有して交流実績を重ね、日中友好に貢献して来ているのでプライドを持っている。中国側の窓口も多岐に渉り、官民の交流の全体像はどこも把握できていない。各々の団体が特色を活かして活動する友好交流の力の総和は、統合して重複部分を切り落すよりも大きいのでないかと思っています」とお答えしておきました。

日中友好会館の理事は評議員会が選任する仕組みになっているので、古井理事の退任と後藤田理事の新任の手続きを済ませて、１９９４年３月23日開催の理事会で理事全員の賛成を得て、古井名誉会長、後藤田会長就任が承認され、日中友好会館は第二代後藤田会長時代に入ります。

古井先生とは日中友好会館建設計画段階から十数年に渉り、少なくとも週一回はお話をして来ましたが、会長を退いて間もなく高井戸の浴風会病院に入院され、翌１９９５年２月にご遺族と私の見守るなか永眠されました。鈴木俊一氏に葬儀委員長をお願いし、麻布永平寺別院で歴代総理ご列席のもとご葬儀を執り行いましたが、後藤田先生は私の準備したつたない弔辞をそのままお読み下さり大変有難く思いました。

後藤田先生は現職議員として二年半に渉り会長をお務め下さいましたが、「名前を使わせていただく」レベルでなく、ご多忙にも拘らず会館のために多くの時間を割いて下さいました。理事会。中国からの来客との懇談や歓送迎宴。会館で開催する主要な展覧会の開幕式。後楽寮（２４０名収容の中国人大学院生や研究員の宿泊施設）の春節や国慶節などの祝賀パーティ。後楽会（会館の賛助会員組織）の観桜会などの行事。会館がお世話する中国高校生訪日団歓迎レセプション。在京中国報道機関記者達との懇談会。役職員懇親会など。これらの中で後藤田先生は中国の若い世代との交流を大変好まれ、日中高校生の交流会では舞台の双方の演芸を熱心にご覧になり、先生を取り囲む高校生（中国高校生も日本語を話せる生徒がかなり居た）と話し合ったり、一緒に写真をとったりしてなかなか席を立たれず「先生、そろそろお帰りにならないと」と声をおかけしていました。

１９９６年９月に政界を引退され、麹町に事務所を構えられて間もなく、先生から「古井先生は会館とどのようにされていたのか」とご下問があったので「毎週火曜日午前10時に来館され太極拳の指導を２時間弱受けてから、館内の中華料理店「豫園」で太極拳に参加した旧友の方々と円卓を囲んで昼食を楽しまれた後、役員室に移り私と話された。その後砂防の事務所に行かれた」とお答えしたところ「それでは僕は毎週水曜日午前11時前に会館に行って、お昼は遅目に中華そばを出前してもらって会館を1時半頃出て麹町に行くことにしたい」と仰った。それから丁度6年間殆んど欠けることなく毎週水曜日に来て下さった。

いつも変らぬ滋味豊かなご温顔で、かすかに前傾して背筋を伸ばし足速に入って来られ、職員各々に目を向け右手を少し挙げて会釈しながら会長室に進まれるのが常でした。

職員はもとより後楽会員や後楽寮生等、親しみ易く偉ぶらず、それでいて威厳のある後藤田先生に接した人達は、全員一度で後藤田ファンになり、お茶を差上げる女性職員や昼食を運ぶ『豫園』の女性達に至るまで、先生に奉仕することを嬉しい仕事と思っているように見えました。

会長室では最初に野田英二郎副会長（現会館顧問）や中国側常任理事（王振宇先生と次の劉智剛先生）等が同席して、主として私から会館の諸問題や日中関係のトピックス等についてご報告し、ご質問にお答えしましたが、先生はどのような事でも懇切丁寧にご指導下さいました。先生は来客はすべて麹町の事務所で受けておられたので水曜日のこの2時間は会館の私達だけと過すために使って下さいました。

昼食は同じ場所でみんなと一緒に館内の「豫園」からの出前で済ませましたが、先生は6年間叉焼麺で通されました。大変食べるのが早く、他の者達が半分位食べた頃には完食されていました。先生は軍隊生活と議員生活でそうなったと仰っていました。

昼食をはさんで先生から様々なお話をして頂きましたが、すべてオフレコでしたので内容は多彩で大変面白く興味深いものでした。本にすれば相当の冊数になり評判になったのではないかと思います。明確な区分はできませんが、国の内外の状況についての論評70％、これまでのご自分に係る事柄15％、その他15％位であったように思います。

徳島での幼少時代、水戸高校から東大の学生時代、軍隊時代、復員復職後の時代のことなどの昔話を活き活きと回想して語られました。例えば昭和22年、警視庁経済第二課長として闇物資取締りを担当し、海原治経済第一課長と一緒にサイドカーに乗って吉祥寺の闇市を急襲した時のような話です。

私は古井喜実、伊東正義、後藤田正晴のお三方に親しくご指導頂きましたが、共通点は強い正義感と愛国の志を基にして、国民の未来の平和と豊かさのために臆することなく正論を述べる点であったと思っています。

世界の中で日本が将来に向って如何にあるべきかという視線で、考える軸がぶれることなく論評されました。過去の重要な局面、例えば警察予備軍創設から自衛艦派遣問題までの流れ、警察庁時代の諸事件について、現時点では議会制民主主義と政党の意義と乱れ、政局の動きの背景、個々の政治家について、総花的改革の実現性、戦後教育のもたらすもの、超低金利政策と国民生活など、多岐に渉り拝聴できました。

この他、中国の国家予算の仕組みと内容についてや、ナノテクノロジー、ＩＴ技術など新しい科学技術についてのご質問も多く、お答えに猶予を頂くこともありました。

先生のご自宅に初めて伺った時まず目に入ったのは具合の良さそうな書見台でした。大変な読書家で良く読後評をお聞かせ頂きましたが、「村上君、僕が本を読む時は眼鏡のほかに天眼鏡が要るんだよ。大変なんだよ君い」といわれながらも楽しそうな感じで本当に本を読むのがお好きなんだなと思いました。

いつも同じメンバーでお話を伺うだけでなく、会館の職員全員と昼食をご一緒して下さるようお願いしたところ、大変喜ばれたので何回かに分けて行いました。女子職員から新入職員まで、一人一人にどんな仕事をしているのかなど親しく話し掛けられたそうで、全員大変感激して益々敬愛の念を深めたようです。

会館に来られた時に電話で各省庁の高官に厳しく注意される場面が時々あり、後藤田先生ならではのことと思い、日本にとってまことに大切な方であることを痛感しました。

後藤田会長と会館職員との昼食会

先生は議員を引退されてから多くの著書を世に問われ、自由な立場で新聞、テレビ、講演等で数多くの評論を展開されましたが、平易な文章を心掛けられ、日本の各界各層から天下のご意見番として喝采をもって迎えられ、広く後藤田ファンに敬愛されたことを本当に嬉しく思いました。「情と理」や「後藤田正晴の目」などの著書は中国語に訳されて中国で出版されましたが、多くの中国人にとって日本研究の貴重な参考書になっています。

また新聞に掲載される評論も中国の関係機関により中国語訳されて指導者層にも配布され、その御卓見は敬意をもって読まれていたようです。

先生は充分健康に留意されていましたが、会館の催す会食には奥様にご同席をお願いし、極力昼食会にするようにしましたが、先生ご自身も飲食とも控えておられました。ある検査入院の後で「村上君、病院の食事はうまいね」と仰ったのでびっくりしたことがありました。

後藤田先生は1977年から2004年の間に14回訪中されましたが、そのうち9回は会館の会長または名誉会長としての訪問でした。先生から「日程を3泊4日以内とする」「宴会を極力無いようにする」と二つの注文が付きましたが、中国でのしきたりで宴会を無くすることは難しく、先生には我慢して頂きました。いつも奥様がご同行下さいましたので私も安心して随行させて頂きました。

雲南の石林観光の際、小1時間の散策コースで、先生は入り口のベンチで待機することとなり、奥様だけが出発されたのですが、10分位経ってから先生が自分も行くと言い出され私がお供しました。かなり上り下りが多く、ようやく展望台にたどりつくと奥様が笑顔で迎えられ、お二人の晴れやかなお顔の写真を石林をバックにとることができました。翌日先生は部屋で本を読んで過すと言われたので、奥様だけがこの旅行に参加されていた渡辺秀央夫妻と観光に出掛けられました。旅行中だけでなく何時も先生が奥様をとても大切に思っておられることが一寸した言葉や仕草で感じられるのは大変心地よいものでした。

2001年先生が数えで88才になられたので、川人秘書と米寿のお祝い会をやりたいと考え、先生が会長を務められる4団体（(財)日本交通安全教育普及協会、(財)日中友好会館、(社)日本塩工業会、(財)日本ゴルフ協会）で相談し、会館の大ホールで11月に開催することで先生のご諒承を得ました。この時は会館の美術館で「後藤田正晴写真展」も同時開催しました。祝賀会は立錐の余地もない有様で先生に近づくことができず遠くから目礼して引揚げる方もおられ大変申訳ない思いをしました。先生は心のこもった謝辞を力強く話され、会場の皆様も静かに聞き入っていました。

翌２００２年春になり先生から「会長を退く。他の団体も全部退く」と断固とした口調でお話がありました。９月17日の理事会で後藤田正晴名誉会長、林義郎会長が承認されました。それからは麹町の事務所にはひと月１回程度の頻度で伺って近況をご報告してご意見を頂戴するほか、中国から来られた先生の老朋友をご案内することが時々ありました。先生のご来館は殆んど無くなりましたが、評議員会や、後楽会の会合にはご出席下さいました。名誉会長としての訪中は2回ですが、最後の２００４年の時は北京清華大学で社会人と報道機関を入場禁止として、大学院生２００名に2時間に渉り日中関係の諸問題について明快で説得力のある講演をされ、万雷の拍手を受けられました。

２００５年夏、先生は8月下旬の長野での講演のため夏休みも延期され、万全の体調で臨むべく病院で検査を受けたことがあの様な結果を招いたのは残念至極としかいい様がありません。１００才までは絶対大丈夫と誰もが信じていただけに、奥様はじめご遺族の悔やみきれないやり場のない悲しみを思い、心が痛むばかりでした。

雲南石林にて　後藤田会長夫妻

川人秘書をはじめ多くの方々のご尽力で後藤田先生にふさわしい清々しく厳粛な「お別れ会」ができたことと、ご列席下さいました皆様に主催者を代表して謝辞を述べさせて頂いたことを大変嬉しく思っています。

先生の下で十余年に渉り、親しく謦咳に接することができた幸せを日々かみしめております。

現在、文京区議会（連盟創設時の議長は後の区長の煙山氏）には日中友好議員連盟があり、議員の方々にも応援団になって頂く必要があるので、２００７年寮生食堂で友好議員10余人、寮生代表10余人で寮食の懇談会を開き、議員の方々に会館について理解を深めていただいた。

・総合交流部

日本政府より実施を受託した「東アジア青少年大交流計画」の一環として、中国の高校生１９００名を日本に短期招聘した。２００７年5月～11月の間に6回に分かれて来日し、各地で学校訪問、授業・課外活動参加、訪問校の生徒宅でのホームステイやセミナーハウスでの合宿などを体験する傍ら、日本の企業や施設を参観し、日本の国と日本人への理解を深めた。

また、中国側からの招きで日本の高校生３００名を谷野副会長を団長に、２回に分けて中国に短期派遣し、各地で中国の高校生と交流し、中国人家庭でのホームステイなどを実施した。

青少年交流の主な事項は前記の通りであるが、次の招聘も実施した。

「中国看護・福祉交流訪日団50名」（7月）
「日中韓相互理解ミッション中国代表団50名」（8月）
「中国行政学院青年公務員訪日研修団38名」（11月）

・２００７年度文化催事

今年度は会館主催２件（うち公演1件）、その他16件、計18件の催事を行なった。

公演は第17回中国文化之日を記念して「大草原からの響き—モンゴル民族歌舞劇団公演」を行なった。内モンゴル民族歌舞劇院からの公演団を迎え、一般客向け4回、近隣小学校生徒向け1回、計5回の公演を行い、モンゴル族に伝わる歌唱、楽器演奏、舞踏、民族衣装ファッションショー等の演目でプログラムを構成し好評を博した。

昨年から採用した有料チケット制による一般向け公演は計915名の観客が来場した。東京公演後、沖縄、愛媛に巡回公演してワークショップや交流会を行ない、大きな反響が得られた。

会館主催の展覧会は「〝独楽・衆楽〟—中国パブリックアートの今」を9月22日から1ヶ月間開催した。中国美術学院の教員と学生によるパブリックアートに因んだ作品をメインに83点を展示した。中国画、油彩画、版画、漆絵、彫刻等のオーソドックスな分野から、映像、模型、インスタレーションという新しい分野まで多種多様な作品が一堂に会し、まさに中国の最新の現代美術を紹介する展覧会となり、会期中1146名が来場した。

同年、馬越陽子画伯（2005年日中女性芸術家交流のリーダー）が中日友好協会、中国国際友人協会の後援を得て中国美術館で2ブロックの大きなスペースで「日中国交正常化35周年記念油画個展」を開催した。開幕式では劉徳有元文化部副部長、中国美術館長、村上理事長ほかが祝辞を述べた。

会場には中国の若手の画家が多数来場し、馬越画伯も応接が忙しく大成功であった。この展覧会の記念に、「不死鳥が舞う」と題する大作他の寄贈があり、会館大ホール前のロビーに掲げた。

(14) 2008年度（2008年4月〜2009年3月）（平成20年度）

5月8日、会館は外務省、中華全国青年連合会等と早稲田大学大隈講堂で「日中青少年友好交流年」の日本

側開幕式を共催した。国賓として来日中の胡錦濤国家主席が挨拶され「中国政府と人民を代表して両国の青少年に心からのあいさつを贈る」と述べられた。また、福田康夫総理が「両国国民の理解を増進し、長期的友好の絆になるよう希望している」と祝辞を述べられた。

会館会長室に掲げてある「挙青春之力　謀世代友好」の書は胡錦濤主席が揮毫され記念として寄贈されたものである。

胡錦濤主席は5月6日から5日間滞在されたが、中国国家主席の訪日は10年ぶりであり、胡主席自ら「暖春の旅」と名づけた今回の訪日は、「戦略的互恵関係」の具体化を通じ、両国が協力してアジアと世界のより良き未来を共に創りあげていくとの日中関係の歩むべき方向性を示す意義あるものであった。

8日の日中友好7団体・華僑4団体の共催する歓迎レセプションで、会館林会長は主催者の一員として胡錦濤主席をお迎えした

5月12日、四川省汶川県で発生した大地震に対し、同月14日、村上理事長が中国大使館を訪問し会館からの義捐金をお届けした他、後楽寮寮生委員会、日中学院、日中友好後楽会などもそれぞれ支援金を集め、中国大使館へお届けした。また、同月19日、林会長が中国大使館を訪れ、崔天凱大使にこの地震により多くの尊い命が失われたことに深い哀悼の意を表し、心からのお見舞いを申し上げた。

・中日歴史研究中心成立10周年

同年6月社会科学院から中日歴史研究中心成立10周年に当たって村上理事長に記念講演の要請があり、社会科学院関係者150名に対し簡単な談話を述べた。

中日歴史研究中心成立10周年に際して

２００８年6月26日
財団法人　日中友好会館
理事長　　村上立躬

１９９８年5月30日、ここ中国社会科学院の新館において、専家委員会の諸先生のご臨席のもと劉大年先生のご挨拶をいただき、何秉孟先生と協定書に署名してから、10年がたちました。

本２００８年は「暖春の旅」として、胡錦濤主席が来日された記念すべき年であり、また日中平和友好条約締結30周年にあたる年でもあります。この年に、貴中日歴史研究中心が成立10周年を迎えられることは、日中友好の増進にとって、まことに意義深く、財団法人日中友好会館を代表して、衷心より祝意と、敬意を表します。

そして、この度の大地震の被災者の皆様に、心からお見舞いを申し上げ、胡主席・温首相のもとで、全国民が力を合わせてこの難局を克服し、立派にオリンピックを世界に披露できるよう、願っております。

ご承知のとおり、日本側では１９９５年12月に、日中歴史研究センターを発足させ、後藤田正晴先生の指名により、隅谷三喜男先生を座長とする、10名から成る歴史研究評議委員会を設け、研究・出版・シンポジウム等の助成業務を同年度から始めました。

日本側は当初より、中国側にも同じような仕組みを考えていただき、歩調を合わせ、歴史研究を進めることを願っておりました。東京の中国大使館にも、当会館の考えを伝え、できうれば共同研究の途がないものかと打診を続けましたが、当時未だその機運には至らず、日本とほぼ同じやり方で中国社会科学院がその任にあたる、ということになりました。

これを受けて、日本側の実施主体であるわれわれ日中友好会館と、中国側実施主体である社会科学院とのあいだに協定書をかわすことになり、具体的内容に関し、北京と東京で何回か事前の打ち合わせを行ないました。最終的に、王正先生を事務局長とする、中日歴史研究中心弁公室が組織され、1998年より実働に入り、本年で10年を迎えます。日本側責任者として、まことにご同慶のいたりであります。

日本側では、当初の計画どおり、2006年に助成業務を終了いたしました。この間、評議委員会を87回開催し、その審査を経て実施した研究助成は60件、出版助成は73件、シンポジウム等の助成は11件にのぼりました。

一方、日中関係史などに関する基本資料の収集にも努め、10年間にその数は、4万点に達しました。これらの資料類は、京都にある独立行政法人・国際日本文化研究センターに一括して移籍し、現在、尾形研究員が日中友好会館在籍のまま、その整理・分類に当たっており、各研究機関・大学が共同して活用できるよう、鋭意つとめているところです。

日本側が、この10年のあいだに実施した各研究者への助成は、豊かな成果をあげ、後世への遺産として大きな価値を有するものとなりました。

同時に、中国側の中日歴史研究中心の果した役割も、また、非常に大きなものがあります。研究助成96件、既に出版されたもの47件という足跡は、中国国内において永遠に記憶されるばかりか、日本側にとってもまさに他山の石となるべき、貴重な成果であります。

専家委員会の先生方の長年にわたるご尽力、弁公室の皆様のたゆまぬ努力、そして、各社会科学院指導者の本事業に対する暖かいご支援など、中国側のすべての方々に、日本側を代表して心から謝意を表したいと思います。

後藤田先生すでに亡く、日本側評議委員10名のうち、隅谷先生はじめ5名が物故されました。また、劉大年先生ともお別れしなければなりませんでした。悲しい限りであります。10年という時間は、けして短くはありませんでした。われわれは、諸先生方の遺志をしっかり受け継いでいかなければなりません。

本年、われわれ日中友好会館は、創立20周年を迎えます。すでにご承知かとは思いますが、この機会を借り、あらためて日中友好会館が現在進めている4つの主な事業についてご紹介いたします。

まず、青少年交流であります。日中両国の首脳は、本年を「日中青少年交流年」と定め、胡錦濤主席も訪日された際、たびたび青少年交流の重要さについて言及されました。日中友好会館では総合交流部を新設し、高校生２０００人、大学生１０００人、計３０００人の中国青少年を受け入れ、日本全国の高校等との学校交流と、その学校の生徒の家庭へのホームステイを実施しています。また、日本からも高校生を中心に１０００人の青少年を中国に派遣し、同様の交流を全青連に担当していただいております。

両国の高校生は、高校生同士の交流を得がたい貴重な機会と考え、たいへん喜んでおります。この交流は将来、両国の友好関係の発展に大きな成果をもたらすことを信じ、日中友好会館は、全力を挙げてこの事業に取り組んでおります。

つぎに、文化交流事業であります。文化・芸術のもつ本源的力量は、これからますます重視されなければなりません。こうした観点から、日中友好会館は文化部をはじめとする中国側諸機関の協力を得て、毎年25回にもおよぶ催事・展示を日中両国で実施してまいりました。この方針は、今後も堅持するつもりであります。

つぎに、日中学院であります。日中友好に立脚点を置いた中国語教育機関の文字通りのパイオニアであります。日中学院からはすでに3万人が巣立ち、報道機関をはじめ、日中関係の各分野で活躍中です。

このことを日中友好会館は光栄に思い、その充実になお一層の努力をつくします。現在では、中国から日本に留学する学生を対象とする日本語教育にも鋭意取り組んでいるところです。

そして、後楽寮であります。日中友好会館に付設されているこの後楽寮には、常時２００人余にもおよぶ中国からの留学生が半年から2年滞在し、研鑽に励んでおります。このなかで、日本において学位を取得された後楽寮生は既に３０００人に達し、現在、日中両国のじつに様々な分野で目覚しい活躍を見せています。日中友好の支柱となっておられるこうした方々を、われわれ日中友好会館はこれからも大切にし、いっそうの連携をはかっていきたいと考えております。

以上であります。

最後になりましたが、中日歴史研究中心専家委員会の先生方のご健勝と、中国社会科学院の一層のご発展を心から願い、わたしの挨拶を終りたいと思います。

ご静聴、有難うございました。

中国社会科学院

中日歴史研究中心成立10周年学術研討会参会人員

武　寅　中国社会科学院副院長
王忍之　元中国社会科学院副院長、中日歴史研究中心主任
何秉孟　中国社会科学院学部主席団秘書長、中日歴史研究中心副主任
張海鵬　中国社会科学院文史哲学部副主任、中日歴史研究中心副主任、中日歴史研究中心専家委員会召集人
村上立躬　日中友好会館理事長
鈴木繁　日中友好会館管理部長
尾形洋一　日中友好会館日中歴史研究センター研究員
王振宇　元日中友好会館中国理事
王泰平　元日中友好会館中国理事
孫　新　中国社会科学院国際合作局副局長、中日歴史研究中心委員
李　薇　中国社会科学院国際合作局副局長、中日歴史研究中心委員
関　捷　中日歴史研究中心専家委員会委員、大連民族学院教授
胡徳坤　中日歴史研究中心専家委員会委員、武漢大学教授
劉楠来　中日歴史研究中心専家委員会委員、中国社会科学院法学研究所研究員

王檜林　中日歴史研究中心専家委員会委員、北京師範大学歴史系教授
解学詩　中日歴史研究中心専家委員会委員、吉林社会科学院研究員
張振鵾　中日歴史研究中心専家委員会委員、中国社会科学院近代史研究所研究員
張憲文　中日歴史研究中心専家委員会委員、南京大学教授
徐輝琪　中日歴史研究中心委員
湯重南　中国社会科学院世界歴史所研究員
朱福来　中国中日関係史学会
謝寿光　社科文献出版社社長
歩　平　中国社会科学院近代史研究所所長
史桂芳　首都師範大学政法系教授
王　真　海軍大連艦艇学院政治系教授
李秉剛　中共遼寧省委党校教授
関亜新　遼寧省社会科学院歴史研究所研究員
王希亮　黒龍江省社会科学院研究員
熊沛彪　湖南大学外国語学院亜太研究所研究員
余子道　復旦大学歴史系教授
居之芬　中国社会科学院近代史研究所研究員
朱成山　侵華日軍南京大虐殺遇難同胞記念館館長
彭敦文　武漢大学歴史文化学院教授
郭貴儒　河北師範大学歴史系教授

王士花　中国社会科学院近代史研究所副研究員
金以花　中国社会科学院近代史研究所科研処処長
王　正　中国社会科学院科研局副局長、中日歴史研究中心事務室主任
解莉莉　中国社会科学院国際合作局亜非処所長、中日歴史研究中心事務室副主任
劉　紅　中国社会科学院老幹部工作局学習科研処所長、中日歴史研究中心事務室副主任
劉暉春　中国社会科学院学部工作局文史哲学部工作室副主任
楊　群　社科文献出版社総編助理、編審
張青松　中国社会科学院国際合作局亜非処
周穎昕　中日歴史研究中心事務室

２００８年は、本館が完成し具体的に会館事業がスタートしてから20周年にあたり、８月５日に日中両国政府関係者、日中友好諸団体の代表他、平素より会館がお世話になっている官民の方々総勢４００名をお招きして、会館大ホールで20周年祝賀会を開催した。中国からは宋健中日友協会長を団長とする祝賀代表団25名が参加された。また、20周年を記念して「日中友好会館20年の歩み」を刊行した。

9月8日、来日中の宋健中日友協会長一行25名を歓迎して、会館など日中友好7団体の共催で「日中平和友好条約締結30周年」祝賀レセプションが開催された。河野洋平衆議院議長及び江田五月参議院議長が祝辞を述べ、福田康夫総理の祝辞が代読された。

11月12日には、学習院大学記念会館にて「日中青少年友好交流年閉幕式と記念催事〝日中青少年歌合戦〟」

を開催し、これを主催した。閉会にあたり、麻生太郎首相が祝辞を述べられ、崔天凱大使が温家宝総理の祝辞を代読された。式典には中国青年代表団３００名、中国高校生訪日団４００名、及び一般公募の日本の青少年３００名が参加した。歌合戦には日中の青少年20組が出場し、日本側が中国語で中国の歌を、中国側が日本語で日本の歌を熱唱した。

歌合戦終了後、東京プリンスホテルで閉幕レセプションが開かれ、福田康夫前首相、塩谷立文相、盧雍政中華全国青年連合会副主席が挨拶された。

２００９年3月29日、李長春政治局常務委員が日本政府の招きにより来日、同月31日、日中友好７団体は李常務委員一行の歓迎レセプションを開催し、会館林会長が７団体を代表して歓迎の挨拶を述べた。

林会長は腰痛など体調不良もあり80才になるので引退のご意向があった。古井先生や後藤田先生は80才から会長を務められたと申し上げ慰留したが、奥様やご子息からも強く希望されたので谷野副会長ともご相談の上、後任未定のまま引退して頂くこととした。

２００９年3月25日開催の第65回理事会において、林義郎会長より辞意の表明があり、同日付で谷野作太郎副会長に会長職務を委嘱した。また同理事会で、林前会長が２００９年4月１日付で名誉会長に就任することが決議された。

・公益法人改革

２００８年12月１日に施行された「公益法人制度改革関連3法」に基づき、２０１３年11月30日までに当会館の現行制度を新制度へ移行する成案を定め、内閣府に申請・認可を得る必要があった。そこで吉川常務理事を中心に事務局で必要な準備作業を開始した。理事・評議員の有志による勉強会で事務局作成案の検討を開始した。

・**後楽寮**

女子入寮希望者が増加し、1年以上順番待ちの状況が続き対策に苦慮していた。1985年開寮以来、2階は男子階としていたが、同年9月工夫して2階半分を女子用に改装し、順番待ちを2～3ヶ月程度まで短縮することができた。

・**後楽会**

7月19日～27日、「中朝国境の遺跡と大自然を訪ねる旅」を行なった。成田から瀋陽に飛び、当日は有名な「老辺餃子店」で夕食、翌日は市内見物、翌21日は炭鉱で有名な撫順を経由して高句麗王朝で栄えた集安に入った。吉林省通化市産の白酒「大泉源」と焼肉料理で夕食を楽しんだ。翌早朝、鴨緑江をモーターボートで遊覧疾走し対岸の北朝鮮を望見してから高句麗国（紀元前1世紀～7世紀に旧満州から北朝鮮にかけて栄えた王国で日本の古代史にも関わりがある）の遺跡群を見物した。23日は終日バスで長白山に向かった。長白山は頂上に美しいカルデラ湖―天池があり真ん中が中朝国境となっている。一行は運良く天池の全体を見渡すことが出来た。何回行っても見られない人が多いそうだ。頂上は2744mの高さでホテルからバス、エコカー、ジープで1時間45分かけて登り、さらに10分歩いて天池に到着した。25日、朝鮮族の紅旗村を経由して延吉市に入り、中朝国境に架かる図門大橋を見学した（鴨緑江が境界で、かなり長い橋であり、双方に銃を持った衛兵がいて渡ることはできない。しかし、対岸の民家や人影は望見できる。許可証があれば渡れるように思えた）。

延吉市では北朝鮮直営のレストラン「羅京飯店」で夕食、北朝鮮の若い女性達が給仕や歌を歌ってくれる。

北朝鮮の芸術大学生だけあり、歌（2名）も演奏も素晴らしかった。長春では満州皇帝溥儀の住居を見学してから、故白金山先生（初代中国代表理事、前年に逝去）の治葬委員会の林嵐女史、劉丹先生ほか弟子達や元後楽寮生と交流会を行ない、白先生の思い出話をして偲んだ。翌日、長春から瀋陽を経由して成田に帰着した。

・2008年度の文化催事

今年度は会館主催3件、その他16件、計19件、さらに巡回展1件をおこなった。

①「上海美術館コレクション　1979〜2007」（5月9日〜6月8日）

上海美術館と共催で、同美術館の収蔵する油画、水彩画、版画67点を展示した。1930年代生まれの張暁剛や方力鈞ら中国内外で脚光を浴びる著名画家、新進の若手画家による作品をあわせて展示し、改革開放後の中国美術の潮流を紹介した。特に美術界や専門家達からも注目を集め、会期中は約1800名が訪れた。

②「第18回中国文化之日　漳州指使い人形劇」（展覧会　10月1日〜26日、公演10月17日〜19日）

公演に当たり、芸術性の高さで定評があり海外公演の経験が豊富な漳州木偶劇団を招聘し、また公演期間にあわせて同劇団の所蔵する漳州指使い人形・カシラ・小道具類約200点を展示した。この他、大学出張公演や日本の人形劇団との交流会も実施し、好評を得た。展覧会には2421名、公演には496名が来場した。

③「刺繍でつづる母の愛　少数民族の刺繍工芸展」（2009年1月23日〜2月22日）

中国美術館との共催で中国西南部の少数民族による刺繍工芸品78点を展示した。

会期中には展示品解説や刺繍実演の他、中国西南部の少数民族をテーマにした合同企画展も開催した。

会期中は5762名が来場した。会館で展覧終了後、本展は山梨県身延町なかとみ現代工芸美術館へ巡回し、同じく解説と実演を行った（2009年1月28日～2月22日）。

11月21日北京放送が「日中文化交流の今後」というテーマで村上理事長に取材した。

北京放送の取材

・**青少年交流**

2007年度に開始した「21世紀東アジア青少年大交流計画」のうち、会館は中国との交流事業の実施を日本政府から受託したが、2008年度は日中平和友好条約締結30周年を記念し「日中青少年友好交流年」と定め、対象を大学生・社会人にまで拡大したこともあり、約2900名の中国の青少年を日本へ招聘する一方、1100名の日本の青少年を中国に派遣、4000名規模の交流事業を実施した。

また本事業の適正且つ効果的な推進を図るため、外部からの視点を採り入れるべく諮問委員会を発足させ、2月に第一回を開催した。

諮問委員会委員

高島　肇久（（株）日本国際放送代表取締役社長）

雨宮　忠（中央大学文学部特任教授）

石川　好（秋田学術振興財団会長・作家）

高原　明生（東京大学大学院法学政治学部研究科教授）

招聘事業

①　中国高校生短期招聘事業（4月～11月）

中国の高校生1886名と香港・マカオの高校生52名、合計1938名を7回に分けて短期（7泊8日）招聘した。何れも学校交流や訪問校の生徒宅等にホームステイを行った。

②　中国の大学生・社会人短期招聘事業（5月～11月）

中国の大学生・青年工作者・公務員・企業家・エネルギー及び環境分野で働く青年・科学技術分野で働く青年・教育関係者・学者・医療及び衛生関係者等、将来活躍が期待される青少年822名（四川大地震被災青少年約100名を含む）を3回に分けて日本に短期招聘し、様々な研修プログラムを実施した。

③　中国国家行政学院研修生短期招聘（11月）

日本の若手行政官をはじめとする青年層との交流や、早稲田大学及び企業への訪問を行った。

④　日中韓青少年交流事業（9月）

中国代表団100名を短期招聘した。

派遣事業

4府県から選ばれた日本の高校生201名を2回に分けて派遣した。何れも学校交流・ホームステイを通じて現地の学生と交流した。

2008日本青少年訪中代表団第2陣の派遣（12月）

福田康夫前総理を最高顧問とし、高村前外相を総団長とする青少年873名（うち10都府県から選抜された高校生500名）が中華全国青年連合会の招聘により訪中した。高校生は学校訪問やホームステイを行ない相互理解を深めた。また、一行は北京で行われた「２００８中日青少年友好交流年閉幕式」に出席した。

(15) ２００９年度（２００９年4月～２０１０年3月）（平成21年度）

麻生総理は4月29日～30日訪中し、北京で胡錦濤主席、温家宝総理と会談、両首脳から歓迎の意が表されるとともに、歴史問題は適切に処理し、戦略的互恵関係を発展させたい旨が述べられた。

同年12月、習近平副主席が来日、鳩山前総理は14日の晩餐会スピーチの中でこれまでの４０００名規模の交流に加え、日本側は今後、毎年７００名規模で中国の次世代を担うメディア、研究者等の青年を招聘することを提案、日中双方は青少年交流を一層充実させることで一致した。また、15日には日中友好7団体主催の歓迎レセプションが開催され、会館から林名誉会長、村上理事長が出席した。

これに先立ち、楊潔篪外相が11月来日し、12日に日中友好7団体は歓迎昼食会を開催、会館から谷野会長代行、村上理事長が出席した。

・安藤彦太郎前日中学院長逝去

同年10月27日、１９８５年2月から日中学院長を20年に渉り務められた安藤彦太郎先生が亡くなられ、杉並区今川芳珠殿で法要が営まれた。翌２０１０年1月27日には中国社会科学院からも多数が参列して「お別れ会」が開催された。

安藤彦太郎先生への弔辞

安藤彦太郎先生のことを知ったのは、藤堂明保先生が自分の後の日中学院長に安藤先生を推された時でした。日中学院は財団法人日中友好会館の一部門であり、学院長は会館の理事でもありますので、財団法人の古井喜実会長の了解を得ておく必要があるので、常務理事の私が安藤先生ご夫妻を砂防会館の古井事務所にご案内し、面談して頂きました。それから20余年に渉り、安藤ご夫妻に親しくお付き合いさせて頂くこととなりました。

安藤先生が奥様の岸陽子様のお母様、岸関子様をとても大事にされていたことは皆様ご高承のことと存じますが、古井喜実先生が毎週火曜日の午前中太極拳の練習をされていたので、岸関子様をその教室に参加させ、古井先生と昼食を共にされるのをうれしそうなお顔で見ておられたのを思い出します。

１９９５年、村山総理の始められた戦後50周年を記念するアジア平和友好交流計画の一環として日中歴史研究プロジェクトが始まり、隅谷三喜男先生を座長、安藤先生を副座長として一ヶ月一回のペースで10年間に渉り、研究助成、出版助成などの審査を実施し、大きな成果を残されました。

特に隅谷先生没後は衞藤瀋吉先生の協力を得て、作業を完成された功績は多大であったと思います。またこの作業については、中国社会科学院にも歴史研究を分担してもらうこととなり、その交渉にも大変ご尽力され、その結果中国側の研究成果は多くの出版物として公表されています。

安藤先生の学術成果は多大であり、日中友好会館における学術成果は全体のごく一部分にすぎませんが、日中学院長として教育指導者として、残された足跡は倉石武四郎、藤堂明保両先生の後継者の努めを十二分に果たされたものと申せます。

ここに先生のご尽力に心から感謝と尊敬の意を表し、惜別の言葉とさせていただきます。合掌。

中国文化センターにて　程永華大使（右・3）と歴代文化事業部長

・中国文化センター

同年12月14日、中国文化センターが開設された。中国文化部では北京にフランスや日本の文化センターが開設されたこともあり、東京に中国文化センターを開設することが企画され石軍参事官が担当することとなって施設の規模や適地の選定の検討が始まり、会館も資料収集に協力した。東京都心部では用地費が嵩み予算規模が莫大となることが予想された。結局、港区虎ノ門３丁目の第37森ビルの１階に程良い大きさの展示場と事務局を設けた。センター長には石軍氏が就任、数人の事務局で文化部と直結した多彩な展示を月１～２回開催して中国文化愛好家から高い評価を受けており、中国文化の紹介窓口として日中友好会館と車の両輪となっている。

開設当時から各催事の開幕式には会館から村上理事長他が参加している。

・後楽寮同窓会

11月28日に元後楽寮生が比較的集中している北京友誼賓館において、「日中友好会館後楽寮同窓会」（会長羅民先生、副会長　陳暁光先生　両氏ともかつて後楽寮で勤務）を開催、２２０名余の元寮生が参加し、それぞれに旧交を暖め、和やかな雰囲気で楽しい２時間を過ごした。

この同窓会には村上理事長、後楽寮事務室長他が出席した。今回を契機に、元寮生達の連誼活動が活発になるよう期待するところ大である。

また参加者の中から10名を選出、２０１０年2月に招聘した。各人はそれぞれ母校を訪問して恩師とも再会し、旧友たちとの交流などを済ませ、帰国は各人別々となった。

２０１０年2月、日本経団連副会長兼事務総長中村芳夫氏から会館副会長・理事を辞任する旨の申出があり、事由を伺うと内規で常勤役員（事務総長）の兼職が禁じられたとのことであった。会館発足の際、会長は政界、副会長は財界と定めた不文律に従い、爾後経団連副会長事務総長の花村仁八郎、三好正也、内田公三、和田龍幸、中村芳夫と引き継がれてきたが、会館の今日に至るまでのご尽力とご貢献は誠に多大であり、深く感謝の意を表したい。

・公益法人制度改革勉強会

昨年度来、事務局で検討してきた準備作業が纏まったので役員有志も参加して第1回公益法人制度勉強会を11月11日開催した。この勉強会は約1年間毎月開催し、主に組織、人事構成について討議した。

公益法人制度改革　第一回勉強会

・日時　２００９年11月11日（水）午前10時30分～12時

・場所　会長室

・出席者　東京華僑総会名誉会長　陳　焜旺

日中健康センター代表　小池　勤

日中友好会館　評議員　秋岡　家榮

谷野会長代行、村上理事長、呉　中国代表理事、吉川常務理事

野田顧問、入江参与、小島事務局長

以上　10名

吉川常務理事より今回から外部の先生方を交えて勉強会をスタートさせる旨説明。

野田：会館設立20年の歩みの中で立派な業績をあげてきたが、最近は館内のコミュニケーションに問題があるということがあった。内部運営問題もあると思う。そういう問題も含めて、今後の進展を控え、いろんなことを考えていかないといけないと思います。

第一回目であり、ざっくばらんな話し合いをお願いしたい。

陳　：会館には不動産収入がある。借金の返済も進んでいるので、事業収入が多くて、公的な部分の割合が少なくなる。

一方、新法人では収支を拮抗させる必要がある。

また、今の国の財政状況では青少年交流に係わる予算も続かないだろう。

そこで、会館は事業収入を留学生への援助と青少年交流に使用するということで（収支を拮抗させ）、戦略的互恵関係にも資するということを両国政府に提案し、政府に大きな方針をだしてもらう。

会館設立にあたり、両国政府が資金を出し合い友好事業をやることで、財産権の主張もなくなった。

両国政府の偉い方同志で会館の財産の基本方針を再度確認してもらう。

それにもとづいて人事をやる。新法人では委任状は駄目。出席が必要である。

役員も多くは要らない。実際に動いて協力してくれる人材が必要。

小池：古井先生もここ（会館）を友好の拠点とするとの意向が強かった。

中国側も「古井さんがいいことをおやりになるので5億円を差し上げた」と言っている。

秋岡：友好運動の拠点として揺るがないものが必要だが、ここ（会館）がそれに相応しいと思う。

野田：政府間の話し合いはどうなっているか？

吉川：在京の大使館と外務省中国・モンゴル課の間で、地域調整官が窓口となって話し合われると聞いている。

中国大使館としては原則的なことだけ外務省との間で握りあうが、具体的なところは事務局で進めて欲しいとの意向と理解している。
外務省と中国側が会ってドンドン進めるという状態ではない。
野田：当時の政治的了解というか首脳レベルの何らかの文章があればいいと思うが……
吉川：外務省で捜してもらったが、でてきたのは１９８２年６月２日の趙紫陽総理の日本公式訪問に際しての共同新聞発表の記録のみ。
小池：１９８２年10月23日に趙紫陽総理と古井先生との話のなかで、日中友好会館について……
趙総理が「５億円差し上げたい」と言われた。
古井先生は驚かれたが「有り難く頂戴したい。未だ日中関係は固まっていない。会館を友好のシンボルとしていきたい」と言われた。
これに対して、趙総理は「古井先生がこの会館に感心を持っておられることに感謝します」とのやり取りがあった。
更に古井先生は「建設に１００億円では足りないなあ。浄財を集めないといけない。もし両国が争う時は会館を潰してからにしてほしい」との発言があった。
呉　：（会館建設の話は）
大平正芳―華国鋒の時にスタートし、鈴木善幸―趙紫陽に引き継がれた。
吉川：政府間のやりとりはともかくとして、今後検討すべき課題は（配布資料に基づき説明）
①公益法人を選ぶか一般非営利法人を選択するか
当然、公益を目指すべきであろうという話できているが、正式に討議し、機関決定する必要がある。
②会館の事業内容について
これまでのままで移行するのか、先行きを見通して何らかの議論をするのか。
③定款を作る必要がある

新しい評議員・理事をどうするか。その前提に評議員選定委員会を設置しないといけない。

陳　：まず、基本的な問題を片づけないといけない。

先輩方は会館を友好の拠点にしようとした。また、青少年交流も5年間でなく更に続けないといけない。

そこで、政府に協力してもらって公益法人に会館を選定してもらう。

一般非営利法人は今、考える必要はない。

谷野：公益法人を目指す方向で進んでいる。

今の財政状況からすると平成22年以降、潤沢な金が政府から入ってくればいいが、これが半分とか4分の1に減らされると、公的部分が少なくなる。その場合、会館を不動産の部分と日中交流の部分に分ける選択は考えておかないといけない。

陳　：両方に懸けるような選択は集中力に欠ける。

両国政府は始終接触している。その機会を利用して、会館が〝最初から友好事業を実施するための拠点〟であるとの主張を通すためにあらゆる手段を講じる。

5年後も日中交流事業を継承するためには公益法人でないと意味がない。

財産権を引っ込めて、双方が金を出して設立された財団。

公益法人として交流事業を継承することをあらゆる手段を講じて遂行する。

呉　：会館は20周年を迎え、この間いろんな事業を実施してきた。

これを機会に原点に戻って、会館はどういう目的で建設されたか。その目的に従いどういうことをやってきたか総括する必要がある。

これまで会館は政府の合意事項を実施してきた。

両国政府の間で（会館の設立の目的を）再確認して大きな方針を決定してもらう。

その方が議論し易い。戦略的互恵関係を果たすうえで会館が何をやるか。両国政府の間で決めてもらう。
今と同じように共同事業としてどういうことをやるのかを決めた上で議論したほうがいい。
野田：同感です。政府の合意を得るのは簡単ではない。また、時間もかかる。
谷野：寄付行為を読むと青少年交流ということは書いていない。
野田：時代が変わった。
今の段階で適合するものが定款に必要だが、その前に首脳インタビューとか文章が欲しい。
陳　：これから何をやるか、具体的に決める。今までやってきたことは排除することはない。
谷野：寄付行為に教員や青少年の交流等記載されていない。
村上：30年前には青少年交流をやるとは考えられていない。寄付行為には記載されていない。
呉　：当時のものは単純。その後両国政府の話合いの中で会館の業務が拡大されてきた。
村上：会館が友好事業の拠点であり、これからも協力して友好交流事業を継続していく。
そのために具体的にどういうことをやるか、こちらが意図することが一目で分るものを示していく必要がある。
内閣府も忙しいので、どんなこと（事業の内容）を、どんな人（評議員・理事）を対象に考えているのか分るようにしておく必要がある。
次回までにある程度の人選案を持っていないといけない。
秋岡：理事や評議員も大切だが、政府への影響力を考えると会長が大切ではないか。
村上：具体的にだれかいますか？
秋岡：前の東大の学長の環境学の小宮山さんはどうか。教育部とも折り合いがいい。
野田：会長はこれまで国会議員であった。そうでないといけないことはないが。
村上：最初、古井先生は会長は政治家であるべし、副会長は経団連という考えであった。そして、政界の理事が5名、財界の理事が5名となった。
谷野：政治の風向きを見て、人を変えるのも如何なものか。
経済界も元気がない。
野田：中国のことを一生懸命やっておられるという点で小林陽太郎氏という考えもある。
村上：古井先生の考えでは企業の代表者は困る。国会議員も党派の代表ということになるが。
陳　：国会議員が駄目ではなく、友好に熱心な人、会館のことを考えてくれる人であればいい。
次に、財政の中身だが、青少年交流事業は寄付をもらえる可能性はあると思う。
野田：財源を政府の金だけに依存はできない。
村上：拠出金も今後ＯＤＡベースになるが、交流事業を継続していく上で財源を何に求めていくかが問題。
事業を継続させていくためには両国首脳の合意が必要と思う。
陳　：いろんなところから働きかける。
まず、すべきことは新法人の事業のなかで青少年交流を柱にすること。
村上：会館の友好交流の柱は教育交流と文化交流であるが、教育交流の中に青少年交流を加えればそれで柱になる。
当面必要なことはこの会館が新法人になった時の目的と事業の中身。
また、急がねばならないのは残り2名の人選。これを決めないとどこにも話にいけない。
秋岡：政府間の合意が必要なのは皆さん合意ですね。
ではどうやって話を進めていくか。
村上：関係する役所を通す必要がある。
○次回開催について
村上：次回までに評議員の選定候補を考えて欲しい。

野田：次回開催は平成22年2月10日（水）10時30分からとする。

・青少年交流

「日中21世紀交流事業」として、中国から19代表団２４０２名を日本に招聘し、日本から３代表団９８３名を中国へ派遣した。

日本国内における新型インフルエンザ感染拡大により、事業実施の延期、実施時期や交流プログラム内容の変更等、大きな影響を受けた。

招聘事業

① 中国高校生短期招聘事業

中国の高校生１１５３名、香港・マカオの高校生55名、四川大地震被災地区の高校生99名合計１３０７名を５回に分けて招聘した。

新型インフルエンザの影響で、中国の高校生第1陣・第2陣６００名、マカオの高校生15名の招聘は延期となった。

訪日団は東京で「日中関係」や「環境」をテーマとした各セミナーを受講、外務省表敬訪問や歓迎レセプション等の公式行事に参加した後、各コースに分かれ、各地高校を訪問した後、訪問校の生徒宅等でホームステイを行なった。第５陣では、上海市から招聘したバスケットボール強豪校の生徒らが、京都府の高校を訪問しスポーツ交流を行なった。四川大地震被災地区の高校生は、阪神・淡路大地震を体験した兵庫県三木市の高校生代表と交流した。

② 中国の大学生・社会人短期招聘事業

総勢985名を2回に分けて招聘した。社会人は10余の分野から将来活躍が期待される青年が代表団に選ばれ参加した。

代表団は、各分野のセミナーや関連施設の視察・参観等の専門プログラムに積極的に参加したほか、同分野の日本青年との合同合宿、意見交換会等の交流を通して相互理解を深めた。また、日本文化体験プログラムとして「歌舞伎」をテーマに取り上げ、体験・セミナーも交え、日本の伝統芸能を鑑賞した。

③　中国教育関係者代表団招聘事業

4月に第13回代表団28名、2010年3月に第14回代表団39名を招聘した。

④　中国国家行政学院公務員訪日研修団招聘事業

6月に訪日団43名を招聘した。

派遣事業

①　日本青年訪中代表団派遣事業

2009年度代表団として、大学生及び社会人470名を9月に派遣した。大学生は公募による応募700名から200名を選抜、社会人270名は多岐の分野から将来活躍が期待される青年で構成し派遣した。また、2010年3月、社会人470名を派遣したが、これはインフルエンザの影響で延期した2009年高校生派遣枠を社会人に振り替えて実施したものである。

②2009年度日本教育関係者訪中団派遣事業

第16回都道府県教育代表団43名を2010年1月に派遣した。

・2009年度の文化催事

本年度の文化交流事業は、主催3件、その他15件、計18件であった。

①「四川リアリズム―四川美術学院現代絵画展」（7月25日〜8月19日）

油画で名高い四川美術学院油画学部の教授、学生、卒業生による作品73点を展示した。文革終結後に四川美術学院の学生や教員たちから生まれた〝傷痕美術〟〝郷土絵画〟と呼ばれる画風を引き継いだ作品を紹介。これらは「四川画派」として中国内で一目置かれており、日本では初グループ展示となった。サイズが一辺2メートルを超える力作が多く、想像以上にレベルの高い現代的な作品が揃い、さらに中国近代美術史を語る上で欠かせない人物、羅中立（現四川美術学院長）の来日も実現、日本国内外の注目を集めた。また、代表団の東京芸大表敬訪問を実現させ、今後両校が提携校として交流を深めることを合意した。

②第19回中国文化之日「京劇の花―梅蘭芳」

展覧会（9月25日〜10月26日）シンポジウム（9月28日）

昆劇公演（10月24日〜26日）

伝説の京劇女形俳優　梅蘭芳《メイランファン》の生誕115周年、初訪日公演90年記念の年であったことから、梅蘭芳をテーマにした展覧会を開催した。

北京にある梅蘭芳記念館から日本初公開となる貴重な資料や衣装等を提供して頂き、また早稲田演劇博物館、朝倉彫塑館、多くの梅蘭芳研究家に展示品提供等の協力をお願いして、梅蘭芳の舞台人生を網羅した展示となった。早稲田大学文学学術院の稲畑耕一郎教授に展示、図録、シンポジウムの監修を依頼した。

展覧会開幕式・シンポジウムには、梅蘭芳のご子息で著名な京劇俳優である梅葆玖氏、中国文化部外連局副局長侯湘華女士はじめ梅蘭芳の親族や文化部より総勢18名が来日し出席、さらに崔天凱中国大使や羽田孜元首相、坂東玉三郎氏はじめ多数の方々が出席、マスコミも多く来場し非常に盛況であった。

また、湖南省昆劇団を招聘して昆劇公演を行った。20代の若い俳優が多く、中国伝統演劇の未来を映し出す公演となった。大東文化大学との交流公演、栃木・愛媛への巡回など全11回公演し、いずれも大変好評であった。

この催事は中国文化部や北京梅蘭芳記念館の多大な協力があり、例年より内容の充実度、予算規模ともスケールの大きなイベントとなった。能楽はじめ日本の伝統芸能に係わる数々の著名人士の来場、梅蘭芳研究者の方々の解説、多くの展覧会を監修してきた早稲田大学大学院の稲畑先生の視点、ノウハウを学べたことは今後の文化事業企画運営にとって大きな収穫となった

来場者数：展覧会３２７５名、シンポジウム２７０名、昆劇４０４０名（含む巡回公演）

左・劉占文館長　於：梅蘭芳記念館

③

新春展「春のたより―山東省凧の世界展」（２０１０年2月6日〜23日）

今年度も中国の春節に併せて、中国の民間工芸展を行なった。今回は中国凧４大産地のひとつである山東省濰坊市が本展のために制作した凧作品１２０点を展示した。鮮やかな色遣い、立体的で独特な形等、日本には無い華やかな凧が会場を埋め尽くし、春節に相応しい賑やかで楽しい展示となった。また日本橋の「凧の博物館」に協力頂き、伝統和凧も展示した。

開幕式翌日には、来日した山東省の凧職人による来場者のため凧製作実演を行ない、会館前からバス

で横浜「海の公園」に移動し「凧揚げ大会」を挙行した。約100名が参加し、連凧など中国の凧揚げを童心に戻って楽しんだ。「日本凧揚げの会」にも参加頂いた。
　展覧会来場者数：2700名

8月、留日学人活動站訪日団と後楽寮生との交流パーティ。

・**後楽会**
中国旅行（6月30日〜7月6日）「福建省と金門島」

成田からアモイへ飛び、南普陀寺・胡里山砲台を見学後、武夷山へ（武夷山悦華酒店）。

翌朝、バス・環境保護車で大雨の中、水簾祠見物、昼食後天遊峰へ（徒歩組は階段、カゴ組は山道）。雲の切れ間から見晴台で渓谷を見る事ができた。翌朝、九曲渓竹筏下り、午後は大紅袍茶樹・古粤城村を見学後、アモイへ。

翌朝、東渡碼頭で出国審査後、「東方之星」号で大金門島水頭碼頭へ、さらに小さい船に乗り変え小金門島へ。島内一周（40分）見物をして昼食後大金門島へ（ガイドの箘添宗氏は台北から派遣された元国民党空軍将官で中共の金門島上陸攻撃の際、対中共軍との戦闘を体験していた）。夕食では金門島名物の高粱酒（58度）を楽しみながら、箘さんの中共軍との攻防戦の思い出話をきいた。

翌日は古戦場めぐりや名産品展、水頭古集落を見物後、アモイに戻り入国審査を受けた。夜は元寮生との夕食会で思い出話に花が咲き楽しい2時間をすごした（アモイ在住6名、泉州在住1名）。

翌朝（第6日目）、漳州福建土楼見物に出発。途中、漳州市文化局と木偶劇団に合流し土楼に先導してもらう。

土楼見物を堪能して漳州市に戻り、漳州戯劇センターで漳州木偶劇団の指遣い人形劇（2008年会館中国文化之日で公演）を鑑賞後、黄浦江副市長も出席して文化局主催の豪華な夕食会に招待してくださった（漳州賓館　水仙楼）。

最終日、朝食後フェリー（5分）でコロンス島へ。電動カートで周遊、要所見物後アモイに戻り「有福人家」で昼食、大変美味で全員大満足だった。

アモイから成田へ戻り、解散。

(16) 2010年度（2010年4月～2011年3月）（平成22年度）

5月、温家宝総理が公式訪日、同月30日、日中友好7団体主催の歓迎レセプションを行なった。

6月、トロントサミットの際に胡錦濤主席と菅直人総理の会談もあり、頻繁な首脳会談が行われた。

9月には中国漁船と日本の巡視船との衝突事故が発生した。

11月の横浜APECで胡錦濤主席と菅直人総理の首脳会談があった。

6月3日、吉川順一常務理事が辞任した。7月20日に開催した第57回評議員会で江田五月・武田勝年・西堀正司の3氏が理事に選任され、同月27日に開催された第69回理事会で江田五月氏が会長に、武田勝年氏が常務理事に推挙され就任した。

従来通り、常務理事が日常の業務執行を担当し、理事長は対外関係を担当する体制を踏襲した。

・江田五月氏会長就任挨拶で訪中

同年10月18日～21日、江田会長は新任挨拶のため訪中し、以下の通り会館事業に関わりの深い部、組織への表敬訪問や懇談・交流を行なった。これには村上理事長他が随行した。この日程は中日友協で設定してくれた。

18日、宋健中日友協会長主催歓迎夕食会（釣魚台国賓館）。

19日、楊潔篪外交部長主催朝食会、楊振亜元中国大使との懇談、袁敏道秘書長主催中日友協との昼食会、崔天凱外交部副部長主催夕食懇談会（外交部南楼）。

20日、教育部郝平副部長と意見交換、丹羽宇一郎日本大使主催昼食会（大使公邸）、文化部蔡武部長と意見交換、中華全国青年連合会盧雍政副主席と意見交換、同連合会主催の「日本青少年友好使者歓迎宴会」に出席。在北京記者との懇談会。

21日、日本のテレビ局取材、中日友協文遅・王效賢両副会長・王雲涛女士ほかと昼食会、帰国。

6月21日、宋健会長を団長とする中日友協訪日団が日中友協と会館の招聘により来日、まず要人会見を済ませ、23日から会館が担当して北海道を視察した（～26日）。

札幌では札幌日中友協の歓迎昼食会で交流の後、北海道大学を訪問して学長を表敬の後、宇宙開発関係教授等と懇談してから、岩見沢の原正市氏の墓参をし、遺徳を偲んだ。24日は札幌から女満別に飛び、世界遺産の知床半島に向かった。知床では環境庁の担当官から詳しく説明があり、翌日案内してくれるとのことであった。夕食は蟹がメインで食べ放題だったので宋健会長はじめ全員大喜び

前列左・宋健会長　岩見沢原正一先生墓碑にて

だった。翌日午前中周遊路を案内してもらい、知床を満喫してから阿寒湖に向かった。宿は中国のメロドラマで著名な〝鶴雅〟という立派な旅館で社長自ら接待に当たり、モーターボートを手配してくれたので阿寒湖を一周し、毬藻博物館を見学して宿に戻った。夕食後近くで行われている〝コタン火祭り〟を見物してから休んだ。翌朝、女満別に向かい、空港でラーメンの昼食を済ませ羽田に帰った。

2011年3月11日第72回理事会開催中に東日本大地震が発生、直ちに会議を中止し、帰宅困難な方々には後楽賓館・後楽寮に宿泊して頂いた（職員も）。3月29日、第73回理事会で会議を再開した。

・会長室の「中国麗人図」

会長室の書棚の中央に掲げてある「中国麗人図」は、2010年11月励国儀中央美術学院教授（藩公凱先生夫人）から寄贈されたものである。2009年11月、東洋美術学校主催の「国際水墨画交流展」に賛助出品された励国儀女史が来館したので会長室に案内し、展示している著名人の書画に調和するような絵を描いていただきたいと所望した結果の作品で、中国的であり、上品で和やかだが毅然としており、来客も良い雰囲気を感じている様である。

・後楽寮

4月2日に文京区日中友好議員連盟議員11名が後楽寮を訪問・視察し、寮生委員と寮食堂で会食・懇談した。

2011年3月3日に開催された後楽寮運営委員会で寮室入居率の向上策が検討課題となった。

11月、谷野副会長の経団連への働きかけで、家電各社の協力により後楽寮全室にテレビが寄贈され、感謝会を行った。

・（社）岸本倶楽部　役員訪中

　１９８５年以降、毎年後楽寮生に奨学金を拠出している（社）岸本倶楽部の岸本昌子会長と加藤昌夫専務理事を、文化部にご招待いただき敦煌、ウルムチ、トルファンに案内し、更に上海万博を見学した。敦煌研究院では院長室で樊錦詩院長から岸本会長に歓迎の挨拶があり、それから元寮生の案内で莫高窟の主要な窟を見学した。樊院長の配慮で敦煌研究院在勤の元後楽寮生30数名が出席して歓迎昼食会が行われた。

　翌朝、途中ハミ瓜の露店に立ち寄り楽しんでから楡林窟に向かい約２時間で到着した。所長の計らいで工事中の元時代の窟で珍しい三蔵法師の壁画を見ることが出来た。所長夫妻がお心尽くしの手作りのうどんと鶏のから揚げの昼食を振舞って下さった。大変美味で、心からお礼申し上げて空港に向かった。また、出発の際は樊院長が空港の貴賓室に来られて飛行機のタラップ下まで見送って下さった。

2005年訪中時の岸本昌子会長（中央）、加藤昌男専務理事（左2）

　ウルムチでは元後楽寮生10数名が歌や旋舞で深夜に及ぶ大宴会を開いてもてなしてくれた。上海では宋三姉妹が暮らした歴史ある館で上海外事弁公室の文化担当者が心尽しの送別宴を開いてくれた（８月28日～９月６日）。

　なお、同倶楽部の会長および常任理事は、本会館理事長の随伴のもと中国教育部の招待により、２００５年春に北京・桂林・上海等を旅行している。中国側も同倶楽部の日中青少年友好への貢献、特に教育面での交流活動への功績を高く評価しているものと推測される。会館側でも（社）岸本倶楽部の積年のご厚志にささやかながら感謝の意を表することが出来た。この旅行は全行程馮樹龍文化事業部長がきめ細かく気配りして随伴して下さった。

・青少年交流

招聘事業

① 中国高校生短期招聘事業（5月〜12月）

中国の高校生２１７８名、香港・マカオの高校生86名、合計２２６４名を８回に分けて招聘した。そのうち特色あるプログラムとして、アジア国際こども映画祭に中国を代表して、北京師範大学付属実験中学の高校生12名が参加した。

② 中国青年代表団招聘事業（5月・9月）

中国の大学生及び社会人計９７８名を2回に分けて招聘した。社会人は様々な分野で将来活躍が期待されている青年で構成されている。

③ 中国教育関係者代表団招聘事業（11月）

例年並に30名を招聘した。

④ 中国国家行政学院公務員訪日研修団招聘事業（6月）

公共管理学修士コースを履修する公務員51名を招聘した。

⑤ 中国社会科学院青年研究者代表団招聘事業（7月・9月・12月）

若手研究者１４９名を分野別に３回に分けて招聘した。

⑥ 中国青年メディア関係者代表団招聘事業（8月・11月・２０１１年1月）

中央、地方のメディア関係者、メディア行政関係者２４７名を訪問対象先別に３回に分けて招聘した。

⑦　日中次世代幹部交流訪日団招聘事業
　次代の日中関係に貢献する中国の中央・地方の行政機関及び企業の中堅幹部３００名を２回に分けて招聘した。

⑧　中国青海省震災復興訪日視察団招聘事業（7月）
　４月、青海省玉樹地区を中心に発生した大地震後の復興を目的とした同省の行政関係者30名の視察団で、防災や復興を担当する諸官庁の他、具体的なノウハウを持つ新潟県と兵庫県を訪問した。

派遣事業

①　日本高校生訪中代表団派遣事業（6月・12月）
　１府３県の日本の高校生２０２名を２回に分けて派遣した。

②　日本青少年訪中代表団派遣事業（10月）
　日本の高校生４８２名（日本高校生訪中代表団第2陣１０２名を含む。９都府県）、社会人３２６名計８０８名を派遣した（総団長　江田五月会館会長）。
　社会人は多岐な分野から参加し、それぞれの分野で将来活躍が期待される青年で構成し派遣した。９月以降の漁船衝突に起因する反日デモ等の影響を受け、プログラムの変更を余儀なくされることも多かった。

③　日本青年上海万博訪問団派遣事業（10月）
　５月、鳩山総理と温家宝総理の首脳会議における合意で、中国政府の招待により、日中青少年交流事業の一環として日本の青年を募集し６７７名を派遣した。当初９月を予定していたが、中国側受入機関である中華全国青年連合会から中日関係の状況に配慮し延期の申出があった。その後、中国政府より外

務省に改めて招待の通知があり、外務省と全青連との調整の結果、日程を変更して実施した。参加人数は当初参加予定の９８８名のうち、日程変更に伴う調整の結果６７７名の参加となった。

④ 第16回都道府県教育訪中団派遣事業（９月）

全国１都18県から推薦された日本の教育関係者24名を派遣した。

⑤ 日中韓青少年交流派遣事業

温家宝総理の提案で２００７年から開始され、開催国は日本・中国・韓国の三カ国で持ち回りとなっている。今年は中国で開催され、公募で募集した98名が訪中した。

21世紀東アジア青少年大交流計画諮問委員会

２０１１年２月25日、委員全員が出席し、第３回委員会を開催した。

２０１１年度で終了する21世紀東アジア青少年大交流計画以降の日中青少年交流について幅広く意見交換が行われた。

・２０１０年度の文化催事

今年度は主催催事は３件、その他13件計16回を実施した。

① 「現代中国の美術展」（第11回中国全国美術展受賞優秀作品による）

会場・会期

１　奈良県立美術館　２０１０年５月22日～７月４日

２　福岡アジア美術館　２０１０年11月13日～２０１１年１月10日

3　日中友好会館美術館・大ホール　2011年1月22日～3月13日
4　富山県立近代美術館　2011年4月10日～6月12日
2009年12月に北京で開催された「第11回中国全国美術展」の受賞作品の中から各会場学芸員が選んだ中国画20点、油彩画21点、水彩画16点、版画9点、漆絵10点、立体3点、その他絵画2点、アニメ4点合計85点を展示して、現代トップクラスの中国美術を日本に紹介した。各会場の来場者数は奈良3312名、福岡約8700名、東京約2200名、富山8311名であった。

②
第20回中国文化之日「舟山鑼鼓公演」「中国漁民画展」
公演会場、会期、来場者数
日中友好会館大ホール　10月9日～11日　767名、250名（小学生向け公演・大学交流公演）
栃木県真岡市市民会館　10月14日　1030名
展覧会会場、会期、来場者数
日中友好会館美術館　9月27日～10月24日　約1600名

③
「山東省凧の世界展」巡回展・凧揚げイベント
昨年度東京で開催した際、展示作品を購入して所蔵していたので、展示要望のある地方に貸出・展示協力を行なった。
会場、会期
山梨県なかとみ現代工芸美術館　4月9日～5月11日
（山東省濰坊市から凧職人を招聘し、凧製作実演と凧揚げイベントを行った。）
栃木県真岡市自然教育センター　12月20日～2011年2月28日

(17) 2011年度（2011年4月～2012年3月）（平成23年度）

2月、日中友好交流年開幕式のため江田会長他、日中友好7団体会長が訪中。村上理事長と武田常務理事が随行し、要人会見（賈慶林、唐家璇）、丹羽宇一郎大使との懇談の後、北京の下町を探訪した。

・公益財団法人へ

2008年度から取り組んできた公益法人制度改革については、公益財団法人の資格を得るため内閣府や公益法人協会の指導のもと準備を進めてきたが、会館としての成案に達したので、6月30日内閣府に認可申請書を提出した。

その後、種々の下問と応答や審査を経て、2012年3月21日に認可が下された。会館は3月31日を以って、財団法人日中友好会館を終結させ、4月1日から公益財団法人日中友好会館として発足することとなった。

府益担第562号　平成24年3月7日

内閣総理大臣　野田　佳彦　殿

公益認定等委員会

委員長　池田守男

答申書

平成24年3月2日付け府益担第2455号をもって公益認定等委員会に諮問があった件につき、下記のとおり答申します。

記

上記諮問に係る別紙記載の法人については、一般社団法人及び一般財団法人に関する法律及び公益社団法人及び公益財団法人の認定等に関する法律の施行に伴う関係法律の整備等に関する法律（平成18年法律第50号）第１００条に規定する認定の基準に適合すると認めるのが相当である。

以上

事務連絡

平成24年３月21日

財団法人日中友好会館　御中

内閣府大臣官房公益法人担当室

認定通知書

貴法人から平成23年６月30日付けでされた、一般社団法人及び一般財団法人に関する法律及び公益社団法人及び公益財団法人の認定等に関する法律の施行に伴う関係法律の整備等に関する法律（平成18年法律第50号）第44条の認定に係る申請に対する結果を通知します。認定書をご査収いただくとともに、その他の同封の文書にもご留意ください。

本件担当

所属部署：内閣府大臣官房公益法人行政担当室

氏　名：・馬場　真一朗

電話番号：０３―５４０３―９６４９

ＦＡＸ：０３―５４０３―０２３１

府益担４３５４号　平成24年３月21日

財団法人日中友好会館　村上　立躬　殿

内閣総理大臣
野田　佳彦

認定書

平成23年６月30日付け申請に対し、一般社団法人及び一般財団法人に関する法律及び公益社団法人及び公益財団法人の認定等に関する法律の施行に伴う関係法律の整備等に関する法律（平成18年法律第50号）第44条の規定に基づき、別紙のとおりの公益財団法人として認定する。

１．法人コード：Ａ００６２０８

２．法人の名称：財団法人日中友好会館

３．認定を受けた後の法人の名称：公益財団法人日中友好会館

４．代表者の氏名：村上　立躬

５．主たる事務所の所在場所

東京都文京区後楽一丁目５番３号

６．公益目的事業

（１）青少年交流・教育交流事業

（２）中国人留学生・研究者に対する寄宿舎施設の運営

（３）中国語及び日本語教育（日中学院の経営）

（４）文化事業

７・収益事業等

（1）ビル及びホテル管理運営業務

8．旧主務官庁の名称：外務省、文部科学省

1983年に発足した財団法人日中友好会館は2012年に29年間の歴史を閉じるが、これを節目として村上理事長が辞意を表明し、会館の足跡とともに歩んできた村上理事長もその役割を終えることとなった。

・清華大学創立百周年祝賀式典ほか

清華大学創立100年記念祝賀会に村上理事長が招かれて訪中し、併せて文化事業案件の処理と中日友協との協議を行った。

清華大学創立100年記念祝賀会に出席して

2010年秋来、清華大学創立100年記念祝賀会に招待するので参加して欲しいと話があった。その件で2月に清華大学教育基金会東京事務所李沢代表が来館し、招待状を持参してくれた。3月に入り、清華大学日本研究センター弁公室主任曲徳林先生と李沢先生がそろって来館し、黄金色の記念バッチを持参し、訪中を求められた。偶々、中国美術家協会と協議する用件と北京後楽会の今後について相談する用件があったので、招聘に応ずることとした。

4月23日7時40分に羽田空港に到着、出発ロビーで鈴木繁留学生事業部長、周暁光次長と待ち合わせてチェックインし、ほぼ定刻の9時に離陸した。進行方向右側の二列目窓際の席だったが、朝鮮半島を過ぎるあたりから

雲が切れて景色が眺められた。

定刻の12時20分に北京に到着、出口にボランティアの龍莉英嬢が出迎えに来てくれていた。清華大学教育基金会の手配によるもので、気の利いた運転手草景森さん付の二日間自由に使える専用車を用意してくれていた。13時30分（現地時間）に建国飯店に着くと、なじみのコンシェルジュ王丹女史が出迎えてくれ、いつも通りお世話をしてくれた。2時間ほど休憩してから清華大学に向かい、構内で開催されている「創立百周年記念特別展」を見学しようと行列の後に並んだが、本日の観覧は無理で明日の順番が取れるとのことであきらめた。構内を散策したり、校舎に入ったりしたが、シャングリラホテルでの前夜祭が19時30分で時間がありすぎるので、自動車で構内を一周してから向側の北京大学にも入り、構内を見物し湖のまわりを徒歩で一周したり、途中グラウンドで学生たちが種々の球技の練習をするのを眺めた。野球の練習に女性が参加し、結構上手なので感心した。

シャングリラホテルには世界中からの招待客が集っていたが、日本人も80人位いるとのことであった。研究者の相互交流をしている大学の学長や企業の研究所長等が多く参加しており、私達のような留学生宿舎の人は見かけなかった。この招聘は元寮生の清華大学関係者が特に案配してくれたように感じた。私と鈴木さんは別のテーブルで、私のテーブルは日本人は私だけで40代前半とおぼしい清華大学ＯＢの人たちに囲まれて、やむを得ずブロークンイングリッシュで自己紹介旁々会話をしていたら、テーブル付の小姐が気遣ってお皿に次々料理をとってくれたので、食事に専念した。そのうち文芸が始まり、更に古い寮生達が挨拶に来てくれたので、いつしかパーティは終わりに近付いた。鈴木さんが早めに出ないと混雑するので、終了寸前に車まで案内してくれたが、ホテル着は10時過ぎになっていささか疲れてしまった。ウイスキーソーダを2杯呑んで休んだ。

翌朝7時に鈴木さんと待ち合わせて朝食に行った。建国飯店は、北京で30年位前に香港との合弁で始められ、当初からフランス料理のコースが楽しめ、美味しいパンが売られていたこともあり、朝食も洋風がメインとなっていた。

李建保学長

8時30分に別のボランティアの姜燕楓嬢が迎えに来て、人民大会堂に向かった。入り口で招待状のチェックを受けてからセキュリティゲートをくぐって2階の祝賀式典会場に入った。会場は1階席、2階席、3階席（主として学生）の3層で、私は1階17列69番であったが、真中から左側が奇数で右側が偶数となっており、はじめに右側に行ったので68番と70番があっても69番がないので困っていると、中央から左側が奇数席と教えてくれた。私の列は日本人の列で、左側に日経新聞の杉田亮毅会長や創価大学の山本英夫学長、右側には日銀OBの露口洋介氏（信金中央金庫上席審議役）他の方々で、同時通訳の設備があった。学長や来賓の祝辞に続いて、最後に胡錦濤主席が約40分様々な角度から至れり尽くせりの祝賀と激励の挨拶があり、式典は終了した。

それから3階に移動して祝宴が始まり、前夜と違って第17列目にいた日本人の方々とのテーブルだったのでくつろいで過ごすことができた。今回の食事は内容、サービス共に大人数の時よりも良い様に思った。陳楽平先生はじめ古い寮生や曲徳林先生はじめ旧知の中国の友人の方々が立寄られ少しずつお話することができ、嬉しく思った。鈴木さんが要領良く車まで誘導してくれ、正面階段を下りたところで李建保先生（元寮生。海南大学学長で留日学人活動站会長）が待ち受けていた。「村上先生の車に乗せてもらって1時間程お話したい」との希望だった。一緒に乗って「四川大学学長助理から海南大学教授になった李小北氏のこと」「海南大学からの後楽寮生の方々の話」「海南大学内に建設されている学術センター兼ゲストハウスの話」などをしながら、北京西駅の新幹線ホームを見て、前門大街の南端に着くとちょうど1時間たっていたのでお別れすることにした。私の車の後に李先生の車がついて来ており、彼はその車で海南島に帰るため北京空港に向かった。私達は、前門市場街に入り天安門方向へ1km歩いた。道の中央を路面電車が運転されており、昔風に建てられた店舗（シャッターの降りた店が多い。家賃が高いのが理由とのこと）とあわせてレトロな雰囲気があった。その北端で待っていてくれた車にのってまた清華大学東門の宴銘園に向かった。

百周年で各地から集まった人たちがそれぞれのサークルでパーティを開いていたので、大変混雑していた。元後楽寮生が約20名集まって北京後楽会の運営方針を討議しながら会食した。この集まりには、馮文化事業部長と末森さんも参加した。「幹事長に第3代の後楽寮担当中国人職員の羅民（現在、教育部考試中心弁公室主任助理）先生を推挙すること」「25年間の年代ギャップがあるので、すでに幾つかのグループがあり、各々が個別に活動しグループリーダーを幹事として2〜3年に1回総会を開く」「日本商工会の最近の着任者との懇談会などの接点をもつ」「在日元寮生と後楽会との連携」等有意義且つ活発な議論や昔話が弾んで、李榮勝さんの要望で白酒も出て楽しい2時間半が経過してお開きとなった。9時半頃建国飯店に帰り、ウイスキーソーダを呑みながらＮＨＫを見て、11時に休んだ。

7時に鈴木さんと朝食をとり、部屋でＮＨＫを見て、9時にロビーに降りると馮部長がマイカー（ＶＷ16万km走行だが快調）で迎えに来てくれた。新しい中国文学芸術界連合会のビルは大変立派で数年前に訪問した時とは様変わりしていてびっくりした。中国美術家協会はその21階にあり、陶勤副秘書長は相変わらず美人だが貫禄のある雰囲気をかもし出していた。今回は修復を要する絵画について、如何に対応するかについて意見交換することにしていた。前週に馮部長と末森さんで事前に下ならしをしてくれたので、中国美術家協会と事実関係の確認をし、解決のための方向付けについて合意が得られた。美協の陶勤さん、呂岩峰さん、蘭瑩さんと村上、馮の5人の昼食会で肩のこらない話をしながら楽しんだ。高層ビルの見晴らしの良い大変豪華な広東料理の店で、陶勤女士出身の四川の五粮液を頂いたが、馮部長が運転するので呂さんと私で白酒を頂いた。その後、梅蘭芳記念館に劉占文館長を訪問し、あらためて前回の展示品を見せていただいた。

一旦、建国飯店に戻り一休みしてから、今度は鈴木さんと華風賓館7階の特別室での中日友協の歓迎会に出席した。先方は、文遅・王驪夫妻、紀朝欽・王效賢夫妻、井頓泉常務副会長、袁敏道秘書長、王占起政治交流部長、張振興理事の8名で、旧知の親しい方々なので楽しい一刻を過ごすことができた。文遅夫妻、紀朝欽夫妻も茅台酒で乾杯に応じて下さった。特に紀先生は昨年秋お会いした時、体調が良くなかったのでお会いできないかと心配していたが、今回も私の右隣に座っておられたので第2代中国代表理事在任当時の昔話に花を咲かせることができた。因みに華風賓館はエレベーターが6階までしかなく、文遅・紀朝欽両先生とも7階への階段は大分きつそうで申し訳なく思った。これが紀朝欽先生との出会いの最後となった。

1階に降りて中日友協の皆様にお別れの挨拶をしていると、前日面会を約していた李賛東女士（北京農業大学教授。留日学人活動站副会長。佐渡でトキを人工繁殖させた才色兼備の有名人）が車を用意して待機していたので、建国飯店でおしゃべりをすることになった。建国飯店に着くとお嬢さんの阜美ちゃん（大学院生。私は彼女が幼女の時から旧知）がお待ちかねで、レストランに入り一緒のテーブルに合流した。李女士が北京市と環境問題や都市計画の諸問題に取り組んでいることや、阜美ちゃんの今後の進路についてなど話が尽きなかった。

紀朝欽夫妻（左）、文遅夫妻（右）

いつも通り7時に朝食。9時に馮部長のマイカーで市内見物。馮部長の運転は、タクシー顔負けの機敏且つ緩急自在の安全運転で本当に感心した。昼食は北京飯店貴賓楼で文化部元副部長劉徳有夫妻のお心尽くしの歓迎宴、広い部屋でゆったりした時間を過ごした。劉先生が昨年10月に来日された際に敦煌楡林窟の三蔵法師像の壁画について質問したことについて、専門学者の意見も徴するなど、大変克明に調べた結果を詳しく説明して下さった。恐縮至極なことであり、心から厚く御礼申し上げた。

昼食後、恭王府内の京劇の劇場を見物した。先日、梅蘭芳記念館で古い京劇劇場の写真があったので、劉占文館長に同じような劇場があれば見たいと言ったら、恭王府内のものが昔の形を止めているということで恭王府の事務局に連絡しておいてくれた。事務局の青年が案内してくれた。内部は木組みの高い天井で、舞台が観客席（四人掛けでテーブルに茶菓が供せられている）にせり出す様な配置で、観客席の後方は一段高くなっており見易いようになっている。満席で150人位入れる広さで音響効果は良いと思われた。入場料は、茶菓付で70元と出ていた。恭王府は緑が豊かで丁度楡の花が心地よい風で吹雪の様に散っていた。恭王府の中を散策して、来園者が大変多いと思った。馮部長の話だと年間の入場料収入が3億元を超えるらしい。

この後、郭沫若記念館を訪問し、久しぶりに郭平英館長にお会いすることができた。前回訪問したのは2月で梅の花が咲いている記憶があったが、今回は緑が一杯で更に色とりどりの牡丹が建物に沿って咲き誇り、思わず近寄って見たくなる程の美しさであった。加えて、長い房の藤も見事な咲き振りだった。館内見物の後、劉占文館長も参加され、什刹海の湖に面した料亭の二階で夕食をすることとなった。この界隈は直進するのが難しい程の人出で賑わっている。個室の窓からは東の湖が一望でき、夕陽が沈むのを眺めながら趣向をこらした料理を頂いた。劉先生が酒を呑むため車をおいて来た由なので、白酒をお付合いすることとした。日が暮れはじめると湖畔を一周する電灯が一斉に点り、湖面に電灯が無数の穂先状に反射し、湖面からの涼風を受けながら幻想的な夜景を堪能した。郭沫若記念館に駐車していた馮部長の車で9時頃建国飯店に送ってもらい、帰国の荷造りを済ませた。

翌朝は6時半に朝食をしていると馮部長がマイカーで迎えに来てくれて、空港に向かった（8時30分北京発、成田13時05分着）。今回の北京滞在中は暑からず寒からず、晴天続きで過ごし易かった（北京大学教授の彭家声・張光珮夫妻とは電話で久闊を叙した。１９８５年当時の教育担当参事官でかなりご高齢と思うが、声はお元気そうで楽しくお話ができた）。

・青少年交流

中国から18代表団２７８０名を招聘し、日本から８代表団１２９４名を派遣した。

招聘事業

①中国高校生短期招聘事業（９月～12月）

東日本大震災の影響で一部延期したり、受入地の変更を要した。

中国の高校生１１８９名、香港・マカオの高校生70名、アジア国際子ども映画祭参加の中国の高校生12名、計１２７１名を５回に分けて招聘した。

②中国青年代表団招聘事業

中国の多分野で将来活躍の期待できる青年社会人７２０名を２陣に分けて招聘した。

③中国教育関係者代表団招聘事業（11月15日～22日）

第16回代表団30名を招聘した。

④中国国家行政学院公務員訪日研修団招聘事業（６月28日～７月５日）

第13回訪日研修団23名を招聘した。

⑤中国社会科学院若手研究者代表団招聘事業（７月～２０１２年２月）

第４回若手研究者代表団を３回に分けて招聘した。

⑥中国青年メディア関係者代表団招聘事業（７月～12月）

第2回代表団249名を3回に分けて招聘した。

⑦　中国次世代幹部交流訪日団招聘事業

次代の日中関係に貢献する中国の中央・地方の行政機関及び企業の中堅幹部240名を招聘した。

⑧　日中韓青少年交流の招聘事業（3月）

この事業は温家宝総理の提案により2007年から開始された。日本で開催される年に招聘する。

派遣事業

①　日本高校生訪中団派遣事業（6月・12月・2012年3月）

日本の高校生単独の代表団として358名を3陣に分けて派遣した。第2陣248名は11月に実施した。2011日本青少年訪中代表団第2陣と同時に派遣した。第3陣は丹羽宇一郎大使の提案により被災地高校生と訪問校とのサッカー交流をおこなった。

②　日本青少年訪中代表団派遣事業（10月・11月）

1都1府4県の高校生248名、多分野の社会人687名合計935名を2回に分けて派遣した。

③　2011日本教育関係者訪中団派遣事業（9月）

第17回都道府県教育訪中団（1都2府15県）24名を派遣した。

④　日本青年映像関係者派遣事業（7月）

北京、上海で開催された日中映像交流事業「日本映画、テレビ週間」「日本アニメ・フェステバル」の開幕に合わせて、日本から映像関係者43名（うち大学生30名）を派遣した。

⑤　2011日本青年メディア関係者訪中団派遣事業（12月）

全国多分野の青年メディア関係者34名を中国国務院新聞弁公室初の日本メディア招聘により派遣した。

・２０１１年度の文化催事

今年度の文化催事は主催5件、その他16件、計21件であった。

① 「王宏喜・潘宝珠―中国画の世界展」（6月6日～6月26日）

元江蘇省連雲港市美術家協会主席の王氏と藩夫人の夫妻展で、夫妻展としては「藩公凱・励国儀展」「楊力舟・王迎春展」に続いて3組目。東日本大震災発生後初の展覧会であり、ご夫妻の来日が懸念されたが、予定通り来日でき開幕式、制作実演、チャリティを実施した。

内容は三国志・楊貴妃など歴史上の人物や現代の人物を描いた中国画で、約１３００名の来場者の好評を得た。

② 「編むかたち・織るこころ　中国竹草工芸展」（8月1日～17日）

中国文化部の支援と協力のもと、竹や草の伝統工芸作品85点を展示した。書画、壺、扇などの鑑賞品から、背負い籠、物入れなどの生活実用品まで多岐にわたる分野のバラエティに富んだ作品展示となり、観客の満足度は高かった。来場者数７５３名。

③ 第21回中国文化之日「大草原からの響き２０１１―フルンボイル民族歌舞劇団公演」「モンゴル族の暮らし展」

公演10月21日～23日

一般公演４回、小学生向け1回、計５回（約８５０名）

特別公演　10月24日　早稲田大学大隈記念大講堂（３３０名）

交流公演　10月25日　東京都立文京盲学校（約80名）

内モンゴル自治区に暮らすモンゴル族、エヴェンキ族、ダウール族などの少数民族の文化と暮らしを紹介する公演と展覧会を開催した。一般公演では馬頭琴やホーミーのファンも多く、２００７年のモンゴル族公演のリピーターが来場したので全会満席となった。

文京盲学校の交流では生徒が演者の顔や衣装の他、楽器を触って確かめていた。副校長他の先生方も大変喜んで下さった。

展覧会はフルンボイル文化局の多大な協力により、博物館の貴重な所蔵品を無償で借用できた。実際に出入りできる移動式住居ゲルの展示や民族衣装の試着体験、ホーミーのミニ講座など、体験型のイベントも実施し、内モンゴルの暮らしに親近感を感じられる催事を心掛けた。来場者２６０７名。

④「新春展　祈りと祝福の藍布　中国貴州ろうけつ染め展」（1月28日～2月22日）

貴州省の少数民族によるろうけつ染めの祭鼓幡と子守帯を中心に、国立中国美術館から無償借用した66点を展示した。主にミャオ族、客家、ブイ族の女性によるもので、布や染料も自ら作り、生活用品や衣装に仕立てたものである。祭鼓幡のダイナミックな表現と子守帯や衣装の精緻な染めと刺繍が来場者を魅了し好評だった。来場者２０６２名。

⑤日本青年音楽団派遣「第4回中国国際青年芸術週間」参加（8月12～31日）

日中の青年文化交流を促進することを目的に、日本の芸術団を中国へ派遣する事業を新たに開始した。東京芸大の杉木峯夫教授が率いる学生トランペット団14名と新井康夫先生の率いるジャズ団10名が、北京対外文化交流協会の受入で、第4回中国国際青年芸術週間に参加した。会場となった中国音楽学院国音堂は７５０名収容の新しい音楽ホールで、地元市民や学生で盛況な公演となった。

⑥「現代中国の美術」富山巡回展（4月16日〜6月12日）

・北京後楽会

北京後楽会発足にあたり村上理事長が訪中し、創立式典で祝辞を述べた。会場には善隣学生会館時代の高齢者から最近帰国した若い世代まで百数十名の元後楽寮生が集い、それぞれグループになって賑やかに談笑していた。宴半ばに呉従勇元理事が一人で立っていたので、声をかけて輪の中に加わるよう誘った。和やかに2時間が過ぎて閉会となったが、話は中々尽きぬようであった。

北京後楽会　祝辞

本日は元後楽寮生の皆様や在中国日本大使館宮本全権大使他のご来賓をはじめ、日中友好会館にご協力下さっている日中の関係方面の皆さまも多数ご参加くださり、第1回北京後楽会を開催できた事は望外の喜びであり大変嬉しく思っております。

日中友好会館を代表して私から、本日の会合の経緯と主旨をお話致します。

後楽寮では1978年以降、新中国からの留学生を受入れはじめ、今日までに約4千名の方々が学業を終えOB、OGになっています。そのうち80％以上の方々が中国に帰国し、各分野でご活躍されています。日本に残った方々も数百人いますが、各々色々な分野で同じくご活躍されておりますので、別途後楽会を立ち上げる計画です。

1994年、後藤田正晴元副総理が日中友好会館第2代会長に就任した後、帰国留学生と直接触れ合っていただくため北京で交歓会を94年と97年に開催し、会館で働いた中国人役職員も参加し、全員が後藤田先生と話したり写真を撮ったりして大変楽しい一刻を過ごしました。

日中友好会館が後楽寮生に期待していることは、第一に勉学している各分野を通して得た留学の成果を活かして中国の発展に貢献すること。第二は各々が個人的に成功して幸せになること。第三に日本の社会と日本人を深く理解し長く付き合うことです。世界情勢の変化が激しく、中米2極時代の到来とも言われ中国の存在感が高まる中で、各分野に造詣の深い皆さまのような知識層の果たす役割は益々大きくなると思われます。

現在、日中友好会館は両国政府首脳の合意により毎年4千人の青少年交流を日本政府から一括委託され実施しております。そのうち2千人は中国の高校生（主として2年生）で毎年4〜5回にわけて受入れ、学校交流とホームステイを実施しております。毎回中国各地の約4百人の男女高校生で構成しており、歓送会では常に次のように申し上げております。

第一に自分が体験したありのままの日本を出来るだけ大勢の人に話して欲しい。第二は今回の訪日で日本に対する関心が深まり、将来を展望する時に日本への留学や日本関係の仕事につくことを選択肢の中に入れてくれれば嬉しいと話しています。日中友好増進に最も重要なことはお互いの国民感情を良い方向に導くことと思っていますので、この高校生の受入はいわば友好の種まきのようなものと考えています。彼らの中から日本留学希望者、特に後楽寮生が多数出てくれればと願っています。

今回の懇親会の開催にあたっては元寮生の皆さんと会館に在職していた中国人職員の方々の協力を得て多くの方にご案内すると同時に、会館にある退寮者名簿に基づいて北京在住者の方々約８００名にもご案内しましたが、何分にも古い資料のため、多くの方々にご連絡が行き届いておりません。今後１００％は無理でも80％くらい整備した名簿を作成したいと思っていますので、口コミなどによる皆様のご協力を是非ともお願いしたいと思います。なお、個人情報の取扱には充分配意しますのでご安心ください。

これからこの北京後楽会が元後楽寮生の科学技術情報や世界経済情報など最新知識を共有できる場として様々な連誼活動を展開できるよう期待しております。私ども会館も、後楽寮生は会館しか持てない貴重な財産と考えていますので、これまでご支援下さいました日中双方の関係諸機関の皆様にも引き続きお力添え下さいますようお願い申し上げ、ご挨拶に代えさせて頂きます。

ご静聴、有難うございました。

・後楽会

中国旅行は参加者21名で初めての海南島のほか、広州、開平を歴訪した。

海南島では、元寮生で海南大学学長の李建保氏をはじめとする大学関係者多数が出席して盛大な歓迎会を催してくれたほか、日本語科の学生たちが細かくお世話をしてくれた。そのキャンパスには海に通ずる塩水湖があり、その周りはよく手入れされた遊歩道となっている。李学長がキャンパス内の諸施設を案内しながら、この大学を重点大学に育てる抱負を話してくれた。日本のＯＤＡにより建設中のゲストハウスも見受けられた。東岸の三亜は東洋のハワイと称され、太平洋に面した白く長い砂浜に沿ってリゾートホテルが林立し、内外の観光客で大変混雑していた。宿泊したホテル三亜山海天飯店は海岸に沿って大きなプールがあり、一行も大いに楽しむことが出来た。夕食は海浜に並ぶレストラン愛晩亭で海南名物料理を満喫し、翌朝次の目的地広州に向かった。

広州では西漢南越王墓博物館など市内見物の後、広州料理（嶺南酒家）を楽しみ、翌11月16日高速道路で開平に向かい、世界遺産の望楼群を見物した。帰路、赤坎子の古い町並みを散策してから広州に戻り、『広州酒家』で広東料理を満喫した。11月17日帰途に着き、成田で15時30分解散した。

11月26日、小石川後楽園涵徳亭で紅葉狩りを兼ねて会員総会を開催、例年通り大変楽しいひと時を過ごした。

「日中友好会館」と村上立躬氏（著者紹介の代わりに）

東京大学名誉教授
中根千枝

本書は日本における日中友好交流の一大拠点である「日中友好会館（以下、会館）」の設立にいたる揺籃期から、半世紀にわたる足跡を記した貴重な記録である。「会館」は民間団体であるが、その成立には、日本の政界、財界、官界、学界からの推進者たちに恵まれ、他方、政体の異なる中国側（諸機関、個々人）との複雑な折衝のプロセスを経て実現したものであった。

著者である村上立躬氏（会館第4代理事長）は、三菱銀行の出身であるが、本部の担当業務にあって早くから主な推進者たちと接触する立場にあったが、１９８３年「会館」発足以来、その事務局長、常務理事として12年間実務執行の責任者となって業務全般を担当された。とりわけ、１９５９年頃から日中友好に力を注がれた初代会長の古井喜実氏（議員連盟会長）の志を体し運営につとめ、その後継者後藤田正晴氏（第2代会長）にも同様の敬愛をもって上司としてよく尽くされた。

私は一連の「会館」設立からその後の動きについて間接的に知らされていたが、村上氏を親しく知るようになったのは、歴史研究評議員会（1995―2004、本書159頁参照）以来であった。

日中友好などと簡単に言うが、実際は大小さまざまな難題をはらんでいるもので、日・中双方の間のみでなく、日本側の中国専門家と自負する人々の間でも、ときどきの問題に対する意見の違いなどで激論となることも少なくなかった。そういうときに、「会館」代表として村上氏は同席されていたが、いつも意見は殆ど出されず、各人の意向をよく受け止めていられるようで、結果としておだやかな合意をみるに到った。また村上氏は気配りのよい方で、その時々のニーズを誰よりも早く察知して手を打ち、全体の動きをつつがなくスムーズに行うことができた。日本でも中国にあっても、与えられた状況をよく見られており、無理をせず、すべてを進行させる潤滑油のような力を持っていられる。常に客観的な見方をされているため、さまざまな日中関係における個々人の対応などについて、ずいぶん面白い、また滑稽な場面さえもよくみられている。それらの一端は本書の後半部分にほんの少し見受けられるが、本書の性格上、残念ながら殆ど割愛されている。

「会館」にとって、このような人材を得たことは何よりの幸いであったし、その村上氏によって本書が出版されたことは喜びにたえない次第である。

あとがき

２０１２年３月、理事長の職を辞し同年６月顧問に就任した際、この機会に財団法人日中友好会館の由来と来し方のあれこれを記録して後日の参考に供したいと考えた。

「日中友好会館前史」（１９３５年～１９８５年５０年の記録）の編纂に関わり、「日中友好会館２０年のあゆみ」（１９８８年～２００７年）の刊行に携わったので、それらを含めた総集編として「日中友好会館の歩み」（１９３５年～２０１２年）の作成に取り組んだ。

１９７０年代から保存していた手帳の記録と自らの記憶を道標に、保管していた資料を探し出して文章化し、パソコンに打ち込んで綴った。

この様な作業を単独で実行するのはなかなか骨の折れるものだと痛感した。

この作業の過程で、改めて実に多くの日中双方の方々にご協力頂いてきたかを思い知り、感謝の念を深くした。

本書の作成にあたっては武田理事長はじめ日中友好会館の方々、特に文化事業部の末森はづきさん・小林陽子さん・総務財務部の松島光子さん・資産管理部の中村智之さんには大変お世話になり深く御礼申し上げます。また出版を担当した日本僑報社の段躍中氏・段景子女史ほかの皆様には献身的にご尽力頂き深謝申し上げます。

２０１６年６月

村上立躬

■ 著者紹介

村上立躬（むらかみ　たつみ）

1935年9月13日生まれ。1958年慶應義塾大学経済学部卒業。同年4月株式会社三菱銀行入行。1995年6月財団法人日中友好会館理事長就任 (~2012年3月)。中国社会科学院日本研究所中日経済研究中心顧問・特別研究員、清華大学美術学院中日文化交流名誉顧問などを歴任。2012年6月より公益財団法人日中友好会館顧問。

日中友好会館の歩み

2016 年 7 月 8 日　初版第 1 刷発行

著　者　村上立躬

発行者　段景子

発売所　株式会社日本僑報社
〒 171-0021 東京都豊島区西池袋 3-17-15
TEL03-5956-2808　FAX03-5956-2809
info@duan.jp
http://jp.duan.jp
中国研究書店 http://duan.jp

ISBN 978-4-86185-198-8 C0036

日本僑報社好評既刊書籍

新中国に貢献した日本人たち

中日関係史学会 編
武吉次朗 訳

続編も好評です

元副総理・故後藤田正晴氏推薦 !!
埋もれていた史実が初めて発掘された。登場人物たちの高い志と壮絶な生き様は、今の時代に生きる私たちへの叱咤激励でもある。
ー後藤田正晴氏推薦文より

A5 判 454 頁並製 定価 2800 円＋税
2003 年刊 ISBN 978-4-93149-057-4

永遠の隣人
人民日報に見る日本人

孫東民／于青 編
段躍中 監訳 横堀幸絵ほか 訳

日中国交正常化 30 周年を記念して、両国の交流を中国側から見つめてきた人民日報の駐日記者たちが書いた記事がこのほど、一冊の本「永遠的隣居（永遠の隣人）」にまとめられた。

A5 判 606 頁 並製 定価 4600 円＋税
2002 年刊 ISBN 4-931490-46-8

若者が考える「日中の未来」Vol.1
日中間の多面的な相互理解を求めて
―学生懸賞論文集―

宮本雄二 監修
日本日中関係学会 編

2014 年に行った第 3 回宮本賞（学生懸賞論文）で、優秀賞を受賞した 12 本を掲載。若者が考える「日中の未来」第一弾。

A5 判 240 頁 並製 定価 2500 円＋税
2015 年刊 ISBN 978-4-86185-186-5

若者が考える「日中の未来」Vol.2
日中経済交流の次世代構想
―学生懸賞論文集―

宮本雄二 監修
日本日中関係学会 編

2015 年に日本日中関係学会が募集した第 4 回宮本賞（日中学生懸賞論文）で、最優秀賞などを受賞した 13 本の論文を全文掲載。

A5 判 240 頁 並製 定価 2800 円＋税
2016 年刊 ISBN 978-4-86185-223-7

中国式
コミュニケーションの処方箋

趙啓正／呉建民 著
村崎直美 訳

なぜ中国人ネットワークは強いのか？中国人エリートのための交流学特別講義を書籍化。
職場や家庭がうまくいく対人交流の秘訣。

四六判 243 頁 並製 定価 1900 円＋税
2015 年刊 ISBN 978-4-86185-185-8

アメリカの名門 CarletonCollege 発、全米で人気を博した
悩まない心をつくる人生講義
―タオイズムの教えを現代に活かす―

チーグアン・ジャオ（趙啓光）著
町田晶（日中翻訳学院）訳

元国連事務次長 明石康氏推薦 !!
悩みは 100% 自分で消せる！
難解な老子の哲学を分かりやすく解説し米国の名門カールトンカレッジで好評を博した名講義が書籍化！

四六判 247 頁 並製 定価 1900 円＋税
2016 年刊 ISBN 978-4-86185-215-2

なんでそうなるの？
―中国の若者は日本のココが理解できない

段躍中 編

宮本元中国大使、石川好氏推薦
第 11 回中国人の日本語作文コンクール上位入賞作を一挙掲載した。中国の若者たちの等身大の姿や、ユニークな「生の声」がうかがい知れる力作がそろっている。

A5 判 272 頁 並製 定価 2000 円＋税
2015 年刊 ISBN 978-4-86185-208-4

強制連行中国人
殉難労働者慰霊碑資料集

強制連行中国人殉難労働者慰霊碑
資料集編集委員会 編

戦時下の日本で過酷な強制労働の犠牲となった多くの中国人がいた。強制労働の実態と市民による慰霊活動を記録した初めての一冊。

A5 判 318 頁 並製 定価 2800 円＋税
2016 年刊 ISBN 978-4-86185-207-7